如何养育
内心富足的孩子

[苏] 苏霍姆林斯基 著

王梅 译

开明出版社

图书在版编目（CIP）数据

如何养育内心富足的孩子 /（苏）苏霍姆林斯基著；王梅译 .
—北京：开明出版社，2022.1
ISBN 978-7-5131-6829-8

Ⅰ．①如… Ⅱ．①苏… ②王… Ⅲ．①家庭教育 Ⅳ．① G78

中国版本图书馆 CIP 数据核字（2021）第 113513 号

责任编辑： 卓　玥　张慧明

如何养育内心富足的孩子
作　者：（苏）苏霍姆林斯基 著
出　版：开明出版社
　　　　（北京海淀区西三环北路 25 号　邮编 100089）
印　刷：天津市新科印刷有限公司
开　本：710mm×1000mm　1/16
印　张：20.5
字　数：270 千字
版　次：2022 年 1 月　第 1 版
印　次：2022 年 1 月　第 1 次印刷
定　价：58.00 元

印刷、装订质量问题，出版社负责调换。联系电话：（010）88817647

目录 CONTENTS

—— 第一章 ——

少年时期的孩子身上发生了什么？

"仿佛有人激发了男孩子新的灵魂……"／003

一切都取决于儿童时期的教育／009

儿童时期和少年时期教育的两个源泉／017

—— 第二章 ——

纪律和自律，集体责任感与个人责任感

学会通过别人的眼光看到自己／025

当代人的精神世界和儿童时期及少年时期的教育方法／028

—— 第三章 ——

少年时期的矛盾

—— 第四章 ——

少年的身体发育和心理素养，人好像重生了一样……

个性的形成／065

男人的诞生和女人的诞生／070

男孩和女孩——男人和女人／075

体育／081

I

饮食和作息制度／084

我们在假期时的作息／086

动作的灵活性、节奏感和优美性／092

保护少年的神经系统／094

心理素养／101

—— 第五章 ——

少年的智力教育和智力素养

老师的教学观点和信念的统一性／109

世界观和坚定的信念／113

我们如何指导课堂上的智力劳动／124

手与智力／133

知识的源泉／135

智力教育的两个大纲／137

思想室／139

自学／148

精神财富的交流／152

记忆、思维和学习能力／155

—— 第六章 ——

道德的形成　公民的诞生

从物质世界到思想世界／161

精神素养、道德与无神论／165

基本的道德素养／169

道德习惯／179

思想成为信念／183

个人和集体／198

恋爱／206

少先队员和共青团员的浪漫主义精神／208

道德的坚定性／218

—— 第七章 ——

情感与审美教育

道德与道德教育的统一／229

感觉素养和知觉素养／232

人的语言和情感素养／237

对思想的认识／242

少年精神生活中的情感动因／245

对世界观和道德观念、原则和真理的情感敏感性／248

情感和公民的尊严／251

情感情境的一般特征／253

最重要的情感情境／256

审美情感的源泉／265

大自然和美／270

艺术／275

音乐／285

绘画／289

创造力——精神生活的强大激励因素／297

—— 第八章 ——
劳动在少年精神生活中的作用

劳动在个人全面发展中的作用／303

劳动习惯／305

劳动和智力发展／306

劳动的公民基础／312

劳动和美／316

劳动和意志的培养／317

临近青年时期／318

第一章

少年时期的孩子身上发生了什么?

第一章　少年时期的孩子身上发生了什么？

"仿佛有人激发了男孩子新的灵魂……"

"少年"，念出这个词时，母亲和老师是多么焦虑！有多少书中描写了少年的神秘灵魂，图书馆的书架上放着多少有关少年时期的论文！我倾听了老师们的焦虑和担忧，仔细观察了我所认识的那些还是小孩子的少年，读遍了关于少年的书籍。随着时光的流逝，我的图书馆里已经积累了数十本本子和笔记。它们中的每一本都是某个小公民独特的人生编年史——从他上学的第一天到长大成人。通常一直记录到那个激动人心的日子：那个曾经的顽皮孩子、淘气大王领着他的儿子或女儿到学校里说："请收下这个孩子吧，他（她）也许就是我的翻版……"

人们最焦虑和担忧的是一个人在少年时期的精神生活问题。对学生群体的生活和工作的多年观察使人们得出结论：在少年时期，人的精神生活发生了如此深刻的变化，以至于他的认知、脑力劳动、行为、与同伴们的相互关系、情感发展、审美发展和道德发展等诸多事实对教育者而言都是难以理解甚至神秘的。有经验的老师常常抱怨青少年工作太难做，因为他们身上正在发生着神秘的、不可思议的事情。

男孩子在三年级或四年级的时候是再好不过的了——他安静、稳重、专注、礼貌、敏锐，能够体会到这个年龄段的人所能理解的崇高的情感。而到了五年级，尤其是六、七年级，他仿佛变了一个人：任性、缺乏自制力，经常粗鲁无礼，近乎病态的强烈的自尊心，对待老师的要求和同学的缺点时缺乏宽容；在评判周围的世界时，尤其是评判长者的行为时尖刻而直率。有时候，人们能明显地看到：随着时间的流逝，在儿童时期能触动男孩心灵的情感似乎完全无法再触动他。除非儿童时期发生在亲人或陌生人身上的痛苦在男孩子的心中留下了深刻的感受，否则少年有时可能会对他人的痛苦毫无察觉。

"仿佛有人激发了男孩子新的灵魂。"六年级学生维塔利的班主任在教务会议上说。（而我边听边想："难道两三年后，温顺的维佳和孱弱的瓦洛佳也会变成这样的人吗？要知道维塔利在三年级和四年级的时候可是个品学兼优的模范生啊！"）可是现在，班主任继续说道："学期结束了……我召开了家长会，并和家长们谈了学生的成绩。我打算把维塔利不遵守纪律的问题告诉他的家长。我想：家长来开会应该会对这个男孩起些作用。我边说边用眼角看着维塔利：他镇定地坐着，一动不动，脸上没有丝毫惊慌和悔意。突然，我看到他打开我教的课程的课本，拿起铅笔在扉页上画着什么，眼睛里闪烁着幸灾乐祸的眼神。他坐在最后一排，谁都看不到他在干什么。我顿时怒火中烧：怎么办？我知道现在当着家长的面不能提这个男孩的新把戏，我怕会激怒他。我能感觉到他就是在等着我注意他，他故意破坏我所教课程的课本就是想激怒我。我转移了话题，可脑海中却浮现出几天前我和维塔利之间发生过的一次冲突——

"在实事报告会上，一个十年级的女共青团员讲述了自己在国内和国外的生活，她讲到了邻近的集体农场的女农工们忘我劳动的故事，妇女们种植了高产甜菜。光荣和荣誉属于以共产主义方式工作的人们！

"维塔利举起手说：'我想发言。'

"'说吧。'我同意了他的请求。

"'我妈妈坐在地上清洗甜菜一个月了。'他激动地说，'她生病了，现在

躺在医院里。为什么把最重的活给了妇女们？'

"'你知不知道你在说什么？'我勃然大怒，'你算什么少先队员？'

"'可您算什么老师？'维塔利用颤抖的声音轻轻说，'难道可以让一个人整整一个月坐在泥地上吗？是您教导我们要为真理而斗争。'

"他的话把我惊呆了。"班主任结束了他的叙述。

这是什么呢？是偏激还是对真理的渴望？或许是我们教给他们的太多而对他们要求的太少了？也可能是在少年们所处的时代，他们所看到世界的某些方面与我们那时候看到的有所不同？怎样做才能使生活中的某些缺憾不会被他们那么敏锐地感知？

接下来是一场热烈而坦诚的讨论，在讨论中发现了一个让全体教师激动万分的真相：是的，我们有时会忘记某些东西；我们常常不去试图通过我们的教育对象的眼光来看待世界；我们有时候会陷入惊人的、不可原谅的矛盾之中——我们教导学生要诚实、讲真话，并且只讲真话的同时，又试图去扑灭年轻的心灵因不愿向不公正妥协而迸发的怒火。少年与儿童的区别在于少年开始总结善与恶。他们在一些事实中看到了现象，而这些现象在他的内心里会产生怎样的思想和情绪，决定了他对世界、思想和对人们的看法及观点。是的，少年时期与儿童时期的不同之处在于，这个年龄段人的所见、所感、所体验到的都与童年期有所不同。

我一直在思考：少年和儿童对世界的看法有何不同？我试图用学生的角度去考虑问题。我进行了教育观察，并记录在单独的本子上，本子中有一个专门的部分：我用少年的眼睛看世界。我想象我处在维塔利的位置，从他的视角观察、评判我的行为。我尝试说服自己：我的这位细心、好学、稳重、自律的学生——这位后来变得脾气暴躁，任性，蛮横的少年仿佛与我初次相遇。

在多年以后的现在，当我再次翻阅这本不寻常的日记时，我再次体验到了当时的那种惊讶。这位严苛、蛮横、倔强、尖刻而直率地评判他人的少年，他所发现的我身上的缺点竟比我自己发现的多100倍，这是多么令人惊讶和不可思议啊！我不禁想从这个记事本中引用一些笔记，这些笔记也许会让我的教育家同行们露出宽容的微笑。

1. 我的老师在感知周围世界的现象时患上了"冷酷无情症"。他眼看着一个男孩在他眼皮底下欺负女孩子。他平静而冷漠地看着那个欺负人的小子，对女孩说："我得跟欺负你的人谈谈，我明天跟他谈，让他把欺负你的那些话再对我说一遍。"一天过去了，两天过去了，在老师的意识深处好像还保留着一个想法，要与欺负人的小子谈谈……但这只不过像是一只昏睡的公猫的懒惰想法。而这时欺负人的小子对女孩说："我不会有事的，老师们会忘掉他们的学生做过的事，他们早就烦透了对付我们……"

2. 一周前我的老师把一本他要读的书放在了桌子上。每一次坐在桌前他都会瞟一眼那本书，然后就去做别的事了。而昨天他把书放到书架上去了。

3. 我的老师心里装着一块冰。在一次给畜牧人员上完课后，一个农庄的农户向他讲述了自己的一项发明。一年多以来，这个农户一直在思考如何减轻劳动强度——机械化清除粪便而无需建造大型且昂贵的设施。老师打算明天到区里去，向区党委反映这项有价值的发明，让工程师到这儿来帮助这个农户把想法变成简单的机械。一天、两天、三天过去了，到区里去一趟的想法冷却了下来。一周后他偶然遇到了区党委书记。确实，他是谈到了那位发明家的有意义的想法，但他是怎么说的呢？他不是充满热情、心情激动地讲这件事情，而是轻描淡写、慢条斯理地说："如果能这样办的话确实不错，能考虑一下如何减轻畜牧工作者的劳动强度就很好……"

第一章　少年时期的孩子身上发生了什么？

在记载难对付的少年的观察日志中同样也有一些奇怪的东西。这并不是对他们行为的记录，而是少年们眼里看到的世界。我假设自己处在这些男孩和女孩们的角度，用他们的眼光看世界。我时常看到令人惊讶的、有时甚至不可思议的东西。除了惊讶，这些东西往往还令人气愤和愤懑。少年们能看到儿童看不到的东西，他们还能看到成年人往往已经看不到，确切地说是成年人不再关注的东西，因为我们已经对很多事物习以为常了。少年的观察视野是人类的一种唯一的、独一无二的状态，我们成年人往往因为根本不理解这种状态而不觉察其存在。少年们只关注他们看到的东西，比如看到苹果树的树叶上有一条毛虫，他会苦思冥想：为什么学校（或农庄）的果园里有那么多毛虫？如果不消灭害虫会怎样？为什么没人注意到毛虫正在毁坏物质财富？少年是对于眼前发生的坏事感到愤慨，对好事感到高兴，还是对待善与恶都无动于衷，都取决于他受教育的条件、在儿童时期的认知、思维和对观察世界的源泉是什么。我对于这些尖锐的、亟待解决的教育问题进行了艰难的思考。在从事教育工作的第三十四个年头，我得出了结论：少年时期教育的困难之处在于，人们很少教导孩子们把自己看作、理解、感觉是集体中的一员、社会中的一员、人民中的一员。这就是为什么我们经常听人们说：一个学生小时候很好，而到了少年时期受到了不良影响成了坏人。坏影响是什么？它是从哪来的？教育工作基础的、主要的内容，并不在于保护少年们不受坏的影响，而在于要让他们对坏的、不道德的事物具有免疫力。那么怎样才能做到这一点呢？教育的技巧和艺术就在于这个"怎样"。

一位低年级的女老师把她的学生赞不绝口地夸了四年。然而一年半后，她声泪俱下地讲述了关于自己学生（他们现在已经六年级了）在电影院的入口处差点撞倒一个老妇人的事。在倾听这位勤奋的好老师痛心疾首地讲述的时候，我在想：她的学生的确曾经善良、懂礼貌、勤奋、内敛，这些品质也不是与生俱来的，而是耐心细致的教育工作的结果。那么，如何解释在少年时期这一年龄段所特有的教育的困难呢？也许只不过是用旧观点把少年时期看成是不可避免地会发生灾难的时期，从而出现这种所谓的"困难"的说法？我开始研究 12~30 岁这个年龄段的人的违法犯罪行为，起初是在一个区的范围内，然后扩大到一个州。事实是公正的，结论是：在 12~15 岁的人中间，违法犯罪者的数量比 15~18 岁的男女青年中的多一倍。

  我研究了 460 例刑事案件的侦讯材料，每一个有社会违法犯罪者的家庭都存在某些问题。有些是父母本身好像并不是什么坏人，但他们不知道自己的孩子过得怎么样。许多家庭在人际关系的精神方面非常贫乏，在这些少年们所在的学校和班级里，没有人关注他们兴趣和需求以及他们在哪里能找到快乐。

  我举一个悲惨的事例，这是在一个安静的小镇发生的事情。一个十四岁的少年在滑冰的时候看到一个八岁的小男孩，少年把后者叫到自己面前，指着一个有冰窟窿的方向说："你到那边滑去，那边的冰又好又平。"于是小男孩掉进冰窟窿里淹死了，而少年又玩了几个小时才回到镇上。他对同伴们讲述了自己是如何成功地骗了小男孩。死去的小男孩的父母悲痛欲绝地问少年："你是知道把孩子引到什么地方去的，难道你的心不会颤抖吗？"少年平静地回答："又不是我把他推到冰窟窿里的，是他自己滑过去的，我只不过是建议他到那儿去滑冰，那儿的冰面平滑。""那你为什么没有立刻跑来告诉我们？孩子本来能救上来。"少年答道："我可不要跑回来，关我什么事，每个人都要为他自己负责……"我与少年，与他的父母、老师、少先队辅导员都谈过话，看到的都是令人沮丧的情景：父母和他们的独生儿子都没有任何精神上的爱好。这个孩子只知道两种感觉：满足或不满足。家里高于一切的两个需求是：吃好、睡足。这个少年不知道与人沟通的渴望带来的快乐是什么，他无法获得为他人创造美好和幸福的快乐。而在学校里，只要他的成绩不是两分，也没有违反纪律，学校就很满意了。当我问他的老师，她对这个少年是否培养起或准备培养他的精神需求时，她什么都答不上来。对于家庭和学校在这个孩子的儿童时期和少年时期的精神力量方面付出过什么这个问题，我没有听到任何答复。实际上，学校没有考虑人类教育中最重要的根本问题。

一切都取决于儿童时期的教育

对少年时期教育的困难分析得越多，我就越对一个简单但重要的规律性的事实深信不疑：在对儿童时期的教育很不重视的地方，青少年的教育就会变得非常困难。我研究了出现违法犯罪少年的那460个家庭的生活，发现了这样的情况：罪行越严重，犯罪手段越是惨无人道、残忍无情，犯罪者的家庭在智力、审美、道德利益和需求方面也越贫乏。在违法犯罪少年的家庭中，没有一个家庭是有家庭藏书的，甚至连很小的书房都没有。我所讲述的那个犯罪少年的家里除了几本又脏又破的教科书，连一本其他的书都没有。在这460个家庭中，我总共才找到786本书（不算学校的教科书），其中包括学龄前儿童读的小人书。在违法犯罪者当中，没有一个人能说出一部交响乐、歌剧或室内乐的名称，没有一个人能说出一位古典或现代作曲家的名字。我们让全部460个少年都听了两首音乐作品：柴可夫斯基的芭蕾舞《天鹅湖》中的《小天鹅舞曲》和爱·格里格的《爱尔菲舞曲》。能理解和感受这两部音乐作品的美，是青少年具有基本审美素养的标志。这些少年中没有一个人能说出作曲家创造了什么样的音乐意境。我从少年们的眼睛中看出，他们中没有任何一个人被音乐的旋律激起任何的情感，也没有被勾起任何的回忆。

在研究青少年违法犯罪者的精神世界时，我对这样的问题也产生了兴趣：青少年有没有最亲近的人，他们会向这些人分享自己的一部分内心世界，就像在镜子中看到他们自己内心的冲动一样吗？我分析的是，在这些有教育困难的青少年（或者更确切地说，是在儿童期和少年时期时精神世界贫瘠的青少年）的学校里，是否存在一种相互关系，这种相互关系的实质和内容是贡献出精神力量，一个人为别人创造幸福，为别人的命运担忧，尤其是用心灵来理解人类最大的快乐，即"我能给别人带来幸福"的快乐。最后，事实证明，无论是在这些青少年的家里还是在学校都没有这个最重要的东西。然而就是因为没有这种明确的计划、清晰的想法和教育工作的目的，所以并不是每个人在儿童时期就能将自己的力量和心血奉献给别人，他的思想和内心未必能够意识到（而后能够深刻地感受、热诚地关怀）别人内心世界最微妙的活动——痛苦、喜悦、沮丧、绝望、悲伤、慌张……

我越来越深信，很多人（学生）儿童时期在判断好学生还是坏学生这个问题上表现得异常片面，老师仅根据学生如何执行规范和纪律要求而得出结论：他是否听话，是否违反了行为准则。在服从和谦卑中，许多教育者以为看到了学生内在的善良，而事实并非如此。在少年时期，如此粗劣的识别人的方法已经远远不够：孩子渴望在复杂的公民社会活动中证明自己。而且由于没有教会他将精神力量奉献给别人，他也没有学会自我理解、自我感觉和自我评判，凭借自己的力量为他人创造利益，所以到了少年时期，他仿佛无法意识到自己是生活在人们中间的。读者可能会感到奇怪：作者为什么要探索未成年违法犯罪者的精神生活呢？这对弄清楚少年时期教育的本质和规律有什么帮助？这是因为违法犯罪最能鲜明地体现因果关系。不让任何一个少年成为违法犯罪者——这是我一直以来的夙愿。

由于少年时期先天的、不受教育控制的特性，导致此时期教育具有致命的、不可避免的困难——这种无稽之谈的本质越来越清晰。我越来越相信青少年的道德取决于他儿童时期所受的教育方式，取决于从他出生到10~11岁期间是什么东西深深地根植于他的内心。从本质上讲，儿童时期的孩子不可

第一章 少年时期的孩子身上发生了什么？

能给父母和教育者带来少年时期时所带来的难题。形象地讲，少年是一朵花，其美丽取决于人们对花朵的呵护。应当在花朵开放之前就想办法让它能美丽地绽放。对少年时期的"不可抗拒""不可避免"的现象感到慌张和惊讶，这就像园丁在地里撒下种子，但他并不清楚地知道是什么种子——玫瑰还是飞廉，然后过了几年他去赏花，如果开的是飞廉而不是玫瑰，那他的惊讶是多么可笑啊！如果你看到园丁还给飞廉着色绘饰，试图把飞廉变成玫瑰，给飞廉喷洒香水，想让它散发玫瑰花香，这种荒唐岂不是更可笑。对于爱美之人来说，这样的园丁会令人气愤。可是这样的园丁成千上万，他们给予人生命，就认为已完成了自己的使命，至于这个人会成长为怎样的人，就让别人去管吧！让大自然去管吗？人们为什么不为这样的情况而愤怒呢？花朵的美丽不会从天而降，它必须经过多年的精心培育才能生长，要保护其避免受热、受寒，用心浇灌它，还要给花地施肥。在创造世界上最美好、最崇高的东西——"人"的过程中，单调、乏味且常常令人不快的劳动要比只给人带来满足感的劳动多得多。实际上，"孩子是生活的快乐"具有深刻的含义，也有深刻的矛盾。孩子本身不可能是快乐的源泉。孩子是在新的基础上重现父母特点的人，对于父母而言，他们能够把哪些好的品质灌注到孩子身上——这才是快乐的真正源泉。对孩子的爱揭示了人类最崇高的品质——自尊心。

我越是关注令人担忧的少年时期，就越清晰地感觉到，儿童时期的教育不可能轻松而没有麻烦。儿童时期是一个人打基础的时候。大自然不会去雕琢一个人单独的特点，它只会奠定基础，而雕琢我们的是父母、老师和社会。用托尔斯泰的话来说就是：少年时期的关键现象——道德缺陷、违法、犯罪，所有这些都是邪恶的放大镜。对于我们来说，邪恶乍一看貌似不起眼，很微小，但实际上却极其危险，因为在一个睁大眼睛注视着世界而又不知道如何生活的人的心中，这些微小的浮冰会变成巨大的冰块。

当我准备在自己的学校里教育低年级孩子们的时候，我不安地思考着：

我的学生何时会到达儿童期结束和少年时期开始的边界。当然，如果人的一生都是小孩子，那么我在学生的儿童时期所尝试的很多事情就不必做了。鉴于同行的痛苦经历，以及我自己所犯过的无数错误，我深信：学校教育最大的失误之一就是忘记了孩子终将会不再是孩子。教育工作者需要记住，总有一天孩子会成长为丈夫、妻子，会拥有作为他们生命延续的后代。尽管我很少告诉孩子们，他们终将为人父母。

认真阅读过我的第一本札记的人一定会注意到，为了在儿童身上形成他们对周围世界微妙性的感知和情感文化，人们为儿童时期的孩子做了大量的工作——对人的认知、体验能力、情感敏感性、亲切感、自尊，以及对个人和亲密事物的不可侵犯性。为了让孩子在集体中建立劳动关系、道德关系、智力关系和审美关系等多种关系，人们也做了非常多的工作。所有这一切不仅是为了今天，更是为了将来。孩子是永远不会犯罪，永远不会有意识地去犯罪（病态案例需要单独研究）的，但我尽了最大的努力让我的每个学生在成长为少年后，也都决不允许自己去犯罪。在教育工作中，有许多专门创建的、设定的、"人为建立的"人际关系，其目的是让学生在内心中肯定对一个人的尊重是至高无上的价值，以使孩子从小就成为别人的朋友、伙伴和兄弟。

第一，孩子为别人创造快乐，并以此获得个人的幸福和自豪感。我竭力让每一个孩子都在心中感觉到，最值得快乐、最珍贵、最神圣的是母亲、父亲、兄弟姐妹和朋友。这样一来，孩子就会为对于他而言最珍贵的人的幸福和快乐付出一切，为了这种付出，最重要的是必须创造精神需求。我努力使孩子与家庭中和学校里的其他人的关系建立在职责和责任之上。让孩子了解和感受到他对母亲、父亲和老师应尽的责任——这是儿童对人的世界的认知的开始。

第二，在表现美的各个方面创造并保持美。一个人从事积极工作的力量和可能性越多，那么对美的创造、对美的热忱追求就越会在其道德品格的形成中，尤其是在人际关系中、在崇高的理想中、在生命的意识形态中发挥更大的作用。

第三，儿童在集体活动中所表现的公民思想财富，儿童与非学生集体之间所表现的相互关系的公民思想财富。努力使学生在儿童时期就关心祖国的现在和未来，是防止少年时期道德缺陷的最重要的前提之一。公民的思想、情感、担忧、公民义务、公民责任是人格的基础。如果在某个人身上塑造了这些品质，他就不会表现出不好的品质，相反，他将努力只在好的方面表现自己，无愧于我们的思想，无愧于我们的社会。

第四，培养和发展对一切鲜活美好事物的同情心和怜悯心（我们不要害怕这些词语和它们所带来的高尚感）。发展一个人对自然之美的敏感性，当然，还要培养对人的怜悯心。我们深深记得高尔基的话："怜悯是对人的贬低。"但是，在我们的社会中，没有任何理由而产生的社会邪恶和与之相关的痛苦和悲伤，正是出于人类的崇高和道义上的支持才需要被怜悯。只有轻蔑的怜悯才能贬低一个人。当学生渴望帮助一个人时，这种怜悯就会变得高尚起来。所以，必须学会怜悯人。

第五，高端知识文化的发展——当人们认识周围的世界，了解人类的过去和现在、祖国的物质和精神财富、人民的心灵、艺术的价值，尤其是文学作品的价值时，那些激动人心的思想、感受和经历的发展。我坚信，一些人在少年时期和青年时期会精神贫乏、情感贫乏和道德不稳定的主要原因之一是他的思想的局限性和思想文化的低俗，并且无法在书中找到满足自己精神需求的内容。现在，当我们即将普及中学教育时，要认识到工农阶级接受中学教育的知识文化不是为了进入大学，而是为了成为一个真正的人，因此拥有丰富文化知识的问题就显得尤为重要。年轻人应该放下酒杯，拿起书本。书籍具有战胜酒杯这个恶势力的强大力量，而酒杯是巨大的灾难，它总是像虱子一样吸附在那些缺乏精神需要和兴趣的人的身体上。

当一个孩子不再是个孩子，而成为一个少年、青年、新娘、父亲、母亲……但是，如果儿童独有的特征——天真、对周围的事物和现象的鲜明的情感反应、对他们必须与之合作的人们的内在心理活动的真挚的同情心、学会克服困难在一个人的少年时期和青年时期都被保留下来，那该有多好。我之后将不止一次地谈到这个关于教育的关键问题，现在，我仅强调与孩子儿童时期获得的所有美好品质的保留和发展有关的问题，这与孩子精神世界的微妙性和复杂性有关。这个微妙性和复杂性不是天生的，而是被培养出来的。

在我的第一本札记中，有许多篇幅专门介绍了微感官的培养：词语的美感、对音乐旋律的感觉、对艺术形象的感觉、对生活现象的高雅和优美的感觉、对美术作品和文学作品的构想的感觉。

我非常担心父母和老师之间谈论的观点，即在少年时期，孩子的感觉必然会变得粗糙，有些不可理喻的"冷酷无情"：少年折断了树上的树枝，他转眼就忘了这事；他同样冷酷无情地用弹弓瞄准玻璃和麻雀；在课桌上刻自己姓名的首字母和一整段格言。我开始仔细观察这类少年。事实证明，他们在整个儿童时期都参加了星期日义务植树，但是他们当中没有一个人培育过一棵树苗直到它长成大树，没有体验过创造美的乐趣。生活经验使我们深信不疑：如果一个孩子不理解人们为创造美而进行的充满崇高精神的劳动，那么他的内心就对影响人的灵魂的细腻、敏感、柔和这种"温柔"的方式不屑一顾，他会变得更粗糙，并且只接受原始的"教育方法"：呵斥、威胁、惩罚。这就造成了青少年的破坏性倾向。这就是为什么我努力让我的未来的少年们在童年时期就能感受到美的启发并欣赏美，使他们的个人劳动成为这种感觉的来源。这是对少年、男青年和女青年对教育者的劝告及含蓄的责备的敏感度和接受能力的培养（而后我相信了我的论证）。儿童时期细腻而丰富的经历（用自己的双手亲自创造出美的欣喜，不能容忍粗鲁、庸俗和破坏美的行为）是建立青少年情感文化的基础。

第一章　少年时期的孩子身上发生了什么？

我尤其担心的是，不应该对孩子采取冷漠、冷淡和严酷的体罚式"教育"方法（用皮带抽打，击打头部，施以拳脚），因为这样会使他的内心变得粗糙和暴躁。我总是劝说家长，体罚不仅体现了父母的软弱、无能，而且更体现了他们极度缺乏文化教养。皮带和拳脚扼杀了孩子内心的细腻和敏感性，固化了他原始的本能，他被腐蚀、被谎言和巧言令色蒙蔽。结果是，被皮带"教育"的孩子变成了冷酷无情的人。只有亲身经历过，并继续经历着家长制教育"乐趣"的那个孩子才会对自己的同学动手。青少年违法犯罪在很大程度上也是"拳头"教育的结果。皮带和拳头在教育中比比皆是……对我们而言，让我们和老师感到惭愧与羞耻的是，孩子常常不敢去学校——这个仁爱、善良与真理的圣地，因为他知道：老师会把他在学校里的不良行为和学习差的事告诉他的父亲，然后他就会被父亲暴揍一顿。这不是一张抽象的示意图，而是一个痛苦的真相。母亲经常在给老师的信中写到这个，甚至孩子们自己也会写。教师在学生的本子上写道："您的儿子不想学习，快想想办法吧。"这实际上就是老师常常在学生书包里放的一条鞭子，而父亲用来抽打儿子的就是这条鞭子。想象一下：一台复杂的外科手术正在进行中，一个聪明的外科医生俯身对着开放的伤口做着手术——突然，一个带腰斧的屠夫冲进手术室，抽出斧头砍向伤口。这把肮脏的斧头就是教育中的"皮鞭"和"拳头"。

老师，请记住，如果我知道上帝给了格里茨科或彼得的父亲唯一的本领——生育孩子，而我却把这位"聪明"的父亲叫到学校并告诉他："您的格里茨科是个懒汉，他不想学习。"那么就会发生这样一幕——我用他父亲的手打了格里茨科，侮辱了他的人格，我成了罪犯的同谋。孩子憎恨打他的人，他非常机敏地明白和感觉到是老师在指挥着父亲的手，于是他开始憎恨父亲和老师，憎恨学校和书本。我知道，在有些孩子的心里甚至连一个人可以殴打另一个人的概念都没有。在他们成长的家庭中，微妙的精神和心理关系占上风，成年人和儿童之间相互信任。这些孩子对老师的话非常敏感。没有一个孩子知道什么是体罚式"教育"——这是我一直以来的夙愿。在蔚蓝天空下的学校里，我已经成功地做到了不让任何一个家长再揍我的学生。我相信，当孩子们一代代长大，他们在阅读关于过去的事的书籍时，他们的内心会被痛苦压迫，因为书中记录着一个人曾经如何对另一个人拳脚相加的记忆。如果消除了人在最复杂的环境中对他人的暴力行为，如果在日常生活中、在家庭中，孩子是在没有受到体罚的情况下长大，那么"实现共产主义教育理想"这个伟大目标将变得容易，社会上将不会有犯罪，不会有谋杀，对监狱和其他惩罚需求也将会消失。

读者可能不理解，好像我在讲述抽象的仁慈与宽恕，但我阐述的是关于在建设共产主义的社会中教育孩子的问题。社会主义世界不仅与残酷的资本主义世界较量，而且还与这个暴力和奴役的世界不断进行着思想斗争、精神斗争和道德斗争。我们的孩子们必须为一切做好准备：在战场上与敌人会面，并经受艰苦斗争的考验。共产主义教育不能弱化和放松我们社会公民的精神，相反，它应该在身体和精神上锻炼人。我们不仅要教会他去爱，还要教会他去恨；不仅教会他重感情，还要教会他无情。我们不仅要欣赏美和创造美，还要向侵犯我们祖国自由和独立的敌人开枪。只有具有富足的精神财富的人才能真正地憎恨敌人并对敌人冷酷无情。

一些教育者会问："用什么去代替惩罚呢？"不能这样提问题。因为这就像在问："用什么来代替一个人对另一个人的暴力行为？"惩罚并非不可避免。在充满相互信任和温馨气氛的地方，在孩子能细致地感觉到与身边的人思想相通和可以同悲共喜的地方，在孩子从有意识的生活的第一步起就学会了控制自己欲望的地方，就不会发生惩罚。对个人欲望具有高度素养是根本不需要惩罚的前提。

第一章　　　少年时期的孩子身上发生了什么？

儿童时期和少年时期教育的两个源泉

有一件事情让老师们震惊：科利亚·兹是一个安静、谦虚、受过良好教育的少年，是文学老师的骄傲（他还写过许多优秀的作文），但他突然做出了一件可耻的事情：半夜撬开了物理教研室的窗户，爬进去把录音机里的电动机拆了下来，还弄坏了几个零件。科利亚·兹来自一个规规矩矩的家庭，父亲是工厂的工人，他是个顾家的男人。所有人都记得他在家长会上智慧而富有教育意义的发言，他经常说："如果父母热爱劳动，那么即使他们一言不发，这个家庭的孩子也会受到父母的身教。"但是现在突然发生了这样令人失望的事。这件事发生在战争后的几年，学校刚刚建立了物理教研室，录音机是学校的校友——一位军官赠送的礼物，是学校集体的骄傲。老师们思考着：人的邪恶从何而来？他们开始思考教育的道德信仰和习惯形成的复杂过程，他们更仔细地观察了科利亚·兹的家庭，发现虽然这个家庭乍看之下并不显眼，但是却存在令人十分不安的东西。他的父亲每天下班都会带一些小东西回家：有时是一截电线、一块金属板，有时是管子，有时是轴承。儿子帮助父亲把这些小东西摆放到家庭作坊的架子上。儿子从来没有问过父亲，所有这些东西来自何处——因为答案很清楚。父亲并不认为这是可耻的行为，他甚至不认为自己的行为会对儿子造成不利影响。父亲永远不会去拿邻居的康乃馨——他认为这是偷窃。我们苦苦地劝说父亲，让他记得父母要做孩子的榜样。

这件事让我们想到了道德教育的两个来源：一是预先设定教育工作，并在集体中为此专门建立多方面的道德关系、劳动关系、创造关系、公民政治关系；老师的话语将老一辈创造、获得和斗争而来的珍贵的东西传递给年轻一辈。这是老师提前计划的全部内容。

但是还有另一个同样重要的教育源泉。在童年时代，这个源泉起着极其重要的作用。这是一个围绕着孩子的复杂关系：对于孩子来说，这些关系为他们直观揭示了道德观念的内容。没有人认为这些关系是一种特殊的教育方式。但是成年人越是忽视这种能对儿童的精神世界起影响作用的力量，那么这种力量所起的教育作用就越大。这里需要再次强调"关系"一词，因为在孩子周围的所有事物中（不仅是人，还包括事物、现象），他看到了人的具体化的观点、判断、习惯和意图。

长日制班的老师带着孩子们去学校的食堂用餐。当然，他不会忘记让孩子们在午餐期间遵守文明行为规范。在满足孩子们需求的同时，还可以加强他们的道德、审美和日常习惯。但是老师带孩子们去食堂并不是为了教育他们，而是为了让他们吃饱肚子，这是首要的，也是主要的目的。在食堂里，孩子不仅在吃饭，而且还在看，看到好与坏。这不，一个七年级学生把一个一年级学生从餐桌边推开，前者买了他需要的东西，而这个一年级的学生就落在了队伍的最后面。食堂的一位年迈的女工作人员玛莎提着一桶脏水往院子尽头的大坑走去，迎面走来两个十年级学生，她们比玛莎阿姨高出一截，也比她强壮得多，她们让到一边，让玛莎阿姨先走过去，担心她的脏桶会蹭到她们的衣服，她们皱着鼻子跑到窗边，从那里传出她们的声音："为什么没有洗碗盆呢？"孩子看到这两个女孩走到小卖部，她们其中一个买了一块巧克力，另一个买了汤券。女孩吃着巧克力，她的同伴忘了买面包，她又去了小卖部。忙乱中，好像没有人看到这件事，孩子不会对眼前发生的事情有什么想法，但是没有一件事会消失得无影无踪——眼睛看到的一切都反映在了孩子的脑袋里，他已经注意到了这件不寻常的事，忘记买面包的女孩旁边坐着一个反复无常的男孩，他噘着嘴，面前放着一杯牛奶和一块白面包，他咬了一口面包就把它放在了桌子上，又跑到小卖部去买了饼干。然后他把面包推到了桌子边上。这不，孩子又看到洗脸盆上搭着一条脏毛巾，谁愿意洗手谁就洗，谁不愿意洗就不洗，因为都不想多做一件事，所以他们都不洗手。窗台上有一盆玫瑰，盆里扔着苹果剩核儿，窗户上满是苍蝇。厨房里传出愤怒的声音：一个人正在责骂某人没擦窗户，没有粉刷洗脸盆下的墙面。所有这些似乎都在孩子意识的表面一划而过。老师担心有人早早离开饭桌。午餐后，孩子们起身（他们想快点跑到操场上去），他们在老师的指挥下喊道："谢谢您的午餐！"（这在教育工作计划中有规定）这些话是对厨师和玛莎阿姨说的，但不是出于感激之情。卫生检查员正在责骂厨师和玛莎阿姨，威胁他们说要在健康册中记上一笔。人们的生活在孩子的眼中一幕幕闪过，它在记忆中的反射很小，有时会绕过意识，就像跳过内心深处而没有被注意一样，生命不仅反映在意识中，还反映在潜意识中。记忆是自动工作的，来自外界的信息更多地渗透到潜意识中，而不是意识中。在潜意识中，记忆并不是混乱地堆砌，而是被分门别类、系统地排列起来，而人的社会本能就是这样表现出来的。

如果一个孩子吃了一个苹果，手里拿着剩核儿，他的眼睛盯着找往哪儿扔，可是他没有找到垃圾箱，于是把苹果剩核儿藏在了口袋里。这是人类社会本能的有效发挥，这种本能是由于潜意识中丰富的信息长期积累而产生的，虽然不是专门用于教育，但它是一种强有力的教育方式。没有这些信息，所有好的指令都会像"从墙上弹回来的豌豆一样"从孩子身上反弹回来。孩子在学校食堂里二十分钟内看到的一切，很多好的东西反映到他的潜意识中，但是同时也有一些与孩子们平时从老师那儿听到的教导大相径庭的事实也反映到了潜意识。这些事实乍一看似乎微不足道，但它们在教育意义上是危险的。在孩子的意识和潜意识中反映的信息越多（从本质上讲，这些信息与老师的教导相矛盾），作为人类行为的主要捍卫者——人的理智就越软弱无力。

预先规定的、经过精确设定的教育方法与非预设的教育方法（形成一个人的社会本能的环境）之间的差异越大，就越难在实践中培养和形成所谓的"良知"。"良知"是一种力量，这种力量促使那个确信没有垃圾箱的孩子将苹果剩核儿藏在了口袋里，而没有把它随手乱扔掉，这种力量促使一个人自愿帮妇女把桶里的脏水倒进水坑，且不求感谢。这才是最重要的。

如果人的潜意识中没有不断地积累信息，包括关于一个人的高尚行为的信息，那么良知将是难以想象的：对一个人的热爱，对互相帮助的渴望，对暴力的厌恶和不屈服，对集体和社会的责任感，对游手好闲、懒惰、寄生主义的不容忍，对老人和弱者的深切尊重和同情心。良知服从于意识和理智——服从于人民的智慧所说的"脑中之王"。但是，如果这个"国王"没有"人民"，那么机械的、逻辑的、情感的记忆就不会被人类高尚行为的事实充实起来，这是人类数百年的经验，而今天，人类道德文化的最高成就——共产主义理想、人类道德完善的共产主义形象也证明了这一点。第一个和第二个教育源泉的和谐，要求将学生的积极活动用于创造环境，这个环境能够加强预先设定的教育方式的效果。"人"不是抽象的，隐藏在世界之外的生物。人——是人、国家和社会的世界。①教育的工作只能在人中间进行，教育者有计划、有预先设定和有目的的努力的效果，取决于在这个环境中反映出的人类、人类世界、社会和国家思想的道德成就有多深刻。

毕竟，道德教育是让一个人行善而非作恶。在我们的社会中，善的概念具有深层次和多方面的含义：旨在树立共产主义理想的积极活动、以人民的名义进行无私的工作、加强权力、肯定祖国的荣誉和荣耀、热爱劳动、热爱人民、诚实、忠诚、谦虚，不向任何形式的邪恶屈服，尤其是对祖国的敌人。

相信善良是道德财富的顶峰——这是人类行为的最高动力。而这个信念

---

① 马克思：《对黑格尔哲学和法律的批评》，引自《马克思恩格斯选集》第一卷，人民出版社，1995年版，第414页。

第一章　少年时期的孩子身上发生了什么？

就是"脑中之王"，它产生于人类世界和人民的智慧。但是，只有当一个人除了对善恶进行理解和逻辑分析外，他的善恶感已经成为个人固有的良知和个人的观点时，人类世界的智慧才具有意识。一个受过道德教育的男人，看到一个负担沉重的女人，他会觉得她的身边发生了什么不好的事情，如果他不帮助那个女人，他会觉得自己很可恶。来自意识和潜意识深处的"良知之声"，是人们从树立崇高的道德理想的经验中积累形成的，它立即告诉理智："看！快行动！下命令！"头脑会立即发出指令，把双手伸向那个女人的沉重负担。对未来教育的前景和教育进程的方向思考得越多，我就越坚信道德纯洁，形象地说，精神富足以及人与人的关系的美在很大程度上取决于连接童年、少年时期和青年早期的那根红线的牢固程度——理想、真理和思想都是那时在年轻人的心中确定的，对于他们个人而言，这些东西是神圣不可动摇且无限珍贵的。我认为教育最重要的任务之一，是要让青少年对世界的观察、对周围现象的个人态度与其内在的长处、能力和可能性相对应。祖国的概念是青少年道德教育和道德成熟的基础。一个人在少年时期的道德教育和精神财富，是通过他对祖国的责任感来观察世界而获得的。对他而言，祖国的荣誉、光荣、强大和独立是最宝贵的。日常行为（对人们的态度、帮助弱者、热爱劳动、谦虚）所包含的道德内容取决于一个人对人民神圣的态度。我们的学校集体最需要重视的是：让青少年在了解共产主义建设者的过去和现在、生活和工作后，能感觉自己就像一个公民。让我们在每一个年轻的心灵中激起对人类美的渴望，让他们理解和体验一个公民的光明、充实、精神丰富的生活。公民的思想、公民信念和劳动就是少年时期精神生活领域的各个方面，它是使自己的良心高尚、敏感、自律的基础——人的良知之声。为了使我们的青少年珍惜最宝贵的东西——人民的神圣，他必须把自己当作一个公民来尊重。少年时期的公民生活是教育工作的重要组成部分。我一直致力于将公民的思想、情感和活动有机地结合在一起，以使公民思想、情感的高尚体现在为了人民、为了社会、为了祖国所进行的劳动中。

　　表扬好人好事是一种极其细致的教育方法，它鼓励人们做出从本质上体现人类高尚情操的行为。形象地说，表扬就像教导孩子阅读一本关于人类基础文化的书籍。家庭、集体的赞同能让孩子在内心中提高自己的地位，确立他的自豪感。但是，当只有赞美才能给孩子带来欢乐的时候，就已经潜伏了危险。教育者的真正技巧是能让人在不被夸奖的情况下做好事。毫无疑问，在某些学校中，老师过度表扬了孩子们本来应该作为日常行为规范的举动（例如，一个男孩将捡到的卢布放在老师办公室的桌子上，墙报上就表扬了他们的诚实）。这是以人性为游戏，这样的游戏导致了人的道德肮脏：因为手能被别人看见，所以他会洗手；而脚会很脏，因为脚被鞋子遮住了，别人看不见。在人们面前，他会极力表现得规规矩矩，而私下里却品行不端。诚实作为对人、对社会的责任的一种表达，是童年和少年时期必须养成的重要道德品质。

第二章

纪律和自律，集体责任感与个人责任感

学会通过别人的眼光看到自己

遵守社会、集体确立的道德标准、规范和规则，而违反这些规则就会受到舆论和传统的谴责。和谐教育是同时对纪律、对集体、对社会，和对我们自己良心的责任感的教育。

几年前，在乌克兰的一个村庄发生了这样一件事。在炎热的夏日，一个年轻健壮的男子坐在池塘边钓鱼，有个男孩在他的不远处游泳，突然男孩开始下沉，他呼救，大声地哭喊，而这个铁石心肠的年轻人却对此视而不见。这件事情发生后，所有人都远远地躲开他，碰到他就绕道而行，他的妻儿也离开了他。年轻人尝到了孤独和集体谴责的滋味，他无法找到重返人群的力量，最后用自杀结束了自己的生命。

在这里，我们看到了集体的责任感与个人良心的责任感是如何融合的，在没有集体责任感的地方，一个人就听不到自己良心的声音。对自己负责的人，会更加敏锐地理解和体会集体对他制定的规范和规则。在我们的教育工作中，我们很难找到评估教育和自我教育成果的标准。这些标准主要包括：学校培养出什么样的公民，他们的政治觉悟水平如何，他们用自己的劳动和行为确立了什么，他们与什么做斗争、反对什么、爱什么、恨什么。一个公民对自己良心的责任感是其政治觉悟的一个方面，同时这也是有无教养的标准之一。如果您让孩子为自己私下里不道德的行为感到羞愧，如果一个孩子渴望自己变得更好，那么在他的意识中不仅有"什么是好，什么是坏"的概念，而且这个概念也同时成了他个人的信念，这就意味着您看到了教育工作的成果。为了让理智有一个像敏感的良心那样不知疲倦又严格的捍卫者，我们需要些什么呢？如何让孩子在独自一人的时候也会脸红，使"努力成为最好的人"这个愿望成为激励人、使人高尚、丰富集体关系的最强烈的愿望之一？善良、高尚的行为不应该被孩子认为是获得特殊幸福和快乐的功劳和权力。道德财富和价值必须在孩子周围的环境中具体化，这些道德财富和价值是从为使人从社会压迫和精神压迫中解放出来的斗争中创造和获得的。这个环境的概念不是固定不变的，而是正在发生的事情，是学生自己正在创造、改进和完善的事物。道德财富和价值的具体化意味着学生迈出的每一步，所做的每一件事，满足他的需求的一切都反映在其他人身上——让他们变得美好，让他们的生活更轻松，让他们在精神上变得富足、充实。

乍一看，将道德财富引入学生和他周围的世界是一件简单的事情，但实际上却非常复杂。这需要我们每天辛苦地工作，如果这项工作停止哪怕仅仅一周，那么即使再有组织纪律性的集体也会在人的本能的驱使下变成乌合之众。这项有趣而复杂的工作的本质在于：学生不断创造事物、财富、价值、环境、人际关系、依存关系，其目的是为他人带来快乐、益处、美好和幸福，而后才是自己快乐、自己受益、自己美好、自己幸福。如果一个人本身不参与做好事，不确立做好事的意识，他就积累不到任何好的品质。生活无数次用事实告诉我们，如果孩子们不劳动，他们就不可能做好向少年时期和青年期过渡的准备，但这必须是一种特殊的劳动——它使最细致的心理活动具体化。这就是为什么我在书的第一部分用那么多的篇幅向人们讲述美丽的角落、花朵、葡萄、果树和花园的原因。我们努力为他人创造快乐、福利、美好和幸福，并以此为基础，为自己创造美好和幸福，每个人都深深感受到创造者的喜悦，并使自己受到鼓舞。在劳动中、在集体成员关系中所展现出的高尚品格、道德美的具体化，是我们称之为"公民"这棵树的最重要的根基之一。

第二章　纪律和自律，集体责任感与个人责任感

　　让这个树根在童年就深深扎入非常重要。当一个不属于孩子个人的东西变得对他来说很珍贵时，就会给他带来一种感悟——这个东西比属于他自己的东西还要珍贵得多。如果从少年时期才开始对他们进行教育，那么您将永远教不会他们这些复杂的心理活动。我认为我的学生们已经准备好跨越童年与少年时期的界限，因为当他们为他人的快乐和平安而创造的事物、珍贵的东西和财富受到威胁或者被人破坏时，他们中的每一个人都不止一次地经历过痛苦、焦虑和担忧。如果在儿童时期没有亲身经历这些，那么一个人在少年时期是无法体会到这些感觉的。孩子的内心的焦虑、兴奋和对人们幸福、美好、快乐的关注越深，他对自己的行为和情感就越敏感。道德教育的第一个和第二个源泉就在此融合。如果一个人感觉不到什么是他周围以及他自己身上比较好的东西，或比较坏的东西，更糟糕的是，如果他不努力让自己变得更好，那么他就会对最忠实地表达情感的老师及父亲的教导和建议，以及明智的书籍置若罔闻。情感自我评价是道德教育的种子发芽的土壤。如果学校生活充满人际关系中具体化的道德财富和价值，那么孩子将通过他人的眼睛看待自己，他的眼睛和耳朵会向他的所见和所闻敞开。对他而言，道德教育不是抽象的东西，而是与自己直接相关的真理。当独自一人时，他也会感到羞愧，因为他能想象和感受到别人对于他不道德的行为会怎么想。他独自一人与良心"面对面"，但是他无法与人类世界，与集体和社会隔离开来。当他帮助老奶奶或者保护小女孩免受欺负的时候，他并不去考虑是否有人看见，而是本能地做到了这一点，这是他深切的个人需求。对于他来说，对为了人们的幸福而种植玫瑰的花园的操心，对葡萄园的费心（葡萄园已成为他的小伙伴们——那些学龄前儿童的乐园），已经成了他深切的个人需求。在童年和少年时期的边界上，人际关系中的道德财富和价值的具体化尤其重要。少年时期的本性中隐藏着一些困难、矛盾和复杂性，我们将在下面进行介绍。少年时期是迈向道德成熟道路上新的、特殊的一步。当一个人接近童

年与少年时期的边界时，他应该像镜子一样，以自己亲手创造的价值看待自己，他自己的一小部分内心也投入到这个价值中：对人们的爱以及通过劳动获得灵感。让孩子用自己的尺子衡量世界，让世界成为一棵果树或一个小葡萄园，一束玫瑰或一束丁香花。最后，重要的是要让这个孩子为自己感到骄傲。只有在这种情况下，他才会渴望变得更好，而这种渴望是公民良心的基础。

当代人的精神世界和儿童时期及少年时期的教育方法

著名的苏联精神病学家班西科夫教授写道："几千年来，人类为生存而奋斗的结果取决于肌肉的力量和勇气、残忍、毅力等神经系统的粗鲁特性。在近两三个世纪中，人类的生命力完全取决于神经系统最微妙和最复杂的机制。而这些机制恰恰是最脆弱的！"科学家的这种思想有助于理解当今教师对学生施加影响过程中的特征。

人与世界之间的关系越远就越复杂。社会主义社会的世界—人—世界体系的特征是个人在社会生活的所有领域中的作用日益增强。科学正在成为社会的直接生产力，其中最高的目标是人，这一事实在个人和集体的精神世界中得到了深刻而多方面的反映。人不仅是物质财富和精神财富的创造者，他还用自己创造性的劳动谋求幸福、福利和快乐，既造福于社会，又造福于自己。创造活动成为人的需求，对这种需求的满足带来了最大的乐趣。"人们的生活经验——从天才到最普通的劳动者，"塞门诺夫院士写道，"在工作中或在生活的其他表现形式中的创造力是最高的乐趣……为人类创造幸福生活的主

第二章　纪律和自律，集体责任感与个人责任感

要目的，是每个人都固有地进行某种程度的精神上的创造性活动。"[1]教育工作的目的和内容是要让人们感受到保证对创造性需求的多方面满足是一种美德。这样，一个人在少年时期和青年早期就能在社会工作中感受到自己的公民主动性。在社会中，我们向他人敞开个人生活的世界，这是天性、能力、天赋和才能的体现和发展。创造性的工作、创造力、工作生活的智力财富、一个人对不断掌握新知识的渴望——所有这些已成为一个人公民尊严的鲜明标志。人们越来越了解和体验到这样的真理，即集体劳动首先是精神交流，在精神交流中进行精神财富的相互交换。

马克思所说的关于身体力量和精神力量的那个游戏作为个性的体现进入了现代人的日常生活。从主观上讲，这个游戏是一种创新能力的竞赛，一个人想成为第一名，他想变得比别人更好、更美。与劳动和物质生产没有直接联系的个人精神生活领域正在变得越来越广泛。这种需求中最重要的是对人的需求。用马克思的话来说，劳动者总是觉得"需要最大的财富即别人"。[2]在我们社会中人格最完善的时期，这种多方面的需求被确定为个人幸福的基础，如果不满足这一需要，一个人就无法表现出自己是另一个人的朋友、同志和兄弟。人的全面发展，对社会角色的深刻认识，他的需求、利益、人际关系的多面性，所有这些都促进了社会主义社会公民情感的丰富和发展。马克思认为，情感生活是人类世界最鲜明的表现之一。一个人的社会活动范围越广，他的需求和兴趣越多样化，他的工作越有创造力，在他的关系中表达的共产主义道德规范的财富越明显，情感文化在他的生活中所起的作用就越大，他的情感生活与公民活动、行为、个人生活之间的联系就越紧密。情感文化成为一个人精神生活的特殊领域。情感生活的丰富程度并非总是与智力发展、教育和知识直接相关。教育与情感文化的和谐是现代苏维埃学校教育

---

[1]《消息报》，1961年7月13日。
[2] 马克思：《1844年经济哲学手稿》，人民出版社，2000年版，第90页。

工作中最细致的任务之一。落后于智力负荷的情感文化是一个巨大的恶魔，它往往是一些青少年走上错误行为道路的原因，如果您仔细思考这种行为的本质，就会清楚地看到，人们意识中的所谓过去的桎梏实际上是在侵犯精神生活和情感文化的和谐。在某些情况下，这是由于精神兴趣贫乏，而在其他情况下，则是由于"受过教育"的人的愚昧。现代苏联人的精神生活特征使人们思考教育的本质和方法。在老师当中，您经常会听到这样的抱怨："在我们这个时代，很难教育一个人，尤其是青少年。"确实很难，因为除了学校，他们还从其他来源获得很多知识，所有这些都需要理解和消化。

对青少年进行教育非常困难的又一原因是他们对自己的精神世界的关注与日俱增。也许这些因素应该成为教育者的盟友？青少年有能力了解很多东西。因此，有必要利用精神生活的这一特征，使青少年对周围世界的认识过程同时成为道德发展过程。青少年的教育效果在很大程度上取决于他们对人的认识，这种认识如何转变为信念，以及如何在活动中巩固信念。

从我们的社会基础中产生的自尊感，对于个人来说，就像一束直射到他自己灵魂中的光芒，我们必须使这束光芒永不熄灭。这就赋予了教育工作者极大的责任，要求他精通社会科学。现在，教育者不仅需要敏感和用心，还要具备一种能力：了解每个人对他自己精神世界的观点。因此，有必要让每个人都对自己的精神世界具备正确且具有高度思想性的观点。我用了多年的时间去了解如何鼓励少年反省自己，思考自己的命运。

没有自尊心，个人不会拥有纯洁的道德和丰富的精神财富。我们最重要的教育方法是能够充分尊重学生的人格。这种教育方法要求我们培植一个非常柔和、细腻的愿望：对美好的渴望，今天要变得比昨天更好。这种愿望不是凭空产生的，它只能通过教育培养起来。我们社会的本质和基础要求老师和学生之间的主要桥梁是：真诚的愿望，即学生的愿望是变得更好，老师的愿望是看到学生变得更好。尊重学生的人格是集体和老师对人提出要求时最

第二章　纪律和自律，集体责任感与个人责任感

主要的前提条件，是实现真正的共产主义纪律的前提，如果一个人不能督促自己去做社会所需要的和对社会有益的事，那么就不可能有真正的共产主义纪律。只有当一个人感觉到他是自己精神世界的主人，并且在他的精神世界中存在一条无人可逾越的界线时，才有可能培养出自尊心、荣誉感和对自己的尊重。

有一次，六年级学生季娜的母亲来找我分享了她的秘密。最近她家里气氛很紧张，季娜父亲的举止很反常，季娜对此很担心，但她最担心的是有人会发现她父亲的不当行为。妈妈请求道："请您帮帮忙，关心支持一下这个孩子吧，但请千万保密……"是的，老师经常还必须是一名外科医生，他要触及学生最痛的地方，还不能让人们知道。如何帮助这个小女孩呢？我多次创造了这样的情景：我们两人都认真投入其中。我谈到了一些道德上执着、勇敢、自豪、美丽的灵魂人物，我的主要目的是让这个女孩不向邪恶妥协，也不要逃避邪恶，即使没有其他斗争方法，也要表现出对邪恶的不妥协和憎恨。我欣喜地看到，从小女孩的眼中流露出一种自豪，这种自豪是为那些美好的情感、那些她珍惜和强化的情感而流露的。这些都是在我和这个小女孩谈话的时候发生的。

多年的经验使我确信，在少年时期，这种谈话与集体对个人的精神世界的影响一样必要。保护少年精神世界的隐秘性和不可侵犯性是教育最重要的任务之一。如果有人干涉了少年所想、所感受的一切，干涉他想保护自己免受窥视的事——那么他的情感敏感性就会钝化，他的心也会变得粗鲁，并变得"冷漠无情"，最终导致情感上的麻木。公开少年内心最敏感的角落，试图触及少年的痛处，用各种力量和强制影响手段动摇和压制少年——这些都是在教育上愚昧的基本表现。如果您想让一个少年来向您寻求帮助，敞开他的心扉——那就不要触碰那些会让他痛苦的心灵深处的那些角落。我们作为教育者，被要求从一个人独立生活的第一步开始对其进行公民耐力、勇气、毅

力的教育，这在很大程度上取决于孩子的意志力如何发展和强大，取决于一个人如何在儿童时期和少年时期的独立行为中、在建立道德尊严和坚强独立的行为中表达自己。尊重学生的人格自然会导致个性、隐私和不可侵犯的范围扩大。现代人精神生活的逻辑要求：与儿童、少年、青年和父母之间的关系有关的一切都应纳入这一范围。如今，家庭中的精神、心理和道德伦理关系变得越来越细腻丰富了。遗憾的是，老师往往在向学生提出许多问题和建议时，常常会要求学生公开其私人的、隐秘的内心世界。一个对自己的精神世界敏感的小孩有时会认为这不仅是对自己的侮辱，也是对其父母的侮辱。

有时，老师不经意说出的话语会在年轻的心灵中引起很大的波澜，以至于学生一生都无法忘记，而老师却什么也没觉察到。一位女老师问一名五年级学生，他的母亲上个星期六是否看过他的日记。"没有，她没看。"男孩回答。老师说："啊，她没有时间看你的日记，我知道……"她的话里充满了讽刺意味，泪水从男孩的眼中夺眶而出。这个男孩猜想，一定是坏人散布的关于他母亲的谣言传到老师的耳朵里了：他们好像说她是个举止轻浮的女人。男孩感觉到老师话里有话，他开始变得孤僻和麻木。他故意给老师找了一个又一个的麻烦。最后直到毕业，他都无法释怀。在另一所学校发生的事更令人震惊：同班同学们对一个女孩说，她父亲是个"混蛋"，而那个女孩对此反应冷漠。这太可怕了：孩子的自尊心变弱了。有时，老师在家长会上公开讨论了一些只能与父母私下谈论的事情。这不仅伤了一些家长的心，也伤了一些孩子的心，因为父亲和母亲所听到的一切都会在不知不觉中一点一滴地传到孩子的耳朵里。

托马斯·曼曾经说过，人介于野兽和天使之间。他将成为什么，取决于他所受的教育。接近野兽并与天使疏远，是性本能低下的人所面临的最大危险。人类世界的所有多面性都彰显了人类的生殖本能，但是还需要一种特殊的方法系统使"血统之声"高尚起来，在我看来，在这个复杂的系统中，最

第二章　纪律和自律，集体责任感与个人责任感

重要的是两件事：对母亲和贞节的崇拜。没有它们就不可能对少年进行充分的教育。我一直努力让母亲的名字成为每个学生的"圣地"。一个人从母亲那里继承了一切美好而纯洁的东西；母亲的精神财富对她的儿女在少年时期和儿童时期的影响尤其巨大。这些年来，我竭尽全力使每一个学生为了母亲的幸福和利益奉献许多精神上的力量，为母亲创造快乐。

小丹科与母亲之间的关系有些奇怪，这个男孩的冷漠使我震惊。因为我听说，他的母亲在遥远的田野里劳动了三天后，回到了家里，但他却对此无动于衷。而母亲不知道如何激发儿子内心的激动、焦虑和担心的感情。他们家庭中的情感关系非常粗糙（这让我尤其担心）。如何使这种关系高尚而丰富，如何避免男孩成为一个冷酷无情的人，如何使他长大后产生对女孩子的青春爱意呢？一项长期的、需要细心和耐心的工作开始了。可以称之为两颗心——母亲的心和儿子的心之间小心翼翼的接触。最终出现了这样的情况：儿子为了母亲的快乐而贡献出自己的精神力量。夏天，他在集体农场工作，我向他建议："用你的第一份工资给妈妈买一份礼物吧。"这个男孩高兴地买了一条丝巾，要把它送给母亲。几个星期后，母亲的生日到了。我又向他提议："你不但要在母亲生日那天把礼物给她，而且还要替她上班，让妈妈休息几天，你替她在养殖场上几天班吧。"善良是一种强大的力量，它能激发人内心纯洁而高贵的情感。在小丹科和母亲的关系中让我担心的冷漠逐渐被互相体贴、愿意为彼此做点好事的情感所替代。

年复一年的学校工作使我越来越相信，孩子在复杂的少年时期能发现并体会到母亲身上的爱和人的尊严、诚实，以及对邪恶的不妥协，这一点至关重要。只有在少年时期和儿童时期就怀有人道主义的人才能成为一个真正的公民，一个追求崇高理想的坚定战士。这时人道主义的含义就是——成为父母忠诚的儿子、忠诚的女儿。忠诚不是默默地言听计从，而是增进家庭关系，为父母创造快乐。

贞节是纯洁而高尚的爱情的道德前提。有些人认为（这也反映在教育实践中），只要在男孩子和女孩子性成熟的时候解释清楚他们身上发生了什么，就万事大吉了。于是这些人使劲解释、说明、讨论、组织辩论会，在青年报刊上刊登十四五岁女孩的公开信《如何才能找到人生的另一半？》《我向男孩子表白了，这样做对不对？》。在共青团会议（年满14岁就可以加入共青团）上，甚至在少先队会议上，人们经常以讨论工作的口吻谈论爱情和友情，就像在谈论收集废金属一样。所有这些都将对复杂问题的简单化态度带入了少年之间在精神、心理和道德审美方面的关系中，使纯洁而高尚的东西变得庸俗，在少年的心灵中播下了冷漠的种子。性教育中的错误和不足不仅使这种关系变得粗俗，还在人们的心中留下了粗糙的疤痕，留下了痛苦和怨恨。

小伙子和姑娘，男人和女人之间的关系中的"高尚"就像一棵树，只有当它被人格尊严，荣誉，对他人和对自己的尊重，对邪恶、污秽和侮辱人格尊严的现象毫不妥协滋养时，这棵树才能成长得枝繁叶茂。教育的内涵还在于，在人类成长的漫长道路上——从孩子上学的第一天起，到他对独立生活进行第一次思考——不让学生的人格尊严遭受侮辱。因此，努力确立个人荣誉感和尊严，是提高道德水平最重要的动机。少年若在这条道路上遭遇无情、专横和屈辱是很危险的，这一切会让年轻的心变得粗鲁，让他对自尊和荣誉的敏感性消失，也会让他变得冷漠和残忍。粗鲁会唤醒人们内心深处的低级本能。通过分析个别少年违反社会道德标准，有时甚至是导致其道德沦丧的原因时，我们往往可以看到：在儿童时期、少年时期和青年早期，这些人的情感和审美生活很贫乏。情感的粗俗是在高尚的精神冲动与坚毅的努力没有相结合的情况下产生的，在这种情况下，人们不会为他人创造美好和幸福，不会积极与邪恶和侮辱人格尊严做斗争。情感和审美生活的原始性，即内在精神世界的粗陋表达，是少年时期和青年早期最可怕的敌人之一。

我的学生体验了多方面、不同的高尚情感，如同情心、怜悯心，对他人的善良、幸福和快乐的焦虑和担心，对怀疑的责备——对于这些我一直很关心。我总是担心我的学生在面对别人时，能不能感觉到这个人内心的不安以及正在经历深深的痛苦。我认为，这种情感素养的基本要求同时也是道德高尚的起码标准，没有它就不可能有人与人之间真正的兄弟情谊，不可能抵抗邪恶，也不可能产生友谊、幸福及对崇高理想保持忠诚。

为了让男孩和女孩们理解情感素养的基本要求，我把他们带到了牧场、田野，认识不同的人。我教男孩和女孩们仔细听长辈说话，读懂他们眼中的想法和感受，把使他们激动、焦虑和担忧的一切铭记在心。努力了解他人的内心，使男孩和女孩们的情感变得高尚。人们痛苦、悲伤沉痛的经历越贴近少年的心，他们年轻的心就会变得越细腻、越敏感、越高尚。

有一次我告诉六年级的男孩和女孩们关于一个母亲不幸遭遇的故事，她的小儿子不久前在玩从地上捡的弹药筒时致残。与炸瞎眼睛的男孩的见面使少年们很激动。几天后的一个晚上，一个叫柳达的梳着浅褐色辫子的小女孩来找我。她眼含泪水说："母亲今天低着头，双手捧着脸，一整天悲伤地坐在桌旁。我问：'妈妈，你怎么了？'她沉默不语，好像没听见一样。请您帮帮我吧，教我该怎么办。"我是如何帮助柳达和她的母亲的——这个说来话长，但是现在我们正在谈论的是如何培养每个学生的敏感性和高尚的情感素养，并不仅仅是为了受教育者的生活丰富充实而需要这些东西。情感素养，形象地说，就像一把调了音的小提琴，小提琴只有在正确调音后才能演奏。只有当一个人懂得了情感素养的基本要求之后，才能受到教育。如果没有情感教育，那么就谈不上形成和确立高尚的公民感，谈不上培养信念，也谈不上培养生活和劳动中的审美。

现代人的精神世界要求深入地完善教育过程，旨在加强教育者与集体以及每一个学生之间的道德情感关系素养。教育者的使命是在学生的儿童时期和少年时期发展他们最细致的精神机制、心灵机制和神经机制，通过这些机制，使他们实现个人与世界之间的相互联系。在儿童时期和少年时期，这些机制非常敏感，因此必须加以保护，不允许以粗暴、原始的方式造成道德和情感上的空虚。我认为，影响少年内心的最细致的方式就是语言和美。

曾经有一段时间，学校的教育被批评"染上"了说空话的毛病，这种批评（现在还可以听到它的回音）是一种误解，它引起了巨大的恐慌。语言教育是现代苏联学校中最薄弱和最脆弱的地方。个别学校因缺乏正确的、高水平的语言教育而引起了很多麻烦。语言教育问题是最重要和最尖锐的问题之一，必须首先在理论和实践上解决这些问题。没有良好的语言教育素养，就无法建立人的微妙的内在世界和高尚的道德情感关系。

多年的经验使我们相信，老师的话会唤醒一个孩子的情感，然后激发一个少年，一个小伙子，一个姑娘对他人的情感——他们能深深地感觉到，身边的人是一个有着喜悦、悲伤、爱好和需求的人。一个人如果没有热情，不会赞叹他人的美、勇气和英雄主义，那么在他身上就不可能激发起情感，并不断地发展和培养它。我的学生在儿童时期听过有关人类的美的故事；人类的伟大、英雄主义以及英雄们对共产主义理想的忠诚使他们深感自豪。我根据克劳迪娅·伊里尼希纳·阿布拉莫娃的英勇壮举写了一部中篇小说：在与法西斯的英勇的斗争中，她落入了盖世太保的魔爪，并与她的两个女儿一起被杀害。"我绝不会苟且偷生，我绝不会当叛徒！"她高傲地回答了敌人，并亲吻了孩子们，然后带着她们走向了刑场。在这一英雄事件中，人的价值是最宝贵的，英雄用生死衡量祖国的美和伟大——这个观念的意义得到了充分的体现。经验使我得出这样的结论：为了培养高尚的情感素养，以及肯定一个人的情感，需要用艺术作品才能生动地展现出敏锐而亲切的思想。我写了一本文集——《人的思想》，书中的短篇小说和故事能促使孩子们对人进行思考，并同情这个人的悲伤和不幸。

第二章 纪律和自律，集体责任感与个人责任感

这是其中的两篇：

为什么祖父和祖母眼含泪水？

桌子上有一台小型收音机。爸爸和妈妈坐在桌边，祖父和祖母坐在隔壁房间的沙发上。小阿伦卡在地板上玩着长毛绒熊玩具，他看着爸爸妈妈、祖父和祖母在听音乐，这首音乐令人赞叹：阿伦卡仿佛看见一丛神奇的花朵——大朵大朵的玫瑰花从打开的窗户上垂下，一只蜜蜂在花朵上飞舞，太阳照耀着天空，远处的草原依稀可见……阿伦卡看到爸爸妈妈的眼中闪烁着柔和的火花。爸爸抚摸着妈妈的手指，妈妈的脸上洋溢着微笑。但是为什么祖父和祖母如此难过？为什么他们的眼中有泪水？难道是在为玫瑰花、蜜蜂和太阳而哭泣吗？

我们的奶奶难道是个小孩吗？

六岁的喀秋莎有两位祖母——卡捷琳娜奶奶和玛琳娜奶奶。实际上她只有一个奶奶——卡捷琳娜，而玛琳娜是卡捷琳娜奶奶的母亲，也就是说，她是喀秋莎的曾祖母。她们俩一样的老，一样的善良，所以对于喀秋莎来说，她们两个都是她的奶奶。春天的时候，卡捷琳娜奶奶生病了，在病了很久之后，她死了。喀秋莎哭着走在祖母的棺材后面，送她最后一程。玛琳娜奶奶走在喀秋莎旁边，她哭着说："我的孩子，他们要带你去哪儿啊？我亲爱的宝贝，我该到哪里等你，去哪里找你啊？"喀秋莎问妈妈："妈妈，卡捷琳娜奶奶难道是个小孩吗？"小孩，女儿，小孩……每个人都是小孩——直到生命的最后一口气。从喀秋莎悲伤的眼睛里看得出她在艰难地思考这个问题。

列奥诺夫写道："文学是思想的艺术。"为了培养高尚的情感，需要艺术作品来激发孩子们对世界最高价值——人的思考。没有与他人的共鸣、同情心，

不能将他人心灵中最微妙的活动带入自己的内心，就无法激发一个人的情感。

我写了一个故事，这个故事是根据艰难的一九四一年发生在伏尔加河的事件写的：一个母亲带着两个小女儿向后方疏散，两个孩子一个一岁半，另一个三岁。母亲把她们留在火车站的候车厅，自己去取水。这时，敌机的空袭开始了，母亲被炸死了，孩子们成了孤儿。她们躺在长椅上，用忧伤的眼睛仔细审视着每一个走进候车厅的妇女，问道："我们的妈妈在哪儿？"

语言正是一种工具，可以激发儿童从人们的眼中看见各种最微妙的不安：痛苦、焦虑、委屈、绝望、忧伤、无望和孤独。我在故事中用一整页的篇幅专门讲述了那两个成了孤儿的小女孩的眼睛。我欣喜地看到，读完故事后，孩子们开始仔细观察周围的人的眼睛了。这绝不是为了培养多愁善感。一个人如果没有宽广而丰富的情感，他就不会成为一个合格的人。

学校最重要的教育任务之一，就是为了共产党的事业进行思想斗争而形成精神上的准备。这场斗争中最重要的是阶级兄弟感情，在斗争中与志同道合的人和同事形成思想上的团结。友谊、同志关系、兄弟情义——这些共产主义道德的神圣定律在年轻人的心中得到确定，这不是什么抽象的东西，而是为了人与人在任何时候都能互相寻求帮助。再说一遍，不是帮助一个抽象的人，而是帮助自己的同胞。将少年引领进微妙的人的关系世界中，这非常重要。我千方百计使每个少年都亲自遇到一个需要帮助和同情的人，没有任何集体活动可以代替这种人的灵魂深处的个体活动。我努力实现了让每个少年不仅遇到了一个需要帮助的人，而且还为别人分担了人间的痛苦，帮助别人解决了麻烦，并且他们认为没有必要把这些告诉同学们——这尤其重要。我看到了少年们如何使这些行为变得高尚。

当费加和巴维尔从马特维爷爷那里回来的时候，高尚感在他们的眼睛里闪闪发光。马特维爷爷是一位九十岁的集体农庄庄员，他的家人都去世了，孤独让他十分痛苦。费加和巴维尔带着书籍、杂志去了马特维爷爷家，并给

第二章　纪律和自律，集体责任感与个人责任感

他讲了很多关于科学技术成就的有趣的事。用语言很难传达出少年们给老人带来的快乐。对于他们自己来说，这件事情是真正的道德教育和情感教育。他们用心理解我们之所以存在的伟大真理：我们这里不能，也不应该有一个孤独的人。当费加和巴维尔明白了爷爷将孤独终老时，他们内心深深地不安。我记得那天晚上，我们都在谈论人生的目标、意义和价值，几乎一直谈到了天亮。我非常幸福地感觉到，我正在培养学生们最细腻的情感。而影响年轻的灵魂的另一种同样细腻而温柔的方法是"美"。用马克思的话来说，理解和感受美，开发和创造美好事物的喜悦——这是一个人在他所创造的世界中看到自己的最重要的前提之一。

在少年时期，当一个人审视自己时，会感到自己身上产生出积极、活跃的个性，他会将自己与父亲、母亲和老师相比较——在此期间，少年发现、感知、理解人的美，欣赏自己的美——这些非常重要。但是，如果不掌握人类创造的审美财富，不形成人类的自然意识，没有和谐的集体生活，就不可能确立美本身。学校的任务是，即使在少年时期，学生也应生活在美的世界中。这是自我教育和自我完善的决定性前提之一，也是理性、智慧、高尚的道德支配本能的前提，这种本能指人类繁衍，需要人类的长期努力才能变得高尚。

教育的一个非常微妙而重要的问题是让人看到并感受到他为别人创造的事物、对象、财富中人的美、人的劳动和人的尊严。生活的美——首先是劳动的多样性和多面性的美。在一个人身上，对自己的尊重和对工作的尊重是同时产生并得到肯定的。如果您没有体验到您所做的事的美——目标的美和劳动过程的美，那么尊重自己是不可能的，也是不可想象的。我深信这些情感和技能的融合，就是通常所说的创造力，一种对工作的创造态度。哲学家、教师、心理学家现在正在思考共产主义社会改造中最困难的问题之一：劳动将如何成为人类的天然需求？当每个人都看到并感受到自己的美，而这种美

又是存在于人们自己所创造的世界中时，我们的社会将进入共产主义道德发展这一阶段。美是道德、情感和审美教育的一种方式，它在学生对美的创造者的智慧和才华感到自豪时体现。

审美乐趣将个性带入由人类创造的一切智慧和美好的事物中。教育的技巧和艺术是，要使审美财富在儿时就构成学生生活中个人的、个性的美丽世界。在现代人身上，必须培养精神上的细腻、敏感和对人类智慧的敏感性。仅仅通过上课、掌握必要的知识、做家庭作业、回答老师的问题是培养不出这些素质的。好奇心、求知欲是人类永恒而根深蒂固的需求，这些需求是人类通过几千年的社会劳动以及在了解世界的实践中形成的。但是，如果满足这些需求只是一种责任和义务，那么求知心就会消逝，让步给对知识的漠不关心。精神上的冷漠、麻木和精神世界的粗陋——所有这些都使得人对智慧、好奇心、财富和知识的美的敏感性变得迟钝，这对于少年的精神生活很危险。如果老师讲完课后，学生提不出任何问题，都懂了，就不好了。这是智力需求的满足变成无聊义务的第一个征兆。

教育者的任务是，使每个学生的意识中渴求知识的火花不会熄灭，这个火花照亮了人性，帮助他理解和认识自身，激发一个人与另一个人的共同爱好。从此，相互的精神财富交流的复杂过程开始了。我竭力让已经处于儿童时期，尤其是少年时期的学生分享他们的这些思想：他们思考的时候因为什么而激动，体验到了什么，当体验的时候，他们又在思考什么，最重要的是他们在争论什么。没有思想的碰撞，就不可能有精神的交流，也就无法建立对他人的需要。

我努力让每一个少年都找到这样一本书，书中隐藏着令他激动万分的揭示各个秘密的线索。书是少年整个教育领域中非常重要的一部分，可惜现在对它的研究还太少。丰富的审美要求、审美爱好和审美需要同时也能促使人与人之间互相吸引。个人审美生活的粗陋是一面石墙，这面石墙将人与人隔开,这是成人之间精神交流基础不深厚的根本原因之一,也是人与人之间相互严格要求有局限性的原因,特别是当一个人在建立家庭时。形象地说,对个人审美财富的关心,就是建立一个吸引人的磁场。男孩和女孩之间、小伙子和姑娘之间关系的审美具有特别重要的意义。一个年轻人在本能的支配下,在把一个姑娘作为异性去恋爱之前,在把她作为一个女人、一个年轻姑娘来追求之前,他应该首先把她作为一个人去爱。丈夫与妻子之间相互关系的高尚、纯洁、细腻取决于受教育者(未来的丈夫)为这个巨大的创造做了多少精神准备——首先把女性作为人去爱。总的来说,这是道德素养、情感素养、审美素养的根源——也是滋养人一生的世界之树的根源。如果少年之间的精神财富的交换通常在增强情感方面,以及在培养个人的精神素养方面发挥巨大作用,那么在男孩和女孩之间、青年男女之间、丈夫和妻子之间精神财富的交换就起着特殊的作用。在少年时期,男孩和女孩之间的关系要建立在一个利益和需求的精神共同体上,这一点非常重要。

　　一个人的道德、智力、情感和审美生活的丰富,精神财富的交流,是人与人之间相互了解的基础。对于丈夫和妻子之间相互关系的美和纯洁的教育,我们道德理想的要求应该始于学校,正是基于与对方精神财富的相互了解和交流。我一直关注的一项非常重要的教育任务是,使男孩在童年和少年时期就去欣赏女孩的头脑、心灵和意志的美,这种欣赏会磨炼他个人情感的细腻,从而让"变得更好"这一愿望激发年轻的心去工作,激发他以进行道德的自我教育为目的而努力。正如席勒所言,个体精神力量的张力可以创造出杰出的人,但是只有精神力量的统一组合才能创造出幸福而完美的人。关心道德、思想、情感的和谐发展,关心高尚心灵的培养,以及内心所有的热情和抱负的纯洁是教育的本质。

第三章

少年时期的矛盾

第三章　少年时期的矛盾

少年的头脑中产生了这样一种想法："我和我的父亲、母亲、老师，以及任何一个成年人都是一样的。"这种想法在他少年时期的头脑中产生了大量激烈的矛盾。少年把周围的一切事物和他在生活中遇到的人，划分为善与恶。少年还不知道如何透过现象看本质。他对善恶的评价是直截了当的，而且首先是情感上的——激烈、坦率、尖锐，并且容易仓促地得出结论和概括。

在札记的开头，我谈到了一个少年，当老师责备他不尊重他人的劳动时，他爆发了怒火。为什么他敢对老师无礼（如果把这些生硬的，但从少年的观点来看是公平的话认为是粗鲁的话）？当周围发生的一切深深地激发着一个人的时候，这一切就成了他的个人兴趣，于是他进入了精神发展的时期。在他看来，他所听到的与他在生活中所见之间的差异令他大为震惊。在少年的这次爆发中产生了少年时期精神发展的矛盾之一——一方面是对邪恶和不公的不屈服，准备与偏离真理的现象做斗争；另一方面却无法理解生活中的复杂现象。我们必须注意少年精神发展的这一矛盾，在少年时期，这个矛盾有好的一面，也有坏的一面。好的一面是这是对邪恶的不妥协，对邪恶的激烈的情感评价——对于一切贬低少年对于真、善、美的理想概念的现象表示仇恨和憎恶。必须像保护珍贵的神殿一样保护少年心中这种不屈服于邪恶的火花。不要试图扑灭这种年轻的毫不妥协的爆发，也不要试图让少年在生活中遇事之前都先进行深思熟虑和权衡，然后才决定要做什么——爱还是恨，高兴还是愤怒，干预事件的发生还是成为一个冷漠的旁观者。

回忆一下乌申斯基的话：人的性格在少年时期形成，当少年对自己所看到的、知道的邪恶的事物发生激烈和强烈的情感反应时，我们无须试图去压制他，在那几分钟的爆发中，当少年表达出对我们生活中负面现象的看法时（当然，他的言语中经常会出现错误），我们一定不要忘记我们面对的正是人的性格的形成过程。心灵的火焰，只要不去刻意伤害，就不会熄灭，它能燃烧起来就是一种极大的幸福。请助少年一臂之力吧，帮助他弄清自己的想法和疑问——如果真理在他这一边，教育者本人也会被高尚的火焰点燃。这非常重要，因为这使教育者与少年志同道合，这是教育中的一种多么伟大的力量！当然，因为没有"预设"的感觉，所以教育者无法预见他的内心冲动，但是这些感受应该是他精神世界的真实反映。如果老师试图熄灭被战胜邪恶的意愿所点燃的情感之火，那么少年就会变得冷漠和伪善。如果一个孩子、少年看到邪恶和欺骗现象时，只是漠视着，然后走到您面前问："请您教教我怎么做。"那么您不觉得教育的田地变得荒芜了吗？您收获的不是小麦，而是稗草。

　　平静的审慎和明哲保身只能教育出懦夫和庸人，他们对周围发生的一切漠不关心。只有当强烈的激情激发年轻的心灵时，教育才能成为人的创造。因为少年还没有足够的经验，所以要找到指引自己内心的火焰的途径并不容易，世界必须进入他们的内心，使他们心中不再留有毫无起伏的角落。少年教育中的一个巨大的危险就是情感上的冬眠，如果他的心还在沉睡，那么即使是情绪高昂的话语，对他来说仍然是空洞的声音。如果人的心睡着了，即使真理会被他理解，也不会成为他的信念。如果少年的情感不参与到认识中，那么他就不会将教育者在其意识中揭示的真理运用到自己身上，教育就不会成为自我教育，也就不再是真正的教育。如果您希望您的话语能始终被少年接受，就请点燃周围世界中对少年的情感评价之火吧。请仔细倾听，什么会让他不安，什么会让他担心。绝对公平并不总是个好老师，有一定的倾向性则会使老师的话语充满生动的、有血有肉的思想。当思想在人的内心扎根时，它就会变成宝贵而神圣的规则，因此必须让年轻人拥有富足的思想生活，如果没有激情，思想是无法想象的。我们心中宝贵的共产主义思想是对世界上所有劳动人民最崇高的人道主义担忧，也是对共产主义、民主、和平和正义的敌人的仇恨。教育的技能在于，要让每个人内心中都建立一个唯一的、真正的为善良而斗争的微型世界——共产主义，与最可怕的邪恶斗争：与仇视人类的世界观的斗争和与压迫人的资产阶级世界观的斗争。少年教育的技巧还在于，在一些情况下，让每个人都能够在社会生活中正确地确定自己的位置，这些情况是：当善只意味着斗争、勇气、劳动和一切紧张的力量时。一个真正的教育者不仅要具有一颗温暖的、能点燃高尚之火的心，而且要具有智慧和能力，应该教年轻人如何生活，而且首先要教导他们永远不要做一个"心安理得"的人，这意味着要教他们在自己周围的世界中发现一片田地，在开垦和耕种这片田地的过程中，年轻的力量确立了一种真正的善——共产主义思想。注意不要让年轻人心中的火焰变成转瞬即逝的火花，当学生在您的帮助下找到正确的斗争方法，以使他能够确定自己是一个公民时，他就会听取您的明智建议。

少年时期的第二个矛盾是：少年想要成为一个好人，追求理想，同时又不喜欢被别人教育，也不能忍受那种赤裸裸的思想和倾向，它们有时候会成为学校教育的真正阻碍。恩格斯写道：趋势应遵循立场和行动本身。这个思想对于教育工作非常重要。如果一个人像发现真理一样努力理解真理，那么对于他来说真理就会变得珍贵，尤其是在少年时期。找到这样一条通往年轻心灵的小路，让这颗心被真正的道德榜样所吸引，以激起他对这种美的赞叹和崇敬。有了这些情感，包括道德准则在内的那种思想就成了自己的收获，成了靠自己的精神力量争取来的思想。当涉及我们内心最珍贵的东西时，即涉及对祖国的热爱，准备着为了祖国的荣誉、光荣和强盛而献出生命时，赤裸裸的偏见在教育中尤其不可接受。

只有当崇高的话语在人的内心深处不可侵犯时，只有当思想深入自己最珍贵的圣地开始自我反省并提出这样的问题时，才能激动人心："我为什么活在这个世界上？我应该为祖国做些什么？"

我向少年介绍了谢尔盖·拉佐，主要目的是让学生们自我反省，把自己的力量、自己的命运、自己为高尚的行为和功绩而做的准备看作是祖国的一部分。我坚信，从自我反省和想对祖国大事贡献自己力量的那一刻起，集体教育的影响就开始了，确切地说，在思考了自己的人生目标后，少年的想法转变成："人们对我的看法是什么？他们如何看待我？"

一个刚刚被您引领到艰难的人生道路上的人，只有当他能够把吸引他并使他变得高尚的精神理想与自己做比较时，教育才会取得预期的结果。在有比较的地方，集体就会成为强大的教育力量，因为集体中的每个成员都对自己提出了更高的要求，因此对同学们也提出了更高的要求。在我们社会最基本的组织中，如果教育者只将集体划分为"纯洁的学生"和"不纯洁的学生"这两类，只将最好的学生和最坏的学生进行比较，那么这种教育就是极其简单和软弱无力的。集体对个人的影响是一种非常微妙的教育手段。毫不夸张地说，这是人与人之间精神关系中最柔软和最脆弱的地方，只有当一个精神最脆弱的人在大多数同伴的眼中看到他们对道德理想的向往时，以及看到他们不惜一切代价到达道德美的顶峰的愿望时，集体才能成为一种真正使人上进的力量。

对"集体是一种教育力量"的肯定，必须从形成一种思想上的坚定信念开始。我们常常看到一些令人焦虑的现象：在许多学校集体中，一个被集体叫来参加"讨论"的人会怀疑别人对他施加影响的目的，并不是想对他有益，而是为了教训他。在这种情况下，关于精神生活中出现的复杂现象的集体讨论不可能是诚恳而亲切的。少年经历了痛苦的"灵魂的彻底暴露"，他在集体面前大发脾气、沉默或者对那些关于"悔过"的模板式的句子给予尖刻的回

第三章　少年时期的矛盾

答——所有这些并不意味着他的道德堕落,相反地,意味着他精神上的纯洁和高尚,意味着他对虚伪的不妥协。

只有在自我教育的基础上,才能进行对儿童、少年以及成人的教育。而自我教育是人格尊严的体现,它是驱动人格尊严之轮滚动的强大动力。少年教育的真正技巧是给他机会思考如何进行自我教育、如何变得更好,如何在克服困难和体验胜利的喜悦时自我奋斗。如果"迫使"他做出改正的承诺,逼迫他说出"坚决改正"的话,那么他充其量只是觉得这是错误的而不知道如何纠正自己,这件事对他有什么要求。当没有人深究产生这种不道德行为的个人原因时,一个小孩就会觉得自己只是一个无话可说的教育对象而已,并不是谁都会对整个社会敞开心扉的。

在学校工作的三十年中,我有机会研究了一百个似乎完全相同的过错。少年向父母隐瞒老师打的不及格分数,但每种情况都有其理由,其道德和情感动机主要是这样的:如果老师不是在日记中打出低分(专门为了给父母看),而是与少年讲话,给他布置一项个人作业,指定一个时间进行个人谈话(是的,不是考试,而是谈话),那么少年就会更好地反省自己,会更加尊重自己,这已经是教育工作成功的一半。当您看到的是一个标准的模板式的解决方案:"错了"和"没有错",而不是深思熟虑地渗透到学生的精神世界中,这真是太令人难过了。但是在生活中,有成千上万种截然不同的情况,通常无法从单一角度对情况进行评判。必须从前景的角度看待少年的精神发展,最主要的是要看到他的公民尊严的确立和他对自己的尊重。

如果没有科学的远见,如果不能在今天就把十年后将要长出来的种子撒在一个人心中,那么教育就会变成简单粗糙的监督,教育者就会变成文盲保姆,教育学就会变成巫术。必须进行科学的预见——这是教育的本质,细致的、经过深思熟虑的远见卓识越多,意外的不幸就越少。

在体现教育者思想的意图与应该揭示该思想的具体与人的关系之间,是一个活生生的人,他有思想、感情、感受和意志。我从未召集家长来讨论某个学生内心的细微之处。我告诉少年们:"我们将在一年内准备与家长的座谈会,谁要是愿意,可以在座谈会上朗读自己的作品,让家长们听听。"少年们被这种创意竞赛的气氛吸引,每个人都想展示自己,没有一丝鼓励好学生和批评坏学生的含义——而集体的教育力量恰恰就在于,每个人都希望被别人肯定。请您尝试做到,让您的每个少年时期的学生都渴望在集体面前展示自己最好的一面,以便让激情常驻他们的心中,而这种激情恰好就是来自于人们对他们好的评价。

现在,我们来看少年时期的第三个矛盾:希望自我肯定但却没有能力做到。少年有一个重大发现,那就是人的道德尊严、社会地位和工作成就体现在被社会的认可中。谈到一个人,人们报以尊重,谈到另一个人,人们表示轻视,而谈到第三个人就无话可说,甚至好像他根本不存在于这个世界上。而少年就是想成为一个有个性的人。

近年来,年轻人的心中对所有英勇、浪漫和非同寻常的事物的敏感性日益增强,这绝非偶然。对自我肯定的渴望,对成为一个有个性的人的渴望,对获得社会认可的渴望,使少年在精神力量上产生了内在的激情,他觉得必须采取行动,但在行动前必须先知道自己的目标是什么。教育的理想是培养共产主义式的自我肯定。我们引领一个人走上人生道路,并为他长期的劳动和为祖国服务的道路准备好了一切,他必须为了大众的幸福,作为人民忠诚的儿子,作为反对我们思想的敌对者的坚定战士,作为物质和精神财富的创造者那样表现自己,而人只有在少年时期克服困难和障碍时,才能形成这些品质。只有那些来之不易的东西才会让人觉得珍惜和宝贵。真正的自我肯定只有在精神斗争中才会产生,当人们付出艰辛的努力,将行为的次要动机服从于主要的、起主导作用的动机时,才会感受到战胜困难的喜悦、激动人心的自尊感,并亲眼看到自己的成长。

第三章 少年时期的矛盾

应该怎样引导少年的力量,怎样考验他们克服困难的勇气呢?这是少年时期教育实践的主要问题之一。斗争应该体现在哪里,少年应该为反对什么而斗争?确实,我们的社会中没有对立的矛盾,也没有对我们的目标有敌意的社会力量,所以不能武断地对待这个重要的问题。在我们的社会中,如果一个人的信念没有在克服困难和障碍的过程中得到强化和磨炼,那么他就无法成为一个真正的人——一个公民、一个劳动者、一个继承人类创造的精神财富的全面发展的人和自己孩子的教育者。多年的经验证明,这种信念的强化是在少年时期和青年早期的个人自我肯定的本质。

精神上的斗争必须恰恰表现为世界观的斗争和信仰的斗争。为共产主义理想而奋斗的杰出战士谢尔盖·拉佐在日记中写道:"信仰必须饱经痛苦,必须检验信仰的生存能力。一个人如果放弃了信仰,那他还不如死去。"人类已经在精神不断完善的漫长而艰难的道路上迈出了第一步。世界上仍然存在着最大的罪恶——资本主义,即人压迫人。在各大洲,人们在为灵魂、信仰、生活和情感而斗争。资产阶级的思想家企图在苏联青年的思想中播种冷漠和不问政治的种子,并煽动起对共产主义理想怀疑的情绪。我们社会中的每一个男女青年都是反对这种精神罪恶之源斗争的参与者,是为共产主义信仰,对世界上唯一的真理——共产主义思想的真理有深刻信仰的斗争的参与者。

现在,对少年进行教育的艺术在于用浪漫主义的斗争精神来吸引他们,使每个人都想成为一名坚定不移的、对敌人不屈不挠的真正的战士。在世代相传的生活中仍然存在着许多恶习:懒惰、无知、情感愚昧和原始主义的情感缺乏、审美贫乏、迷信、自私、本能冲动凌驾于崇高的责任感之上——很遗憾,这一切仍出现在我们身边。

探索和运用大自然的力量,使知识渗透到大自然的神秘之中。正是在这样的环境中,一个崇高的、真实的、广阔无垠的精神斗争领域正展现在人们的面前。教育者的任务是教导少年进行自我肯定。形象地说,我们的职责是将少年带到一片领域中，在那里他可以看到敌人，他的心中燃起与敌人决斗的渴望，这使他认识自己，正如拉佐写到的那样，饱经痛苦和忧患去获得自己的信念和信仰。一个真正的教育大师应该为学生的奋斗而祝福，而不是担惊受怕，怕他的学生做了什么越轨的、应受谴责的事情。被高尚的激情所鼓舞的年轻的心灵永远不会让不道德的、卑鄙的东西渗透进来。想要告诫年轻的心灵远离邪恶，就必须在年轻人的心中播种善良。当一个人为反对邪恶而斗争时，他就会成为一个善良的人。今天的善良不仅是为了身边的人创造幸福和快乐，而且是不向邪恶屈服，以及与思想上的敌人进行残酷的斗争。要教导少年肯定自己，就需要放弃寻找通用方法的意图。对于少年来说，自我肯定的过程应该成为其人生的真谛。

少年在学校的学习生活首先是一种智力生活。我们必须努力使少年丰富、全面的智力生活成为一种思想世界中的生活，以使学生年轻的精神武器得到锻炼，而武器的锋芒就针对着资产阶级世界的意识形态和道德。引导少年的精神生活和他们内心的精神斗争——这就是对思想武器的锻炼。我想象少年是这样的（根据拉佐的说法）：一个少年、一个年轻人，在与敌对思想进行一对一的斗争中，他的思想与这些敌对思想产生的不可调和的火焰在他年轻的胸膛里燃烧，这些火焰会将资产阶级思想宣传者在我们的土地上播种的意识形态的稗草种子焚烧成灰烬。"我是对的，而我的敌人是错的"——少年的思想教育从这种唯一必要的氛围中总结出来。思想不是熟记真理的结果，而是思想冲突和意识形态斗争的结果！使研究社会问题的课程在少年眼中成为精神斗争和自我肯定的舞台——这也许是教学技能中最复杂的一个方面。

正是在智力生活领域中，教育者开始帮助学生进行自我肯定，在这里，少年想要"展现自己"的第一棵萌芽就这样破土而出了。思想生活和精神生活是行为和活动的内核。要像害怕火一样害怕少年缺乏思想，害怕他们产生不问政治的思想——不道德行为的根源就来源于此。我们的少年在成熟之前

第三章　少年时期的矛盾

的很长时期内都受到社会思想和社会意向的影响。在教育过程中，真正的公民教育从思想激发、唤起和肯定对道德理想的渴望开始。知识是人类在艰苦的、通常是流血的斗争中获得的，是人类成就的美，是自我牺牲精神的美。

人类为到达共产主义幸福顶峰这条道路上的每一页斗争史，都像炽热的烙铁一样炙手可热。这个斗争史中的每一句话都应该燃起少年不可磨灭的激情，培养充满激情的共产主义战士——是为使年轻的公民的心与伊万·苏萨宁和谢尔盖·拉佐，费利克斯·捷尔任斯基和尼古拉·加斯泰洛，德米特里·卡比谢夫和亚历山大·马特罗索夫的热烈搏动的心紧贴在一起。这样，历史的火热篇章便点燃了年轻的心灵，激起了他们对英勇壮举的渴望，同时教他们学会了如何去生活。

一个人在少年时期最需要帮助和建议，英明而细致的老师正是他们在这个年龄段的精神导师。那么为什么在实践中，一个人还会遇到少年时期的另一个矛盾：极其需要建议和帮助，但同时又好像不愿求助于长者呢？乍一看，在这个奇怪的矛盾之中隐藏着少年对于独立行动和表达自我的渴望。如何克服这个矛盾呢？老师和学生在思想上的一致性，是确保老师成为一名真正的精神导师的重要条件。一些教育的失败通常归因于这个一致性的缺乏。一个少年做出了不体面的行为，老师气呼呼地说："难道你在家里也看到过这样的事吗？！"而不幸就在于，尽管身处人群，但有时少年还是感到孤独。在人群之中感到孤独是危险的。其原因在于，无论是老师，还是家长，没有人知道少年的精神寄托是什么。尤其令人无法接受的是，对于少年的精神需要是什么，脑力劳动、书籍和艺术占据他生活的什么位置，他们都一无所知。如果少年仅仅生活在电影、电视、半导体收音机和录音带中，如果他不知道书籍能引发他对自己人生命运的思考，而阅读书籍又并不是一件轻松的事，那么无论他的周围有多少人在奔忙，他仍会感到孤独。老师应该是一个能理解并能感觉到少年的头脑和内心在发生着什么的人。当然，如果老师直接走到少年那里问他："好吧，告诉我，你怎么了？"——这样可能会让学生把他推开。

只有这样的人才能成为少年的辅导员：他与学生的思想感情一致，共同关心社会利益，与少年共同探索他们好奇而又不明就里的东西。当我和我的少年被同一种思想感情鼓舞时，当我成功地将我内心的微小部分灌注到少年的内心时，少年和我的心就对彼此敞开了。精神上的一致性体现在我在学生身上重现了自己，在他的身上看到了我自己的愿望和理想。如果我把心中的东西倾注到学生的心灵中，那么他就会来向我求教和寻求帮助，会向我敞开心扉。一方面是诸多的愿望，另一方面是实现愿望的可能性与能力、有限的经验之间的矛盾，这也是自我肯定的复杂过程。关注他人——这可以确定为少年时期的认知特征。少年会对那些在成就中、在工作中、在科学和艺术领域已经确定了自己身份的人很感兴趣。有着一双"黄金之手"的能工巧匠、有创造力的演员以及取得卓越成绩的运动员，都会鼓舞少年。因此，少年的兴趣和爱好是多方面和多变的。一个少年昨天喜欢技术创造，而今天他又迷恋上了绘画；昨天他对自然界研究小组的工作颇感兴趣，而今天又对摄影着迷，到了明天他心里就只想着足球了。当长者对他说："不要分散注意力，多想想学习吧。"那么在少年看来，成年人的要求就太苛刻了。这就是"叛逆"的原因之一，"叛逆"就是想方设法要跟别人提出的合理要求和建议唱反调。

一方面，是少年的欲望、兴趣、愿望，另一方面是他的力量、能力和爱好，用"禁止"是无法建立这两方面之间协调一致关系的。在诸多的愿望中，少年表现出对了解自己的力量、可能性和能力的渴望，连他自己都觉得这种渴望莫名其妙。多变的爱好——这正是一种探索，我们应该帮助其进行探索，但要注意，少年会对别人过多干预其活动持有怀疑的态度。如果老师不了解少年的精神世界，那么即使是善意的建议也可能被视为禁止其做某件事和命令其去做另一件事。少年在选择课业的时候犹豫不决，他感觉到自己需要合

第三章　少年时期的矛盾

理的建议，而他自己都不敢承认他有这种需要，他害怕会给别人留下不合格的印象。他无法忍受带有傲慢腔调的劝告，并且他会跟这个劝告反着来，用表面上的自信去对抗那些对自己活动的干预，同时还想用故作果断来掩饰自己的束手无策。教育者的任务是使少年的所有爱好之中的其中一种能比他的其他爱好更持久，并且这个爱好能够成为他的理性的志向。

在少年时期，尤其是在少年时期的后期，合乎规律的情况是：学生关于未来已经不再是抽象的梦想，而是有意识地衡量自己的长处和能力，深度思考自己会成为怎样的人，自己能做什么。作为教育工作者，我们必须保护他们的热情，使他们所从事的事情在最大程度上符合他们的能力和天赋，成为他们的长期爱好。重要的是，不要有那种随着时间的流逝却一事无成、无所用心的爱好。爱好劳动和爱好创造是个性的基础。一个人如果没有对事业的热爱，没有取得重大成就，没有自尊心，他也就没有个性。如果一个人在少年时期没有在劳动中找到自我，那么长大后可能他会一事无成。教育不应仅限于寻求一种防止无所事事的手段来随便填充少年的心灵，或者只要他不交到"坏朋友"就可以，等等。

愿望与兴趣的文化是教育过程中最细致的工作之一。在这种情况下，表面上的安宁是极其危险的。但愿教育者不会因为所有的少年都有其热衷的事情而放心，最主要的是每个人爱好的都是什么，教育者应该看到每一个少年的愿望和兴趣是发展变化的，最后，还要让少年把他所必需的东西变成他的愿望，不能把一些任性的要求当成是愿望。如果老师允许少年们每天在体育馆里玩几个小时的话，他们当然会对老师很满意。科·德·乌申斯基写道："如果教育是希望一个人幸福，那就应当为劳动而培养他，而不是为了幸福而培养他。"

幸福不会是无忧无虑和毫无用心的，故意否定权威，热衷于理想，以及对于理想可能存在于我们的日常生活中表示怀疑——少年时期的这个矛盾也是以复杂的心理现象为基础的，这些心理现象反映了人格的自我肯定过程。没有理想的道德取向不可能对少年进行教育。脱离生活，脱离"罪恶的土地"是危险的，但是如果渴望理想的温度降下来了，也同样危险。不能将学生行为中的每一件琐事都与道德理想进行比较。如果少先队员没有系红领巾，就立刻指责他："你忘了我们的中队是以谁的名字命名的吗？是以一个英雄的少先队员的名字命名的，他为红领巾献出了生命，而你在干什么呢？"一个老师注意到了少年的恶作剧，就立即来一段关于英雄和理想的长篇大论："昨天我们刚读过一篇关于一名拖拉机手为挽救社会主义财产而献出生命的故事，而你在干什么呢？在课桌上乱涂乱画？难道奥列格·科舍沃依是这样对待社会利益的吗？难道卓娅·科斯莫杰米扬斯卡娅在课桌上乱涂乱画了吗？"教育者的任务是确立对理想的纯洁而崇高的向往。不要轻视这个向往，不要在年轻的心中引起对靠近理想的可能性的怀疑，不要把神圣的真理和神圣的名字变成庸俗的筹码，变成冷水浇在少年火热的心上。

对理想的纯洁而崇高的向往是人类伟大的内在精神力量，需要小心地保护它，并且很小心地贴近它。在日常教育工作中，关于理想的说法不应太多，关于对理想的信念，关于对成为一个渴望理想的人的问题，让少年少说，多思考。在孩子的淘气行为与理想道德的要求之间无法划一条平行线，而那些淘气孩子长大之后也可能成为真正的英雄。思想和内心的工作旨在认识理想并将其确定为道德准则，这是一个乍看之下并不显眼，但实际上又十分复杂的教育过程，它要求老师具有强大的精神力量和深厚的文化素养。学生需要教导，按照马雅可夫斯基的话："以谁为榜样去生活。"但是要英明而细致地教导他们。教育与自我教育往往是融合在一起的。这种融合越有机，内心和情感对智力的影响就越重要。少年时期的这种矛盾，例如鄙视利己主义、个人主义和敏感的自尊心，要求老师严格掌握分寸，充分尊重学生的个性。少年的教育工作应致力于发展健康的上进心：自尊和严于律己。情感上的敏感性、性格的细腻、对语言和美的敏感性，这些是影响人的心灵的最细腻的手段——这一切都取决于老师如何巧妙地肯定少年心中引以为傲的，又被社会视为一种道德尊严的美德。此外，还有很重要的一点是，不要通过奖金、奖励等方式对个人的优点进行公开表扬，不能将一个人的优点同另一个人的缺点进行比较，这种表扬只能培养幼稚的个人名利主义，而不是集体主义，它之所以危险，是因为它会像精神炸药一样隐藏在少年的一生中：一个仅仅追求个人名利的人长大后可能会变成一个大坏蛋。

那种建立在比较基础上的道德尊严教育，说什么要做瓦尼亚那样的好孩子，不要做别佳那样的坏孩子——这种比较已经腐化了年幼的孩子，而对于少年来说就是一种精神荼毒。应该让孩子以自己的优点为傲，而不要期望自己的优点得到任何奖励、好处和鼓励。我知道这样一件事：有个六年级的男孩，他的数学能力非常强，每次测试都只有他能得五分。结果，有一天的测试结果让所有人惊讶：得五分的不只有这个数学天才，还有四个学生也得了五分，不及格的一个都没有，绝大多数学生得了四分，那个数学天才很难过，他哭了起来。这让老师们感到很惊讶，不明白这是怎么回事，但是孩子们明白，一个女孩说："他哭是因为得五分的不只是他一个人，还因为没有一个人得两分。"正是这种建立在比较基础上的教育导致了这样的结果：老师总是拿有能力的优秀学生与得三分的成绩平平的学生做比较。于是，这样的想法根植于少年的脑海：我很好是因为有人比我差。

应该让每个学生的身上都有引以为傲的东西。如果老师很少严厉责备学生，总能在学生的作业中发现好的东西，那么学生就会重视老师偶尔的表扬。自尊心是一种高尚而无私的情感，它表达了人与人之间关系的细致、美和崇高。当一个人仿佛照镜子一样从另一个人身上看到自己，也就是说，当他把自身所具有的善良的东西灌注到另一个人身上，并在这个人身上表现出来时，他会产生一种特别纯洁而高尚的感觉。我一直努力使少年将他点点滴滴的精神财富奉献给其他人，从而使友谊、伙伴情分和友好关系建立在紧密交织的个人精神交流中。精神财富的交流，以及将其在社会思想之间传递，在心与心之间传递——这也是个人生活（包括集体关系中）中细致的范畴。

预防个人精神世界的孤僻是避免自私自大的方法之一，实现这一教育目标并不像看起来那样容易。教育过程的逻辑中隐藏着孤立的危险，因为在学校的每一步都强调（没有其他的可能）：用自己的努力取得好成绩，不要寄希望于别人，并且脑力劳动的结果会被进行单独评分。为使学校生活中充满集体主义精神，那么这种生活就不应该仅局限于在课堂上。课外的智力生活财富是精神财富交换的重要条件。科学的取之不尽，对大量知识的渴望，被激励的感觉，智力工作的乐趣，以及与此同时对自己的日常工作的肤浅甚至无聊的学习态度感到惊讶——少年时期的这个矛盾反映了在智力生活领域中进行自我肯定的矛盾特征。

在少年时期，人第一次体会到这样的观念：学校教育只是科学知识海洋中的一滴，它是一本伟大的科学书籍的第一页。集体的智力生活越丰富，学生的视线就越远地扩展到科学的地平线。少年懂得越多，他就越深刻地意识到自己知道的太少。因此，教育的技巧就在于使少年的智力兴趣在对科学财富的认识中得到满足。在思想和智力生活领域中肯定自己——这意味着在日常单调的教育工作中不仅要看到责任，还要看到精神需求，这完全取决于老师。真正的老师永远不会忘记，正是他引导着少年进行智力上的自我肯定，他要巧妙地将学校知识与科学联系起来，使学生不会觉得自己是一个听话的"知识需求者"，而是一个好奇的研究者。在老师的教育创新试验中，重视智力管理工作中每个少年的个性——这一点非常重要。在进行二年级或三年级的备课时，不必太多地考虑每一个孩子，可以多考虑脑力劳动的一般内容和掌握知识的规律。但是在进行六年级或七年级的备课时，老师首先要考虑少年的个性特征：如何使他们每个人都具有这样的观念，即他们已经掌握了学

第三章　少年时期的矛盾

校的知识，正在向科学的地平线迈进，尽管步伐缓慢。

少年时期的这个矛盾在很大程度上取决于发生于此时的思维重建。儿童所特有的形象具体的思维被抽象思维所代替。少年开始对观念进行思考，于是一个全新的、仿佛从未见过的世界展现在他面前。他试图通过逻辑思维的方法认识生活现象，但是很难将世界的多样性和复杂性纳入形式逻辑，对某些现象的笨拙的尝试性的分析会导致直截了当的判断，从而导致少年特有的对生活现象错误的、仓促的结论和概括。但是由于少年密切关注自身之外的事情并直率而仓促得出结论，这会让他时而夸大自己的优点，时而夸大自己的缺点，就使他对自己能力的自信和对自己的不满意的奇怪感觉交织在一起。

尤尔科是我最聪明的学生之一，他在五年级到七年级的时候被认为是杰出的数学家——在集体中，大家公认尤尔科能解出任何一道难题。有个女孩每次测验前都会灰心丧气，而尤尔科以自己的信心和活力从精神上对这位意志薄弱的同学给予了支持，但是，他的同学中没有任何人知道他的这种信心是依靠什么力量来支持的，当他独自一个人的时候是什么感受。其实代数是他最怕的一门课程。"我很怕做题。"他把秘密告诉了我，"但是为了不让别人认为我弱，所以我做题的时候常常一做就是几个小时，我挑那些最难的题做，做啊做……可是临到测验的时候我就像上刑场一样害怕，但我还要假装无所谓的样子，是为了让同学们，特别是让女生以为我什么都不怕。如果他们发现了我眼中的恐惧，那他们就会慌神，就做不出题了。"

少年思维的独特性还在于他的逆反心理。逆反心理通常始于反对和忽视学校布置的作业。作业每天都有，对于少年来说这是一项非常单调的工作，在他看来就像忙碌的蚂蚁搬物，与太空飞行相比不值一提——这是六年级学生舒尔科（他也是最优秀的数学天才之一）把学校教育与科学的发展所做的比较。这种思想使少年产生了浮躁的学习态度，使他对成年人企图侵犯其独立性产生了"防御反应"。"老师问我关于南美洲某地的地形的问题,可是我认为问这个有什么意义呢?人类的人造地球卫星都发射上天了,难道高山和盆地还有什么重大意义吗?"舒尔科说道。要克服这一矛盾,就要求老师在脑力劳动的管理方面具有很高的技巧。这不仅是一个普通教学法的问题,而且是一个普遍的教育问题。

不要把少年作为记忆载体而向其传授现成的知识,而要在学生面前思考其思维协调发展的重要条件。一位了解少年精神世界、经验丰富的老师在教育少年时,就好比是在鼓励学生们走向科学的地平线,他将点滴的科学知识和科学真理融入自己所教学科的基础课程中,从而使少年忘记了他距离那个让他无比激动的"重大世界问题"还很远。他觉得自己是一名研究者和思想家,他把课堂所学与课外阅读和书本串联了起来。智力劳动的乐趣不仅使少年对课程本身产生了兴趣,而且使他对课外知识也产生了兴趣。我认为教育工作者的使命就在于塑造思想的劳动者,使少年以列宁为榜样。掌握列宁主义知识,珍惜列宁主义知识是公民教育课堂的基石之一。

最好的老师——教育者能够以这种方式阐释教材的内容:他使学生们牢记科学的真理,这个真理是在科学与愚昧无知的斗争、在进步与反动的斗争中产生和确立的。浪漫主义的热情与粗鲁的举动;道德上的无知,对美的赞叹与讥讽——少年时期的这些矛盾给老师和父母带来了很多麻烦。克鲁普斯卡娅写道:"经常发生这种情况:一个文静的孩子突然像挣脱链条的困兽一样,开始动粗和肆意破坏,等等。"① 一些家长和老师表达了这样的观点,即总想破坏什么以及想打人的欲望仿佛就是少年所固有的特性。这是一个严重的错误:残忍从来不是人类固有的特性。这些矛盾潜伏在少年时期发生的意识与情感世界相互作用的质性重构中,它往往不被老师和家长重视,目前对它的研究

---

① 克鲁普斯卡娅:《关于一些热门话题》,《克鲁普斯卡娅教育文集》(11卷本)第3卷,1959年版,第343页。

第三章　　少年时期的矛盾

还很少，并且对其准确的科学概念尚不了解的老师在实际工作中也往往是根据猜测和推理行事，认为少年对与其性格有关的一切事物和现象总是做出过分激烈的反应：他抽象化地概括并好奇地审视周围的世界和他自己，并对人的精神世界中各种复杂的现象——思想的坚定、毅力、勇敢、忠于信念、无畏、渴望认识和洞察大自然的奥秘、准备为崇高的理想而斗争——进行深刻地思考。对浪漫主义的追求是认知过程中的一个新的质性重构的结果。对人的精神世界的认识为浪漫主义插上了翅膀，也是少年获得道德上的自我肯定所需的能量。作为一个人少年时期的好导师，就意味着他首先要让少年探究的目光发现人类思想、激情和理想的世界，这就是说，要努力使少年在意识中确立最高的生活观，确立人民的理想永恒的思想。

　　浪漫主义的激情和对人的伟大精神的惊叹使少年的情感变得高尚，培养了他天性中的细腻。没有浪漫主义，就没有情感素养，但是少年的浪漫主义激情似乎与他的智力生活相矛盾，浪漫主义精神是通过思维进行分析的。在理解周围世界中各种现象的同时，少年也在努力理解自身的情感，他批评自己的情感，对自己的情感感到羞耻，担心自己被别人认为过于多愁善感。在他看来，细腻、仁慈、人道的情感有点幼稚，但他希望尽快完全摆脱幼稚。在所有令他惊叹和引起他极大兴趣的人类精神现象中，他还不知道如何辨别细腻的情感。少年感到自己精力旺盛，他想在一项依赖于体力和耐力的活动中肯定自己。如果老师哪怕片刻忽视了情感教育文化，那么少年就可能会很快丧失他们在儿童时期学到的东西。

　　我记得这样一件事：我们与七年级学生一起沿第聂伯河河岸旅行。在一个温暖的夏日傍晚，我们发现队伍走到了一个寂静的、仿佛被人遗忘的角落里——一座古老的公墓，它的一侧与一个小峡谷相连，悬崖顶端长着一棵不高但挺拔的枝叶繁茂的白杨树。我们停下来在离这棵树不远的地方休息。当我在朦胧中听到学生们的大笑时，天已经黑了，我站起来，看到男孩子们围着一棵杨树站成一圈，而维佳正拼命使劲儿地想把它连根拔起。杨树已经被掰弯了腰，眼看就要断了，我走到他们跟前，他们不好意思了，都回到了帐篷里，只有维佳耷拉着脑袋站着。我跟他讨论了生活和理想，一直谈到半夜。我发现了少年精神世界新的一面，维佳钦佩勇敢坚毅的人们，但他只看到了他们力量的外在表现，却没有发现他们含蓄而高尚的情感。虽然这位少年读过很多关于斯巴达克的书籍，但在记忆中他只认为斯巴达克是个力大无比的人，而关于斯巴达克细腻的情感却在他的脑海里没留下什么。对于培养可以称作只有他独自一人时的个人的诚实，如果没有对人的自身行为进行理性与感性的统一控制，是不可能培养出来的。这种控制是自律的一个重要方面。这就是少年时期的矛盾，它们不是什么致命的东西，但绕开它们或把它们完全推开是不可能的。通过巧妙的教育工作可以缓和与削弱它们，而无技巧的教育工作只会加剧矛盾并导致冲突。这些矛盾的共同特征是愿望、对自我肯定的渴望与无法实现自我肯定之间的不相称。为了避免少年时期的矛盾导致冲突和破坏，必须将年轻公民培养成思想成熟、刚毅顽强且坚定不移的人。

第四章

少年的身体发育和心理素养，人好像重生了一样……

个性的形成

我凝视着少年——那些昔日的孩子们的眼睛。我试图从中找到一种解释，揭示人性在10~11岁到14~15岁的少年时期发生了怎样令人惊奇的飞跃。我常常认不出他们就是昨天的那些孩子：眼睛不是原来那双眼睛，嗓音不是原来的嗓音，而最重要的是，他们对周围世界的认识不同了，对人们的态度、要求、需求、兴趣——一切都发生了质的不同。每当晚上，我对学生的命运陷入沉思的时候，我常常想：进入少年时期就像人的再生。第一次是一个生命本体的诞生，第二次则是一个公民、一个活跃的、有思想、有行动的人的诞生。他不仅看到周围的世界，而且还看到他自己。

第一次诞生的人这样大声宣告："我来了，请关心我，为我担心，我柔弱无助，请一刻也不要忘记我，请保护我，屏住呼吸坐在我的摇篮旁。"第二次诞生后，人会用一种完全不同的方式宣告自我："不要总盯着我，不要总跟着我，不要束缚我的脚步，不要用监督和不信任的襁褓带子捆住我，也不要总提起我孩提时候的事情。我是一个独立的人。我不愿意被人牵着手走路，在我的面前是一座高山，这是我的人生目标，我看到它，心里思考着它，我想登上去，但我要自己独立登上顶峰。我已经开始迈出第一步，我的脚步迈得越高，我的视野就越宽广，我看到的人就越多，对人的认识就越深，看到我的人也就越多。展现在我面前的宏伟壮丽和一望无际的景象令我恐慌。我需要一个老朋友的支持，如果能依靠一个强大而明智的人的肩膀，我一定能到达自己的顶峰，但是我很害臊，也不敢提出来。我希望每个人都相信我是以一己之力达到了顶峰。"如果少年知道如何说出是什么事令他不安，并且（最重要的是）如果他愿意坦诚地说出一切，这些就是他会说的话。

在 10~11 岁到 14~15 岁之间（男孩有时到 16 岁）的少年中，我们观察到了解剖生理过程发展的快速跳跃，主要是身高的快速增长。大自然仿佛急于完成自己的创作，在匆忙中，它没有觉察到它刻刀下的雕塑品身上还有很多瑕疵和粗糙之处——人体的特征全都是用粗线条刻画出来的。但是大自然没有时间，它不会去做已完成作品的磨削工作。骨骼生长如此之快，以至于肌肉组织无法跟上骨骼生长的步伐，因此，少年经常会感到肌肉酸痛，这让他们和父母都感到惊讶和害怕。少年的外观，尤其是男孩到了 13 岁至 14 岁，他的外表发生急剧的变化：身材变得不匀称，又高又瘦，胳膊和腿又细又长，他简直不知道该把手脚往哪搁。如果我们觉察到这个时期的少年会特别关注和审视他自己，那么我们就会明白他对自己的不满、神经质和易怒是从哪里来的了。

在少年身体内部进行的生理过程存在着内部矛盾。生长发育所消耗的能量是如此之大，以至于少年经常感到疲倦，需要补充休息、特殊饮食和睡眠，心脏的体积急剧增大，血管的体积却还是一两年前的水平，没有变化。因此，少年的血压经常会增高（特别是 12~13 岁的男孩和 10~12 岁的女孩）。通常这种血压升高是暂时的，会产生头晕，或者消化不良的现象，并伴有肚子疼。

少年遇到这样的事情常常懵懂无知而惶恐不安，他们压根儿不知道怎么回事，怕难为情而不肯向大人表达，企图通过运动来掩饰这种不愉快，剧烈的运动通常加重身体的疲惫。身体各个器官发育不同步，机能不协调，心悸、呼吸窒息，甚至有心率不齐的征兆，导致夜不成寐或者从梦中惊醒的经历。

在这个生理过程中，性成熟对少年精神生活中思维、情感，以及与成年人和同龄人之间关系的影响是巨大的。遗憾的是，几十年来，性教育的问题被认为是次要的，它很少引起人们的关注，因此人们对少年时期的一些复杂而矛盾的现象知之甚少。

深层的生理发育过程还占领了少年的神经系统，他的大脑半球皮层发生了剧烈的变化。大自然此时正在做着一切努力，以使人的思维方式能够从具象的儿童思维转换为抽象思维。

通过二十年的观察，我得出了这样的结论：少年（对于女孩早一点，对于男孩则晚一点）的思维有一个非常重要的特征：他力求将周围环境中发生的一切关联起来。例如把在学校学到的、在书本中读到的东西等，与自己的个性、自己思想的内部世界、感觉、体验关联起来。少年会一边思考周围正在发生的事情，同时一边思考他自己。通过所听到的（尤其是在书籍中读到的），他可以区分出与他的个人兴趣、需求和观点相关的思想，从而使他的注意力和兴趣的选择性特征进一步加强。我认为，在思考过程中将注意力分散到周围环境中的目标上和自己身上的能力是心理学所说的少年的自我肯定的重要组成部分。这是少年精神发展的特征——自我评价、自我表达、自我监督和自我教育，同时也是引起家长和老师极大焦虑的一系列矛盾现象的原因。

在少年的意识中产生了这样一种想法：我和我的父亲、我的老师以及每个成年人都是一样的有个性的人。这个想法来得太突然，少年就像发现了一个新大陆一样感到惊讶，同时也使他产生了一连串新的想法。一个人在儿童时期，在心理上从不像少年那样将自己与父亲和老师相比较，少年的这个关于自己是与任何一个成年人一样的有个性的人想法，仿佛将父亲和老师从权威的台座上拉了下来。他开始仔细观察长者，发现他们也有许多缺点。他见识的人越多，对自己的观察就越仔细，但是这种对自己的观察并不总是会让他渴望自己变得更好。这一切都取决于环境的教育能力和集体的影响，取决于道德财富和价值的具体化，关于这些我们在前面已经详述。

小孩子总是无条件地相信老师：这个可以，那个不行，这是好的，那是不好的。对他来说，老师说的就是真理。教育者如果没有觉察到，少年已经有了要与成年人平等的想法，希望能像他们一样有权管理自己；也没有觉察到，少年看到的不仅仅是世界，而且也看到他自己，并将自己与成年人相比较，竭力肯定自己是一种有创造力的、理智的、美的力量——如果没有觉察到这些，教育者有时就会机械地把在孩子的儿童时期对待他的不容反驳的命令语气带到他的少年时期。教育的最大缺陷是，教育者通常觉察不到少年个性真正诞生的那一刻。

善于思考的老师会在少年的行为中发现转折：对长者的话语持戒备批评的态度，说话尖刻，有时易怒和粗鲁。几年前，一名现在当了一名农艺师，从前我们学校的学生，交给了我一个本子，这是一份极其珍贵的文件，他奇迹般地从少年时期一直保存到现在。少年给当时的每一位老师和他自己都各写了一页，记录下了他所发现的老师和他自己（本来是我们教导少年，但我们还是先好好教育我们自己吧）的所有优点和缺点。我面前的这些笔记仿佛打开了一幅幅惊人的画面，这些画面不可能没有在少年的意识中激起矛盾的思考。每个老师身上的缺点都不比少年自己身上的缺点少，而且有些老师的缺点比其优点多得多。这一事实促使人们对少年时期的教育与自我教育的相互依存，以及少年对世界的看法进行了反思。

少年"用自己的标准衡量"他所见到的周围一切的能力，特别是衡量人的能力——这是一个发展的台阶，这个台阶在很大程度上依赖于少年的各种新的思想、感觉、焦虑和担忧，而老师和父母都对此感到意外。当少年阅读一本长篇小说时，他遇到了对生与死的思考的问题，于是他的意识中就迅速受到了一个念头的强烈刺激："我也会死。"这种念头引起了他的惊慌失措，在许多情况下带来了痛苦。

我认识一个男孩，他在发现了这个道理之后，神经遭受了剧烈的震荡。一连几天他在课堂上对一切都毫无兴趣。令他奇怪和难以理解的是：人们怎么能忽视所有人都会死去的事实呢？他们怎么能够安心地工作、娱乐并把那些生活中的小事放在心上呢？这不是一种什么病理现象——每个少年都会经历这种情况；绝不可忽视因思考生死问题而引起的这种复杂的精神状态。尽管在此期间我们向学生揭示了重要的唯物主义思想，并且他们的思想被科学知识充实了起来，但他们仍然较易受到宗教世界观、教条和教义的影响。

我永远不会忘记那个安静的九月的早晨，当时科斯加在上课之前来到我的花园（那时我教八年级）。从小伙子那深深的焦虑的眼神中，我感觉到发生了什么灾难。"科斯加，出了什么事？"我问道。他坐在长椅上，叹了口气，问道："这是怎么回事呢？一百年后谁都不在了，您、我、同学们、柳芭、丽达……都不在了，我们都死了，怎么会这样？为什么？"然后我们促膝长谈，谈生活和劳动、谈创造的喜悦、谈一个人在大地上留下的足迹。谈话之后，科斯加告诉我："那些信奉上帝的人可能会更快乐。他们相信永生，而我们被无休止地告知：人是由一些化学物质构成的，不存在任何的永生，人注定会像马一样死去……难道可以这样说吗？"那一刻，我再次感到了对人的心灵负责的全部深刻含义。

我觉得在解释最重要的问题时，在与人谈及所有关于人的话题时，我们持有将复杂的问题简单化的态度。的确，难道可以将无神论教育仅仅看作是没完没了的重复：不存在永生，我们都会像其他所有生物一样变成灰烬？而为何不呼吁每个学生在某种永恒的事物中肯定自己，呼吁他们用永垂不朽的事业来使自己永生呢？为什么不以此为依据让他确信，马和人的区别就在于人的永生是因为他的灵魂永存。这与牧师传教中所说的那个概念截然不同。与科斯加的对话使我坚信通过这种方式进行教育是正确且必要的。我们绝不能忘记，在现代，每一代人都会发展出更为细微的神经机制，他的道德、智力、审美能力的发展取决于思想和内心的敏感性、细腻性和活力。

发展人的细腻的精神世界是教育的首要任务之一。学校越能胜任这项工作，学生对生命的意义、理想、永生和死亡、宇宙无限及物质无限等的思考就会越深入。对于儿童、少年、男女青年的精神世界细致的认知——这是老师的教育素养的最重要特征之一。我最害怕的是我的心觉察不到、无法抓住儿童变成少年的那一刻，那个短暂的时期。

那是一个凉爽的四月的傍晚，我去学校花园欣赏日落时的红色天空和第一朵苹果花（第二天要刮风）。然后我在巷子里遇到了瓦莉娅。她若有所思地走着，一副聚精会神的样子，胸前揣着一本托尔斯泰的《复活》。瓦莉娅平日里总是脸上带着笑容、乐于与大家分享一切心事。我等着她走过来，叽叽喳喳告诉我她的小秘密，但事实并非如此。她把胸前的书揣得更紧了，好像不安、瑟缩的样子。她似乎害怕我看透她的心思。我感觉到，她正在用巨大的自制力抑制自己眼中的笑意，她的眼神更加深邃、更加若有所思、更加忧伤了。她不想跟我说话，小女孩想一个人待着。我的心在欢乐地跳动：瓦莉娅，你不再是个小女孩，能觉察到你成长为一个姑娘的那一刻，这真是太好了。

男人的诞生和女人的诞生

人的第二次诞生……这不仅是人的精神发展阶段最困难和最关键的一步，也是一个具体的人——男人或女人的诞生。在儿童时期，我们看到的还不是一个具体的人。我记得这样一件事：妈妈领着六岁的儿子去理发店，他的头发被理得很短。他五岁的妹妹伤心地哭着说："妈妈，把我的头发也剪得像小别佳那样吧。"少年成长为一个男人或一个女人，是他个人生活中的一件大事，这个新发现令他惊讶不已，以至于让他开始以完全不同的眼光观察周围世界，观察别人和自己。抽象的少年（人们通常习惯这样称呼这个年龄段的孩子）

没有了，现在他们是具体的、有个性的人——男人或女人，在我们的眼中的诞生了。男人的诞生和女人的诞生是基于体内复杂的解剖生理过程。

性成熟的同时是身高的快速增长，在过去的20年中，我们学校为1660名9~15岁的男孩和1810名相同年龄的女孩测量了身高，在测量的结果中发现，身高的增长有一些个体差异，但是都有一个规律：身高的增长最快的时期与性成熟最快的时期相符合，近年来，科学家们专注于一种叫作"早熟现象"的研究，这种现象的实质是人的身体的加速（同时是性成熟的加速）发育。许多数据已经证明，在过去的七十年到八十年中，世界各国青少年的身体和性发育都加快了一年半到两年时间。这个加快的过程是在少年时期和青年早期发生的，现在的14岁女孩的身体和性发育相当于几十年前的16岁女孩的发育程度。

科学家以不同的方式解释早熟现象（营养状况和一般生活条件的改善，文化水平的提高，体力劳动的减少的作用等）。13岁到14岁的七年级男孩的身高增长幅度最大，而女孩则发生在10岁至11岁间，即比男孩早约2至3年。女孩的身高增长先是比男孩快，然后慢下来。与身高有关的性成熟的复杂过程反映在心理发育上，同时又取决于心理发育。意识到自己和父亲同样是个男人——这对于男孩来说是一个重大发现，他开始从新的角度思考父母之间的关系，并从中看到了他以前从未看到过的东西。女孩性成熟开始的时间比男孩早得多，从女孩变成女人要比从男孩变成男人要早两年，有时是三年。这不是大自然的突发奇想，不是可以通过强大的教育力量就可以"推迟"或"拉平"的。教育只有在注意到大自然最微妙的"突发奇想"的时候才会显得有力量，如果忽视大自然的规律性，就会发生灾难。

几年来，这样的想法一直困扰着我——我的猜测是正确的还是错误的：教育者与五年级到七年级的男孩和女孩（他们的年龄是11岁到14岁）打交道，实际上他是在与一个身体和心理发育处在不同阶段（有时相差很远）的群体打交道吗？舒拉和卡佳的友谊开始于二年级，他们的友谊牢固而感人。有一次，在随班级到森林里散步时，卡佳的脚受伤了，舒拉把自己的衬衫撕破给她包扎伤口，把她背到了两公里外的村子里。男孩去女孩家里玩，女孩也去男孩家里玩，他们有自己的秘密。就这样直到四年级，这不，不知何故舒拉来找我，他看起来很不安的样子。他流着眼泪说起自己的伤心事，卡佳不愿意让他来找她，也不愿意让他带上他的玩具……我该怎么帮助他解决这个问题呢？长期以来，老师们注意到了以下情况：处在向成年过渡期的女孩比男孩学习更认真、更勤奋，她们知道如何更加全神贯注地学习，这一切被认为是女性通常具有的特质。如果是这样的话，那是为什么呢？在低年级，男孩和女孩学习上一样地努力，差不多直到10岁。而在10岁到11岁期间，女孩因为心事多而分散了注意力，使她们不能专注于功课，注意力不集中，脑力劳动时常缺乏条理性。教育工作越是不力（即没有注意到孩子终究会长大），女孩在精神发展中的这个特点就越会明显地影响到她们的学习成绩。但是这段时间很短，持续数月并被乍一看突然的、意想不到的心理"发育成熟"所代替：在小学结束时和八年制学习开始的第一年，女孩子对待学习就变得更加认真和爱思考了。她们能长时间专心致志地学习并帮助同学。

在女孩的智力发展中，在她们的精神心理和道德审美关系中，与男孩的发展相比，那种"骤变的"、令人不安的现象要少得多。通过正确地制定教育工作方式，性成熟可以很好地反映在少年的心理中——更快、更深刻地使他们变得理智，并激发他们认真地思考未来。因此，必须在儿童时就使集体中的每个成员对同学、对自己产生责任感，使集体主义关系充满关怀他人的精神，并且在集体主义活动中要培养对他人内心世界的敏感性。性的发育对精神和心理关系的有益影响主要取决于在儿童时期如何通过相互奉献力量、关心和鼓励来丰富集体和个人的精神生活，以及如何合理、委婉、持久地杜绝利己主义。在这里，重要的是每个学生都应该首先把同学看作是一个人。性本能和传宗接代的本能是很强烈的自然冲动。这种本能正是需要通过细腻的关系来使之变得高尚的,并且必须在唤醒本能之前很长时间就开始变得高尚。儿童时期男孩和女孩之间的关系越细腻、越具情感敏感性、越亲密,性本能就会变得越高尚。良好、正确的教育,正确地为男人和女人的诞生做准备,正是在于建立亲切、敏感的关系,在这种关系中,一个人将自己的精神力量灌注到了另一个人身上。

我认为,老师的最高技能是培养孩子用其精神力量为他人创造快乐的能力。在一个受过良好教育的儿童集体中,女孩子能够意识到老师这番话的含义——你是未来的母亲,大自然和人类千百年来的经验将人类的全部的生育责任赋予了你。跟女孩子说这些话时,应该简单清晰,又不失纯洁高尚之感,这些观念能使女孩子更加明智。父母道德上的纯洁及他们之间关系的高尚,在发展这种明智的信念方面具有非常重要的意义,如果在这些关系里含有污秽、欺骗、虚伪,那么教育者就很难开展自己的工作。

几年来,我一直在思考六年级的男孩和女孩对友谊、伙伴关系的看法上的差异。当阅读关于真爱、关于奋不顾身的事迹的书时,女孩子们为书中英雄们的命运深深地担忧,在读这些书籍的时候她们眼含泪水,而男孩子们则无动于衷。在身体和精神发育的某些时期,男孩和女孩有时彼此互不了解,因为女孩身体中复杂的生理和心理发育过程已经向前发展,这深刻地反映在她们对待周围世界的态度中,而男孩身体中的这些过程尚未开始或刚刚开始。这种不平衡来自何处,为什么呢?大自然是明智的,它给人类带来了这种不平衡,仿佛正好预见到,在人际关系中,生育的本能将不再仅仅是一种本能,母亲也将不仅是一位乳母,而且她还将成为一名教育者,因为抚养一个人需要很多年。

女孩在13岁到14岁发育成女人,而男孩还远未达到理解孩子出生,以及人类传宗接代之谜的阶段。在发育阶段的这种差异是造成男孩和女孩在13

岁至14岁时，特别是在12岁时发生冲突的根源。这就是六年级和七年级女生突然有一个九年级或十年级的男朋友（要么是年轻的士兵）的潜在原因，震惊不已的老师问道："怎么回事？为了加强学生集体我什么也没少做啊？"如果忘记了那些不以人的意志为转移的事情，忘记了在男女性别角色诞生时人体发育的自然规律，您将对此无能为力。正如我们已经指出的，男孩性成熟迅疾发展的时期是在13岁至14岁（有时存在个体差异）。生理发育过程对男孩子心理和行为的影响，要比对女孩子10岁到11~12岁期间的影响强得多。

男孩与女孩的区别在于男孩在评判周围世界的现象时更为急躁、直率和感情用事，更有判断力和决策力，而女孩则更公正，我认为这一点是女孩子身上未来母性智慧的种子。大自然加快女孩的身体发育速度并非偶然，因为女性的热情应当与母性的冷静结合起来。那么如何在教育工作中注意到这些特点呢？在五、六年级和七年级的学生集体中，我看到两个元素令人惊讶地、错综复杂地交织在一起：男孩热烈的激情与女孩的稳重和智慧交织在一起（当然，不能认为女孩所有的这些特征都是大自然赋予的现成的特征：它们仅在集体中发展，在这个集体中，从教育孩子的第一天开始，他们就不是快乐的消极需求者，而是为他人创造快乐，然后为自己创造快乐的人）。

教育的技巧在于：使这两个元素互相充实和补充，女孩细腻的情感使男孩的情感变得更高尚。我从不喜欢有些女孩子过于勤奋、过于细心，而缺乏主动性和独立性，遇事不够果断。必须在未来母亲的身上培养公民的耐力和自尊感，而不是毫无怨言的顺从。片面教育而形成的顺从（允许这样做，禁止那样做）引起了思想上的无原则性。必须这样组织集体活动，使男孩和女孩所进行的生动的活动充满激情，并激发女孩对周围环境以及她们自己所作所为做出情感鲜明的评价。

一位女性、母亲和妻子的尊严是在她受到公民利益、集体的关心和担忧的鼓舞时形成的，而不是去创造某种抽象的善良——这种善良是不存在的，而是要为了社会的利益、为一个人的荣誉和尊严而进行的积极、持久、有目的的斗争——这才是从思想上锻炼女孩子。我一贯力争,集体首先要把每个女孩子作为一个人来尊重,为她成为集体的思想上志同道合的人而感到自豪,并从她身上挖掘丰富集体和个人的各种美好品质。

女孩们应该过积极的社会生活,如果把注意力过多地放在自己身上,就会深陷在自己的内心世界中,而不去用自己的头脑和心灵对人类世界,以及为共产主义理想而奋斗的世界进行完整而丰富的认识,不把这个世界反映在个人需求和利益之中——这可能就是情感上的贫乏和空虚的原因。情感上的贫乏导致了一个事实,即在青年的早期,当女孩需要捍卫自己的荣誉和尊严时,她变得毫无防备。因此,使集体活动充满高度思想性的高尚情感——这是少年教育的全部问题所在。

男孩和女孩——男人和女人

女孩子从四年级的时候开始性成熟。10~11岁女孩子的个子会猛地长高,以至于她们变得简直让人认不出来了:手脚细长细长的,胸脯瘦长狭窄,脸盘消瘦——所有这些都提示着女人诞生的神秘过程开始了。女孩的眼睛好像镜子一样,把受性成熟影响而开始的各种内在过程都反映了出来。她们的眼神变得探询、警觉、惊慌和诧异,她们的眼睛好像在问:"我身上发生了什么?"

女孩的乳腺从10岁开始发育,13岁之前就已经形成了少女的乳房。无论对于她们自己,还是对于教育者来说,这都是成为女人的最迅速、最重要的时期。由于成熟得比男孩子早得多,所以好像自己提前成为女人的感觉令女孩觉得很不安。看到女孩不匀称的身材，男孩惊诧地想：她就要成为一个女人了，而女孩已经感觉到男孩在想什么，她似乎在他的打量下变得畏缩起来，这种目光使她兴奋和惊讶，并引起了某种莫名的愉快的念头。必须提醒家长和教育者：要保护女孩在这个时期不要受到某些成年人的不礼貌的、过分好奇的，有时是淫荡的目光的影响。成年人的不礼貌的、"赏心悦目"的打量使女孩产生了一种奇怪的、似懂非懂的（与其说是"懂"，不如说是"感觉"）感觉，而同时她又猜测到有人在打量和琢磨她，这先是令她不知所措，而后又让她联想到两性关系。

无论是少年还是成熟的男性，都必须进行道德素养教育，使他们"注意不到"女孩的身体内发生的变化。如何尽量少谈论爱情、性生活和两性关系，如何尽量淡化女孩子对性成熟的兴趣，如何尽量使集体成员之间的关系中充满更多的人道、热忱、同情心和敏感性——这是进行正确的性教育的前提。对母亲的崇敬是一种对待女性的崇高而纯洁的精神，也是对人类生活的源泉和美的崇敬，这使自然的性欲变得高尚，从粗糙的动物本能中净化了人类的灵魂。凡是受到对贞节精神的崇敬和对母亲崇敬的教育而长大的人，永远不会用淫荡的眼神去看女孩和姑娘，他的眼睛不会让这个年轻的生命体用畏缩、提防或者反过来以女性的卖弄风情来回应。培养母性崇拜的精神，要求将与形成个人和集体道德品格有关的所有问题密切联系起来，进行专门的研究。

男孩的性成熟比女孩晚两年开始。13岁，尤其是14岁时，是男孩子的大脑垂体活动和荷尔蒙引起的性腺活动最剧烈的时期，这个在大部分女孩子身体内已经完成的生理过程在男孩子身上才刚刚开始，这就使教育工作更加复杂化的同时，又使其变得简单。因为女孩对性成熟所造成的外部影响的兴奋状态和剧烈反应减弱了，它被以下情况所缓和：当女孩感觉到自己身上正在发生某个很不寻常、很神秘的事情，她们就试图将自己即将变成女人的事实隐藏起来。内在的刺激似乎被第二性征，尤其是乳腺的发育所抑制。这些迹象提醒女孩，她们即将变成未来的母亲，这个因素在很大程度上平衡了少年时期的矛盾。

男孩和女孩之间，以及之后的少男少女之间的关系的纯洁性，都取决于集体和每个人对母亲有怎样的尊重，人类的母性不仅关系到种族的延续，而且是千百年的时间创造出来的巨大道德财富，这个财富是一种强大的精神力量，能够将男孩培养成丈夫和父亲，他们尊重自己，尊重自己的人格，是因为他们像尊重未来的母亲一样尊重女孩子，像爱惜家庭荣誉一样爱惜女孩子的人格。女孩和男孩性成熟开始的非同时性使教育变得简单的一个原因，还因为女孩一见到男孩就会害羞。

低年级的孩子们夏天一起游泳：他们愉快地沿着池塘的岸边奔跑，用湿沙子垒成各种建筑物，在水中嬉闹。但到了三年级期末，女孩们开始尽量单独活动了，男孩不明白为什么女孩不愿意和他们一起游泳了——"你们是利己主义者。"尤尔科说道。而女孩子们只是笑而不答。她们似乎已经明白了男孩们还弄不清楚的事。激发女孩身上的母性智慧恰巧能够使教育变得轻松些，但是许多情况使教育变得困难。对于少年无法理解的与性成熟现象有关的所有问题，应该分头讲给男孩和女孩。而且与男孩之间的这种亲密交谈（与男孩谈"男人"，与女孩谈"女人"）不应加深对他们性成熟这个话题的兴趣，相反，应该弱化这个问题并使其变得高尚。

我再次强调：只有在学校接受母性崇拜教育的情况下，与性成熟有关的谈话才不会引起少男少女们不健康的好奇心。关于人类文化的任何谈话都应具有道德意义，这一点非常重要。我对男孩和女孩说："你们是未来的父亲和母亲，若干年后你们还会有孩子，那时你们会像父母对待你们一样去考虑他们的教育问题。要记住男女之间的关系会导致一个新生命的诞生，这不仅是一种生物行为，而且首先是人类的一项伟大创举，只有无耻之徒和坏蛋才会将这些关系视为某种肮脏的东西。"

这些年，我编写了一本选集《母亲的美》。书中都是关于母亲的伟大、崇高和美好的短篇小说和故事：有关于为保卫祖国而牺牲的那些战士的母亲的故事；还有一个故事讲述了在法西斯占领期间，一位母亲的英勇悲惨的命运，她让自己当警察的儿子以自杀的方式结束了生命，以免家族的荣誉被玷污。

我给学生们一页一页地展示这本选集，是为了在他们的头脑和心灵中燃起崇敬母亲美好和伟大的火花，我竭力使每个学生都尽可能地发挥自己的体力和精神力量，去为母亲创造快乐、幸福、宁静与平安。学校生活开始的第一年，为表达对母亲的敬意而栽种的苹果树的第一颗苹果成熟了，应该把它献给母亲和祖母，第一串葡萄成熟了，也应该把它献给母亲和祖母。少吹嘘为他人所做的善行，多关怀自己的母亲，这是我们教育工作的座右铭。下面是《母亲的美》选集中的一个故事，我常给低年级学生讲述它：

七个女儿

母亲有七个女儿。有一天妈妈去了儿子那里，儿子住的地方离母亲很远。母亲一周后才回来。她走进自己的农舍，女儿们挨个纷纷向母亲诉说起对她的思念之情：

"我想念你，就像罂粟花想念阳光。"大女儿说道。

"我等待你，就像干旱的土地等待一滴水。"二女儿说道。

"我想念你想得都哭了，就像小鸟哭着找妈妈。"三女儿轻轻说道。

"你不在的时候我很难过，就像蜜蜂没有了花朵。"四女儿叽叽喳喳地说。

"我梦见你了，就像玫瑰花梦见一滴露水。"五女儿说道。

"我盼着你，就像樱桃园盼望夜莺一样。"六女儿说。

而七女儿什么也没说。她替母亲脱下鞋子，给她打来一盆水洗脚。

我做到了让我的每个学生从小就为妈妈分担一些不太清闲的、单调乏味的工作，而这一切都是崇敬母亲的体现。我非常关注的一个问题是：建立一种男孩和女孩之间的亲密感，使他们能够正确对待与性成熟有关的所有现象：自己的身体、自己的优点以及某些缺点。

我对少年所提出的所有建议几乎都不涉及与性腺功能直接相关的解剖生理学现象，而是对整个机体，特别是对身高、大脑和心脏，以及对中枢神经系统和植物性神经系统的影响。我说服少年不要偏食，因为这是保证身体正常发育、所有器官和谐运作，而且还能长得漂亮的重要条件。我还就如何学习快速入睡和快速醒来提出了建议，男孩、女孩都养成了早晨按时起床的习惯，几乎所有人都告诉我，他们在闹钟响之前的两到三分钟就能醒来，有些人甚至不需要闹钟。

在解释为什么在他们这个年龄，人容易感到疲乏、头晕、心跳过速、脉搏减弱时，我说服男孩和女孩们相信：所有这些都是暂时的、必然的现象。我还就如何防止疲劳过度，如何保护心脏和神经系统提出了建议。在性教育领域中许多重要的建议都应尽量不直接涉及性这个领域本身，性教育的智慧在于尽可能少地谈论性别关系中的生理现象，所以身体发育与精神生活的和谐在此非常重要。懒惰导致精神空虚，哪怕只有一点点缝隙，我们社会生活中的所有肮脏、卑鄙、令人作呕的事物都会来填补这种空虚。这种缝隙首先是集体和个人精神兴趣的贫乏，在性成熟时期男孩和女孩之间缺乏甚至极度匮乏智力、审美和创造力财富的交流。

如果男孩只能看到女孩外表的变化，如果仅是女孩的第二性征引起了他的注意，那么这就已经是一个缝隙了，不知羞耻的毒素就会通过这个缝隙侵入空虚的灵魂。男孩应首先看到、感受到的是女孩的思想、精神需求和兴趣，而最重要的是她对人的严格要求、她的自尊感、自豪感和不可侵犯感。在对少年的性教育中，我们尤其要重视对女孩的性教育，这种教育可以称之为母性自豪感的教育。在与步入性成熟时期的女孩子进行谈话时，经验丰富的女老师苏霍姆林斯卡娅让孩子首先想到：我是女孩，是明天的母亲。大自然和社会赋予我一项崇高的使命——在孩子们身上重现我自己和我所爱的人的优秀品质，将人类创造的所有最美好的东西都传递给他们。我应当成为一个明智、严格而谨慎的人。我是一个女人，我与男人的关系会导致新生命的诞生。爱情是一种伟大而高尚的情感，但它不应掩盖我与男人的关系将导致我们建立一个家庭的想法。我应该成为一个自豪而自持的女性；我应该比男人——我孩子的父亲聪明百倍，因为在大自然赋予我的人类传宗接代和保护及繁育人类精神财富的使命中，我比他肩负着更大的责任。

母性自豪感教育的最终目标是：在一定程度上，女孩和女人应该成为男青年、男人以及未来父亲的教育者。她应该成为睿智的一家之主，只有当一个女孩拥有精神上的财富和人的自豪感时，她的灵魂中才能建立母性的自豪感。为了成为一个自豪、睿智而又自持的女性，她必须拥有让一个人引以为豪的东西：她的人格尊严、对人生最高目标的意识、创造能力、爱好和才能，这一切都是在女孩的灵魂中一点点形成的，如果女孩在成长为女人之前，在性成熟时期获得了所有这些财富，那么她就会成为一种可以使男人变得高尚的强大精神力量。

在七年级即将结束时，瓦莉娅认识了一个18岁的小伙子——一个年轻工人。有一次他们坐在花园里，不知怎么回事，谈话总是进行不下去，姑娘发现跟小伙子没什么共同话题。突然，他抱住她开始亲吻，瓦莉娅对这一切始料不及，以至于一下子惊呆了，坐在那里一动不动。这个年轻人将她的反应理解为同意他的亲近，同意与他发生身体上的亲密关系，而女孩则回应了他一记响亮的耳光。瓦莉娅含着眼泪告诉母亲："我本来想跟他聊聊文学和音乐，可是他要么沉默，要么说一些让我害臊的话。接着我又开始谈绘画，想找个他感兴趣的话题，可是他好像对此一窍不通，这让我觉得很无趣。我想：小伙子应该对技术感兴趣吧，我就开始讲量子发生器，因为我们那里的男生只谈论这个话题,可我还是没有听到他的只言片语……然后他就凑过来吻我……我打他的时候他还嘲笑我:'你装什么正经啊?你们全都一个德行。你来跟我谈什么诗歌和其他玩意儿的高深话题,你以为我信吗?'而在那之前我是喜欢他的,他看起来很朴实,他的沉默在我看来就是害羞,可恰恰相反,他简直就是无耻。现在我一想到他就觉得恶心。他就是个空有好看皮囊的白痴。"我很欣慰瓦莉娅经受住了这样的考验。我将这种宝贵的人品称之为女性的、母性的自豪感,而对此起很大影响作用的就是美感。每当遭遇粗鲁的本能和无耻下流的行为时,我的女孩们都表现出了鲜明的母性自豪感,所以我越发深信:如果美——人的心灵之美、高尚之美、忠于伟大理想的美,如果人的忠忱之美(根据奥列西亚·贡恰尔对美的艺术定义)已经成为个人的财富,那么这种财富就会使女孩在道德上更执着、更明智,也更具有远见卓识。

体育

体育是人全面协调发展的最重要的因素。体育教育最重要的首先是保障人的健康和生命。其次,它是确保人的身体发育与精神生活,以及多方面活动能够协调一致的工作系统。如果把儿童的体育理解为,以促进儿童机体正常发育为主,并加强体魄的劳动制度,那么对于少年的教育,这个概念则具有更深刻的含义,在这个年龄发生的解剖生理过程与精神生活和意识的形成密切相关,这个过程在很大程度上反映了人类的未来,从而使体育已经不再仅仅局限于身体的强健和健康了。体育涉及人格的复杂领域,例如道德尊严、人际关系的纯洁感和高尚感、人生理想、道德和审美标准,以及对周围世界的评价和自我评价。

在这个年龄的人体内产生的这种本质的新东西——人的性本能，这就是具体的人（男人，女人），在很大程度上表达了人际关系中的道德本质。一个生来就具备人的大脑、人的思维中枢和人的感觉器官的生命体，将会成为怎样的人？是一个真正的人，还是一个其行为受本能的盲目力量控制的类人动物？这在本质上都取决于在少年时期，人的自然解剖生理过程的高尚程度如何。未来的父母之间关系的道德素养，以及由这种关系决定的道德发展的特征，在很大程度上取决于在少年时期一个人如何把爱慕另一个人的本能加以人格化。在少年的身体中，发生着一种复杂、剧烈和矛盾的过程，这些过程对最重要的系统——神经系统、心血管系统、呼吸系统和消化系统的功能产生终身的影响，在这个过程中，人类的一项最主要的创造性精神活动——劳动的解剖生理学基础被奠定。

个人的精神世界的多面性——在道德、智力、情感、审美财富方面的需求和兴趣，都取决于身体的发育、健康和劳动的和谐程度。当今的人类劳动要求身体的精细系统和领域——思维、记忆力、注意力和创造力协调地发挥作用。现代人每天、每小时的工作对身体最敏感的系统（中枢神经系统、心脏、大脑皮层中枢神经系统）产生多方面的影响，这种影响不仅有积极的方面，而且有消极的方面：劳动使人的神经力量衰弱。对于现代人而言，善于休息和爱惜神经力量与善于工作同等重要。体育锻炼应确保少年有意识地对待自己的身体，培养其爱惜健康的能力，通过正确的工作、休息、营养、做体操以及运动的方式来增强体魄、锻炼身体和神经力量、预防疾病。

我认为，举办以人为主题的座谈会具有非常重要的意义，与少年们的这种座谈会每两周举行一次，其内容在固定范围内：从不太复杂的解剖生理学现象逐步过渡到涉及心理形成和发展的深奥、隐秘的现象。座谈会以单独对话的形式专门讨论肌肉和骨骼组织、消化器官、呼吸系统、心血管系统、中枢神经和自主神经系统，感觉器官（视觉、听觉、嗅觉、触觉、动作协调系

第四章　少年的身体发育和心理素养，人好像重生了一样……

统和内分泌腺）。这种关于人的心理和脑力劳动卫生的座谈会大约每一个半月举行一次。我尽量将理论阐述直接与学生的个性相结合，这样每个少年都不会将所讨论的生理过程和现象视为抽象的概括，而是他自己的切身体会，少年们也表现出了对这种以人为主题的座谈会的兴趣：座谈会促使他们对自我剖析进行深思。这种有针对性的座谈会要求严格地把握分寸：在任何情况下，都不能通过描述生理和精神过程及现象来单独涉及少年身体发育的具体特征。座谈会成为少年进行自我教育的重要契机。我看到少年们兴奋地倾听"心与劳动"主题座谈会上的对话。这个座谈会在五年级到八年级举办，每年两次。我赋予了它特殊的意义，每一场座谈会都向学生们揭示新的事物、新的现象和规律。在仔细倾听每一句话的同时，少年们变得善于思考，他们把探询的目光转向了自己。

在一次座谈会上，我谈到了青少年心脏神经官能症，我警告大家，如果在少年时期不爱惜心脏，那么可能会导致心脏终身受损。我发现，这些话让季娜和瓦洛佳深感不安。从与医生的交谈中，我得知他俩都有典型的青少年心脏神经官能症症状。在瓦洛佳的心脏里有时甚至能听到类似于二尖瓣缺损那样的杂音。这两个少年的心脏没有发生任何器质性病变，但是如果心脏超负荷，就可能发生这种病变。我的话首先是针对季娜和瓦洛佳说的，我还讲了他们的某些违反作息和体育锻炼制度的行为，但没有点他们的名字。我看得出来，季娜和瓦洛佳都对号入座联想到了自己。每个人都是他自己最敏感、最必不可少的医生，通过教育儿童、少年和青年男女，我对这一真理深信不疑。众所周知，吸烟的恶习已在青少年中根深蒂固。吸烟会严重损害心血管系统、大脑和消化器官。因为脑垂体和甲状腺的活动增强时，神经系统的兴奋性和易怒性也随之增强，所以在那段时期吸烟就成为非常可怕的祸害。我相信，对于许多少年来说，正是吸烟使他们已经兴奋的神经超过了极限，从而导致他们做出了愚蠢的、应当受到谴责的行为。尼古丁在毒害神经系统的同时，使人大脑皮层中的某些细胞群在少年时代就已经失去了功能。

一个从少年时期就开始吸烟的人，他在40岁的时候就已经能够感觉到脑硬化的最初症状。为了劝阻青少年吸烟，我谈到了这一不良习惯所导致的危害性后果。我努力做到了这一点：我的学生在少年时期没有一个人吸烟。每个人都是他自己的医生，正是这句话起到了重要作用——要同愚蠢的嗜好做斗争。体育与德育、美育紧密相关，少年在关心自己健康的同时，也为他人的健康、休息创造了必要的环境，并充实了他人的生活。关心自己绝不应该建立在对他人漠不关心的基础上。

饮食和作息制度

少年时期身体中的一切都处于形成和重构的过程中，复杂的解剖生理过程导致了新陈代谢的增强，因此，身体生长所消耗的能量是巨大的。我们的女孩子在十二三岁的时候就变得不再像她们上三、四年级时，像小圆面包那样圆滚滚、胖乎乎的了。有人看起来更苗条了，窄胸，易感到疲倦、头晕和心悸。这些情况常常发生在那些活泼、易冲动及非常好动的男孩和女孩身上。这个时期要求教育者具备很高的技巧和能力去读懂人的内心。在少年的生活中，常常会有这么几天，你不能叫他回答问题，因为他的神经系统和心脏异常紧张。如果你读不懂他的内心世界，那么冲突就不可避免。新陈代谢的增强需要正确的饮食，饮食应该简单（这一点很重要），要定时，要有足够的热量。儿童时期养成的遵守饮食制度的习惯，使少年时期的教育工作轻松了些。

我和家长共同制定了作息制度——起床后做早操，冷水淋浴，然后在花园、葡萄园里进行强制性的体力劳动（冬天要清扫院子里的雪）。对于所有男孩和女孩来说，这已成为一种习惯。在以人为主题的座谈中，我特别强调了做早操和用湿毛巾擦拭身体的重要性。我说服少年们，一个人的自我感觉、劳动能力和思维的清晰度取决于他如何开始新的一天，他醒来时大脑的状态，以及机体如何对白天的工作进行调整。在与家长们的专题座谈中，我们主要讨论了以下问题：少年在清晨、早餐前、上午和下午，以及晚餐后应该进行什么样的体力劳动；少年应该吃什么食物，以及如何分配食物。如果少年早上不做体力劳动，那么我认为对他的所有教育都是不完整、不合格的。我和家长们商定，少年的饮食应当有热量而且品种多。在性腺剧烈活动期间，遵守饮食上的一定要求尤为重要。食物中的蛋白质含量过多，放过多的香料，甜味过大，这些都会进一步刺激垂体和甲状腺，它们分泌的激素也会刺激性腺。在少年时期，将所需的热量与足够量的纤维素结合在一起是非常重要的，尤其不能把高热量的蛋白质和大量的精制糖及蜂蜜放在一起经常食用。

儿童和少年时期的高热量食物如果不给体力劳动提供能量，这可能会导致疾病的发生。在与家长和少年的座谈中，我用具有说服力的例子向他们证明：简单、有节制的饮食，避免营养过剩及不挑食，这对人的健康、自我感觉、工作和整个精神生活都会产生有益的影响。孩子年幼的时候，我们一年四季都非常重视户外劳动，这完全不是一般意义上的劳动，而是一年四季都在大自然中呼吸新鲜空气。作为身体和精神生活和谐发展的一个因素，这种劳动对于少年来说很重要。集体劳动的可贵之处就在于，它能使少年感受到精神上的享受和同学们的支持，但是还应该教会少年独自一人在大自然中劳动。在父母的自留地里，每个少年都有一个自己的"劳动角"。下午，少年们分组活动，阅读文学和科普读物以及从事体力劳动，而不是紧张的脑力劳动。我多次与少年和他们的家长们进行座谈，希望男孩和女孩们的就寝时间应不迟于晚上 9 点。八年级学生可以晚一个小时就寝。少年需要提醒和监督，但如果没有自我教育，任何提醒和监督都会无济于事，这就是为什么我竭力让男孩和女孩成为与我志同道合的人的原因所在。我说服他们，最好早睡早起，早上做作业，然后再去上学，下午主要是体力劳动、课外小组活动、阅读——不是死记硬背，而是为了智力的全面发展。在少年身体生长旺盛的时期，每年给他们量几次血压。生长得越快，血压就升得越高，血压跳动的频率就越明显——早晨的血压接近于正常，而中午就突然升高了。

我向少年们介绍了发生在他们体内的生理过程的本质，并就如何在此期间保护心脏和血管（尤其是脑血管）提出了建议。每当注意到女孩子由于忧伤、焦虑和兴奋的情绪而导致自我感觉略微变差时，我就会努力帮助她们摆脱抑郁的状态，使她们变得乐观起来，乐观的情绪是预防疾病和健康状况异常的最佳方法。所有的少年都需要进行户外活动。我建议他们在暖和的日子里（春天和秋天），每天午餐后躺上半小时，在花园里休息一下。他还告诉他们如何在休息、工作、走路时，以及在课堂活动中正确呼吸——因为少年对氧气的需求量要比成年人多得多。我教会他们在花园里放松的时候进行呼吸练习。做课间操的时候老师也十分重视呼吸练习。教室里安装了强制通风设备，窗前种植了大量绿色植物，这些都保证了良好的空气条件。

我们在假期时的作息

学年末的时候，我们就去大自然中劳动和放松，我们有自己办的少先队夏令营。每年我们都会提前准备远足和旅游的装备和劳动工具。考试后，我们在树林里支起帐篷，搭建伙房。少年队委员会负责布置假期中的各项任务，每天指派四名值日生来完成夏令营的各项日常事务，少年们给他们的营地起名叫"快乐橡树林"。刚读完五、六年级的学生由炊事员玛莎阿姨照顾，而七、

第四章　少年的身体发育和心理素养，人好像重生了一样……

八年级学生就自己照顾自己了。每个人都学会了做饭、保存食物、用砖和木头搭建和修理伙房，在任何天气情况下都能迅速点着篝火，寻找树林里的泉水，收集和储存雨水用于饮用和做饭、洗漱、洗碗和洗衣服，搭帐篷，挤牛奶，储存牛奶，用牛奶做黄油和奶酪，给马和牛喂饲料，照顾动物，采集和晾晒树林浆果和各种草药，以备生病和身体不适时使用。

一日三餐既简单又营养丰富，菜里没有任何辛辣的东西。在少年大脑发育时期，食用富含铁和磷的食物非常重要。在七、八月份，少年每天都要吃苹果、新鲜蜂蜜和西红柿，西红柿中富含维生素C，它对于消化食物和中和对性腺有刺激性影响的肉类和其他富含蛋白质的食物是必不可少的。晚上则不允许进食富含蛋白质的食物。

男孩和女孩们朝夕相处，在整个炎热的夏天，他们穿着轻便，每天要洗三四次澡——所有这些都要求我们要注意丰富集体的精神生活，注意身体和精神领域活动的统一性。自我教育是遵守工作和休息制度的基础，也是克服困难、锻炼毅力和磨炼意志的基础。让孩子们经常晒晒太阳非常重要。少年逐渐适应了灼热的阳光，这样在远足和旅游的时候，他们就能够持续几个小时经受住太阳暴晒的酷热，当然了，同时要注意保护头部。夏天孩子们都变样了，全都晒得黑黑的。每年夏天，我们都会沿着第聂伯河两岸远足，以这种方式了解我们的故乡。苏联军队曾与法西斯侵略者英勇作战的地方给我们留下了深刻的印象，在宁静的夏日夜晚，男孩、女孩们屏住呼吸，仔细聆听这些战斗的参加者和目击者的讲述。在远足期间，草堆上、田野里和树林边都是我们的露营地。新鲜的空气、全面的营养、丰富的精神生活都是我们身体健康和道德健康充满活力的源泉。

无论在哪里，在营地里还是在远足的途中，我总是找机会让孩子们的心脏得到充分的休息。在"快乐橡树林"营地驻扎的时候，少年们每天白天休息两次，他们在家里也是这样休息的，在花园里和自留地里，每个少年都有一条长凳，可以小坐和放松。在"快乐橡树林"营地的驻扎不只是休息，少年们还在这里工作，他们研究故乡的财富，观察大自然，还组织军事游戏。无论是在儿童时期，还是在少年时期和青年早期，休息都不应只是"纯粹的休息"。如果没有创造性的精神生活，如果思想、情感和愿望没有在具体的事物中得到体现并人性化，如果没有劳动创造，那么情感和兴趣就不会变得高尚，休息就成了无聊的懒惰，心灵也会在无趣中变得粗糙，从而导致道德上的冷漠和公民感的缺乏。当少年成长为男人和女人时，他（她）的身体和精神领域的统一性尤为重要。当一个人不断地在他人身上发现优秀、完美的道德品质时，就会形成他自己的自尊感，这对于建立纯洁、高尚的道德和审美关系起着特殊的作用。只有在这种情况下，一个人心里才会产生想要变得更好的愿望。在一个宁静的夏日早晨，我们去草原上寻找最大的麦穗，根据需要检验麦粒。这项工作结合了体力和思维，特别重要的是，它使女孩们成了勤于思考和聪明能干的劳动者。

五年级结束后，男孩和女孩们迷上了木雕。大人帮我们将桌子放在橡树的树荫下，黄昏时我们手拿金属小刻刀坐在桌边，我们在木版画中刻出了各种飞禽走兽，它们都是童话和幻想故事中的生动形象。这是一项艺术创作，它体现了每个人思维和创作构思的个性特征。童话故事中的各种形象在孩子们的手下变得栩栩如生——快乐的巨人铁匠、和蔼的黄昏爷爷、瘦骨嶙峋的凶恶老巫婆、百灵鸟。孩子们兴致勃勃地刻画出他们听说过的立下丰功伟绩的军人形象。一些少年全心全意地投入这项创作工作中，而另一些少年却对此没有表现出太大的兴趣。比如彼特里克、瓦莉娅和妮娜就对雕刻不怎么感兴趣。

对少年们工作的观察使我深信：心理发育、智力能力和动手能力之间存在着某种关系。我们还在集体农场的园子里收获果实，消灭防护林带里的害虫，为新苗圃收集种子。军事游戏给孩子们带来了很大的快乐。男孩和女孩们不止一次进行了整夜的侦查,在假想的湍急的河流上冒着"敌人的炮火"架设渡河点……冬天我们在户外工作,在天气晴好又不很冷的时候,孩子们在花园里堆雪,保护树木免受野兔的破坏,为夏季施工割芦苇,并在地里盖雪保证湿度。每年冬天我们都要在树林里工作几天——在零下5℃~10℃的晴天,我们用干树枝做成挡雪保持湿度的挡板。五年级学生在树林里工作三天,每天六小时;六年级学生工作三天,每天七小时;七年级学生工作四天,每天七小时;八年级学生工作四天,每天八小时。这是一种极好的锻炼身心的方法。我们的穿着轻便又暖和,在黎明时到达树林,在空地上安营扎寨,煮热腾腾的食物开始吃早餐。早餐后我们工作三个小时,干完工作,大家都饥肠辘辘,于是又开始做饭、吃午饭。在这里,每个人都饭量倍增,有的人的饭量是在家时的三倍,从没有哪个人在工作时或回家的路上感觉冷,也没有人生病。午饭后,男孩们去树林深处打来纯净的泉水。下午再工作几个小时,大家就又饿了,于是又搭灶起火煮腌猪油粥喝——这简直是世上最美味的佳肴。晚饭后,欣赏完美丽的晚霞,我们在暮色中踏上回家的路。有时候不是汽车来接我们,而是爬犁——对大家来说这是极大的乐趣。

我不了解这种充满了针叶味道的纯净的霜冻空气对人体有何微妙的影响,但是通过观察可以得出结论:在寒冷的日子里,在已经明显高出地平线的灿烂的二月的太阳照耀下,在树林里工作是增强体质、培养意志力和耐力的一种神奇的方法。每年冬天,学校里也有一些工作要做:我们为葡萄园和花园收集积雪,保护树木免受霜冻和野兔的侵害,采集池塘上的冰块为冷库制冰。每年冬天,少年们都会在树林里待几天。和小时候一样,我们在黎明时分到达树林,迎接第一缕朝霞,搭一个窝棚,建起行军伙房。我们滑着雪到树林深处去打泉水。早饭后我们建造一座雪堡,雪堡有宫殿和地下密室。我们还玩有趣的、令人兴奋的军事游戏……下午,我们分散在林间空地中,听着冬鸟的歌声,欣赏白雪覆盖的树木。回到雪堡后,我们点燃冰炉,烤土豆,听故事。

  这些日子永远留在了少年们的记忆中。每年，我们都会选择一个好天气，在一个遥远的湖的冰面上放松身心。我们在这里待两天，在帐篷里过夜，用冰块建造"水晶宫"。阳光照射在晶莹剔透的"宫墙"上所呈现出来的美很难用文字形容，这是一种令人震撼的美。每个人都渴望在"水晶宫"里坐一坐、幻想一下，听一听童话故事，或者关于远方之旅以及善与恶的斗争的故事。光线在宫殿上的变幻这一神奇之美唤起了孩子们的想象力，激发了他们的创作热情，我们坐在冰阶上，头顶上方是宫殿的拱顶。在冰板的交接处，每一分钟都会闪烁出新的色彩，这些色彩交相辉映，它们闪烁着，光彩夺目。在一天中的某个特定的时刻，当太阳落在树林上空时，宫殿就笼罩在一片朦胧的绿色中，令人联想到大海的深处。接着，绿色变成了晚霞般的粉红色光芒，最后散发出紫色的光辉——这种独特的色彩和色调的变幻是如此迷人，令人神往和兴奋，以至于每个人都呆呆地坐在那里，像着了魔一般。

  于是，在黄昏的暮色中，一首歌颂冰雪仙子的诗歌诞生了，这是我们的集体创作，这首诗是这样的：

  冷风吹拂着森林湖泊的蓝色浪花，
  浪花拍击着灰色的湖岸。
  空旷的树林中，
  光秃秃的树枝被风儿吹得沙沙作响。
  太阳刚刚落山，冰雪仙子来到了岸边，
  用冰冷的呼吸触摸蓝色的浪花，
  于是浪花立刻结冰了。
  冰雪仙子来到了林边，
  在晚霞变幻色彩的地方，

他挥起手来，向结冰的波浪吹了一口仙气……

冰晶中顿时细针闪烁——

深蓝色、红色、浅蓝色、粉色、绿色、黄色和紫色。冰雪仙子将太阳的火花镶进结冰的蓝色浪花……

火花在冰凌深处打着盹儿，

静待春天来到时，在浪花叮叮当当的歌声中嬉戏玩耍……

在水晶宫里，有一种强有力的情感刺激开始对思维发挥作用，美景激发并描绘了一幅生动的图画，唤起了孩子们幻想的灵感。对于我的几个"难教"的孩子——彼特里克、瓦莉娅、妮娜和斯拉夫卡来说，在湖上的休息是一剂良药，它激发和增强了他们的思维能力。我们找时间在远离村庄的白雪皑皑的山沟中放松身心。这里有一个洞穴给每个人都留下了许多难忘的童年回忆……严寒时或暴风雪来临之前，我们打开只有我们才知道的洞穴入口，生起炉火煮粥喝，在狂风的呼啸声中读起了有趣的书籍。我们在这里读完了杰克·伦敦和斯坦尤科维奇的短篇小说，还读完了儒勒·凡尔纳和奥布卢切夫的长篇小说，并且阅读了许多关于星际飞行的幻想小说。

冬日里的工作和休息是身心和谐的源泉。关心少年的健康——我首先关心的是心脏的健康。在清新的空气中工作和休息，在集体中享受精神交流的乐趣和生活的美好——这一切都是强健少年的心脏绝不可少的，因为他们的心脏处于急速形成和发生深刻内部变化的过程中。当今，死亡的人中有一半以上患有心脏病。为什么这种疾病如此普遍？为什么一个四五十岁的男性的心脏变得如此虚弱无力而且未老先衰？因为人们没有对它加以保护和爱惜，当它在少年时期急剧生长时没有对它加以锻炼，在这个时期心脏反应异常灵敏，容易受到多种刺激。心脏是多个敏感神经的汇合点。也正是在这个年龄，心脏会由于体力和精神生活的失调，以及由于吸烟、伤风感冒、咽炎、流感和鼻炎（这些对于少年来说尤其危险）而受到损伤。预防感冒，加强身体锻炼，强健和保护我们的心脏，我们这么做就是要延长生命。我的男孩女孩们从不伤风感冒，这是他们在童年时长期坚持锻炼身体的结果。他们从小就严格遵守对他们提出的许多要求，并养成了习惯：夏天锻炼赤脚（在任何天气情况下）走路、开着窗户睡觉、用湿毛巾擦拭身体、每天做早操等。

动作的灵活性、节奏感和优美性

动作笨拙又僵硬是少年时期的孩子的典型特征，尤其是那些力气大的男孩子，我这里多数是这样的学生。少年的力气抑制不住地想要释放出来，因此，如何使复杂而细腻的动作与体力相协调就变得非常重要。不正是因为这个原因，少年才会有那么多的鲁莽和欠考虑的行为吗？不正是因为这个原因，少年才常常折断和弄坏那些他们本来不想折断和损坏的东西吗？

尤尔科向网里投球，却偏偏砸到了窗户上，把玻璃打碎了。如果不是亲眼看到他对自己的动作判断那么不准，我真会以为他是在淘气。帕弗洛在挪床的时候把床腿弄断了，要是成年人就不会出这种事。舒尔科在合上课桌的时候（现在大家都叫他黑眼睛的小舒拉）把固定盖子的螺丝震飞了。

我发现，集体的精神生活中的各种事件对少年的刺激越多，少年的动作的目的与他消耗到动作中的体力之间就越不协调。生活表明，必须训练动作的灵活性、节奏感和美感——这是身体和精神发展和谐的最重要组成部分之一。我训练少年们做复杂而细腻的动作，这些动作要求技巧和体力的结合。我首先关心的是，要使少年的手成为灵巧的、技艺高超的工具，这个工具与大脑有着千丝万缕的联系。手部有意识而又灵活地指挥着身体的运动。同时，它对大脑又有逆向影响，这种影响使各系统之间相互作用的节奏感和灵敏性得到了发展：手——大脑，身体——大脑，工作——大脑。手部动作的细致和灵活与大脑的联系主要是在劳动中得到发展的。

我所关注的是，不要让少年在劳动中做太多仅需体力的粗笨又单调的动作，以避免这种劳动造成的疲劳使少年对自己的身体和对世界的敏感性变得迟钝。经验使我深信，如果在少年时期粗笨单调的动作过多，而且这些动作只需要很大体力（这是完成这些动作的唯一条件）就能完成，那么这不仅会给人的身体发育，还会给人的心理、情感和审美发展留下不好的印迹：他不仅笨手笨脚，而且不善于理解思想和情感上的细微差别。

在小工坊、小组工作室、实验室和花园里，细致、需要高超技艺的精细的工作占据着重要的位置，这种工作需要计算、力量和智慧的协调，以及自我检验：做了什么以及是如何做的。这就是为什么我们高度重视木雕的原因。少年们在工坊中进行了与木材和金属的精细加工有关的工作，还在生物教研室中将小麦胚芽移植到了黑麦种子上。在果园里工作时，男孩们学会了使用园丁的万能工具——芽接刀。他们把培育出来的幼芽嫁接到野生树苗上，这是一项精细的农活，它能培养人的灵活性、实践能力和美感。操作机器的工作也具有很大意义，通过这项工作，少年们学习了如何同时进行劳动过程中的好几个必不可少的动作。在这种农业工作中，全身都会参与其中，而如果没有控制全身的能力，则灵活性和节奏感与体力的协调很难得到锻炼。

结束七年级或八年级课程的男学生们高高兴兴去割干草，这种工作能鲜明地体现体力与节奏感、轻盈和美感的结合。一个喜欢割草的人，他的体态一定匀称而优美，也善于在劳动和体育活动中控制自己的全身活动。我们非常重视骑自行车、滑冰、滑雪和游泳这些运动项目，这些技能还可以协调动作，提高节奏感和美观度。男孩和女孩的骑车技术如此高超，以至于在转弯时他们都可以丢把。通过组织滑冰和游泳比赛，我们定出了取胜的条件，这些条件首先要求的是动作的美感和节奏感。夏天在"快乐橡树林"夏令营时，我们有三匹马可以使用。集体农场的农工在距离我们的帐篷不远处搭建了一个夏季马棚，男孩女孩们高兴地给马储备干草，还去村子里取燕麦。结束了六年级课程的学生还被派去放马，每天有三个男孩被指定值夜班，这让他们特别愉快。有时候给我们几匹马，我们骑着马到远处的草场去，直到第聂伯河畔的湖边，在那里诞生了许多神奇的童话故事，有关于奇异的生物的故事，还有关于遥远星际世界的故事。男孩迷恋打排球和篮球，女孩则喜欢打乒乓球和篮球，有时女孩们在家里也打乒乓球。整个少年时期，男孩女孩们都在体操组——这是全体学生最喜欢的运动项目之一。劳动和体育运动逐渐雕琢出孩子们的形体美。

保护少年的神经系统

少年时期是大脑发生深刻质变的时候。在额叶、颞叶和顶叶部分进行着树突状的加强发育的复杂过程，这导致了人类特有的认知、思维和创造功能的形成。将神经元群和某些质点以及部分皮质与皮层下中枢连接起来的缔合纤维的数量正在增加。这个过程会影响少年精神生活中表达自我肯定、自我认知、自我控制和自我评价的各个领域，少年的神经元和皮层下中枢变得特别敏感，在某些情况下会近乎病态地容易受刺激，因为来自外界的任何信息不仅会被"破译"、系统化、与先前接收到的信息相联系，而且还与思考者本人的个性相联系。少年对周围世界和对自我的思考似乎是同时进行的。神经脉冲从一个神经元群转换到另一个神经元群速度变得很快，使信息的堆积和储存不仅发生在意识中，而且在潜意识中进行。少年思维的这些新特征与剧烈的解剖生理过程有关——善于发现这一点，对于教育活动来说异常重要。

少年的神经系统有时会处于极度的紧张状态：稍微处理不当或掌握不好分寸，少年就会"暴跳如雷""火冒三丈"，这就要求教育者首先必须谨慎而敏锐地对待思想和情感的世界、对待思维和情感之间复杂的相互作用以及意识和潜意识的范畴。应该注意的是，在此期间，认知和自我认知的情感烙印以特别强烈的方式深深印入皮层下中枢。科利亚、米沙和托利亚曾在自己的家中目睹过一个人对另一个人不公正和冷漠无情的态度。上学后，他们看到过的事情好像已经消失或磨灭在记忆中，但意识的情感烙印却在他们的行为和自我感觉中留下了痕迹。如果我问他们中的任何一个："你家里还好吗？"他会以火冒三丈的态度来回应我。从男孩热烈、好奇、又好像要刺穿人心的眼神和他的闷声孤僻中，我感觉到了他内在紧张的精神状态。我猜想这正是少年需要帮助和建议的时刻，但是如何深入他们敏感的内心呢？我力求在没有给予他们帮助和建议的情况下，让那些骄傲的、自尊心很强的少年仍然向我敞开心扉，为此需要这样一种精神上的一致性：使我和我的学生们忘记我们之间是师生关系。重要的是，在少年时期，随着自我肯定和自我认知的最初的深刻的过程与神经系统的重构同时发生，这个骄傲而好面子的少年感觉到，他身旁这位不是一个用自作聪明的教育方式行使巫术的教育者，而只是一位细心、真诚的朋友。一个老师，越少摆架子，越少一本正经，他就越是个优秀的教育者，并且他会感召更多的少年靠近他。共同的兴趣和爱好似乎是吸引少年向老师靠近的一种力量，由此而达到精神状态的一致，首先是道德情感状态的一致性：对邪恶的不屈服以及对不公正和侮辱人格的不容忍。

在那段时间，当我在心里为米沙的父亲做了使家庭蒙受痛苦的事而燃起憎恨的火焰时，当我用担忧的目光看着迟疑、警觉的少年时，也正是他向我打开心扉的时候。对痛苦的共鸣战胜了残忍，这种残忍是少年敏感的心对谎言、不公正所表现出来的最强烈、最危险的反应。残忍不仅使少年的心灵变得野蛮，而且会影响他的神经系统，破坏身体与精神之间的和谐，从而使身体和精神受到压抑。少年在仓促和错误的结论中将他疾恶如仇的态度从对个别人转移到对所有的人，有时他会对世上的一切变得冷酷无情。在他看来，一切都是邪恶的，与己无关的。让我们深度思考一下伟大的艺术家和教育家列夫·托尔斯泰在谈到自己少年时期时说的话："是的，我在描述自己人生中的这个时期时，越往下写就越觉得吃力和困难，在这段时光里，能让我回想起来的真正温暖的感觉，能够如此明亮而不断地照亮我的人生开端的记忆太少太少了。我不禁想要快速穿越少年时期的沙漠，到达那个幸福的时刻：那时，一种真正的温柔而高尚的友好的感情在明亮的光线照射下终结了这个年龄段，并开启了充满魅力和诗意的青年时代。"

　　为什么托尔斯泰出人意料地将少年时期称为沙漠？因为这一时期发生的事情对于少年来说既紧张又惊恐，即使是一丝的不安也能在少年心中留下深深的创伤。的确，人在少年时期，就开始对世界有了特别敏锐而鲜明的认知，而此时少年的心开始变得敏感而脆弱，它对那些压抑精神的思想非常敏感。少年只要回想起一天、两天、三天，甚至一个星期前令他惊讶和激动不安的那些话，他的心脏会焦躁地跳动，血压也会"飙升"，他的全身忽冷忽热，脸色红一阵、白一阵。如果少年在这时说话，他的声音是颤抖的，而且语无伦次。教育者要善于发现和理解这种精神状态，不要问："你怎么了？"一般而言，这种对学生的"掏心术"是不适当的。人在少年时期的精神生活比其成长发育的其他任何时期都要丰富，这种精神生活在健康、思想和行动中得到了体现。而此时内心的震颤会导致少年机体内所有系统普遍的不协调。

　　我知道有这样一种情况，当人因为坏事和不公正而愤慨时，几分钟内他的体温就能够急剧上升，继而导致神经系统的长期疾病。在激烈震荡的影响下，少年的消化系统常常发生紊乱。保护少年的中枢神经系统就意味着要全力保护他的心脏和整个机体。总之，老师应具有最精细的工具，在其中隐含着人性、敏感和宽容。注意不要让话语变成鞭子去碰触娇嫩的身体或是灼伤它，终身留下粗糙的疤痕。就是因为这样的碰触，让少年时期变得如同沙漠一般。英明而富有同情心的话就像能治病的神水一样使人平静、乐观并激发正义必胜的思想。只有当教育者的话是真诚的肺腑之言，并且话里没有掺假、没有偏见、没有"斥责"和"痛骂"的欲念时，这些话才能爱惜和保护少年的心灵免受伤害。为了引起少年强烈的感受而特意挑选一些尖刻的词汇，是缺乏基本的教育素养的表现。

如果少年处在兴奋和刺激的状态中，大脑和心脏之间的感觉之弦紧绷，那么他永远不会有内疚感，只有平静下来时，他才会觉得内疚。因此，老师的话应该首先让少年平静下来。如果说老师的斥责通常是教育中毫无用处的工具，那么对于少年而言，这个工具则证明了教育上的无知。无论少年是否有错，对于他来说，斥责本身就是一种不公正。想用斥责来压制少年的倔强，让他俯首帖耳、唯命是从，就像按压弹簧一样，越使劲按压就越危险，它会断裂或反弹起来击中按压它的人。每一次，当您试图使少年陷入大气不敢出的顺从状态时，就是正在刺激他那本来已经非常紧张的心脏。当老师斥责少年时，少年的心脏就像被大火吞没，敏感而近乎病态的紧张的神经向大脑发出信号，而大脑一次又一次地刺激着心脏。

有时我看到少年处于极度紧张的状态，尤其是尤尔科、维克多和舒拉。他们的极度紧张总是使我警觉起来。少年似乎在等待我找他们谈话，当我一提高声调，他们就会面红耳赤、全身瑟缩。这时，我就竭力保持镇静，尽可能低声地，但更富有表现力地使每个词都充满情感，说出好像与我企图安抚他们的意愿无关的话。少年（有时是同 2~3 名少年一起谈话）倾听我说话的时候，他听得越认真，我就说得越轻。一两分钟后，少年的紧张感消失了，危险的情绪之火熄灭了，我感觉到了他内心的平静。如果是当着全班的面说的，教室里就会一片肃静。在这种氛围中，我已经能够控制自己对少年们说话的语气了，略微提高嗓门就可以使他们觉得督促他们认真、勤奋和通情达理的要求是合理的。

强行命令、不允许有任何异议的语气会使少年的神经系统极度疲劳、衰弱或过度兴奋。从性质和功能上来说，要求少年的思维方式具有独立性。只有当他好像开始质疑真理的公正性，并从各个方面审视、检验真理并独立得出结论——必须按照老师的建议去做时，真理才会成为他的信念。少年不仅是自然现象和自然规律的研究者，而且还是人类道德真理的研究者。其中他特别留心研究老师。老师和少年之间的对话不应该是绝对的命令，而应该启发少年进行思考。这样，少年才能发现您身上所有美好的东西，您的内心中最细腻的一面才能展现在他面前。如果绝对命令、不容置疑和反对意见的气氛占了上风，往往就会造成一种老师觉察不到的危险状况。绝对性在少年的意识中引发了内部抵触。

在少年时期，大脑半球皮层控制情感的作用增强了，他几乎从不公开表达自己的抵触，而这使他的情感体验更加深刻了，即无法容忍、不愿妥协和谦卑地俯首帖耳——这种感觉使少年的心脏不断处于兴奋和紧张状态，强大的情感刺激使脑皮层下中枢开始发挥作用，它似乎在向大脑发出警告：不要屈服，你的脑袋长在你自己的肩膀上。来自皮层下中枢的这些信号是如此强烈，以至于少年虽然听到了您的话，但他并没有深入探究这些话的含义，它似乎只附着在他的意识表面。而后进入抑制状态，心脏不再那么紧张，慢慢放松下来。可是，老师表达的某个思想再次引起了少年强烈的抵触（当少年感到老师的话与老师的行为，或他在生活中看到的东西之间存在矛盾时），他的心脏再次兴奋，脑皮层再次向脑半球发出信号。

少年的心被老师无休止地折磨着，他不给予少年在思考时认知，以及在认知时思考的机会——而这正是自我肯定的开始。经过若干年的折腾后，少年的心就变得野蛮和冷漠无情了。在这样的一颗心中自然也不会有什么神圣的东西，潜意识也不再成为良心的敏感守护者。这不仅仅是对精神上有损害，对健康的危害也很大。用言听计从精神教育出来的人都有压抑情感的特征，他们不可能具有乐观的世界观。亲爱的读者，请不要把我的意思理解成我在反对教育工作中的命令和有序。如果教育者不去表达合理的意愿以及对集体和社会的要求，那么教育就会成为一种自然力，而教育者的话语就会变成抽象的善良的甜蜜糖浆。要知道真正的教育是培养一个人对他人、社会和人民的责任感，而如果没有坚强的意志、严格的要求、命令和合理的指导，不能将个人利益服从于他人、集体、社会和人民的利益，那就谈不上责任感。少年尊重、爱惜并珍视意志坚强的人，不能容忍那些意志薄弱的人，也无法忍受那些毫无意义的空话，这些都是我们教育体系的黄金真理和黄金法则。我提醒大家在教育工作中避免出现那些令人厌恶的、不允许的现象，即除了命令和要求外，别无他法，以及不尊重少年本人的意愿。

教育者对少年心灵的强有力的影响在于：少年了解了自己的责任，他就会很乐意进行自我命令和自我要求，这样一来，作为教育者的您就以人的责任感的道德美吸引和鼓舞了他，使他变得高尚。要有一种严厉的、必须无条件服从的纪律，它与鼓吹原谅一切和抽象的善良势不两立。因此，这种纪律是少年的自我肯定以及他自身道德力量的一种表达。如果对于儿童来说，人际关系的道德面是以鲜明的图画和成年人的行为举止为方式展现的，那么少年则是通过语言来认识道德世界的，他仔细倾听别人在说什么，一个成年人口中的话对少年来说就是说话者的道德表征。少年敏感的意识和潜意识不仅抓住了话语的内容，还看出了一个人的言行是否一致。就少年而言，言语的教育力量不仅取决于言语的真实性，还取决于教育者的言语与其道德行为是否一致，因为如果说话者讲出的话并不是他的个人信念，而只是例行公事：说漂亮话的人却没做或者做不成漂亮事，那么少年就会把那些漂亮话当成谎言和欺骗。在这种情况下，话说得越漂亮，虚伪的鼓励越多，就越会引起少年内心的抵触,对他心脏的压抑就越大。

　　身心的和谐发展是那么重要,因此,在向少年阐释道德真理的深刻含义的背后,是那些大声说出伟大而神圣的话语的人的巨大的精神财富!在少年的教育中,尽量不伤害和消耗其神经系统和心脏是非常重要的。长期的观察表明,少年在课堂上等待老师提问的那几分钟是他最紧张的时刻,一旦老师的眼睛在名单上寻找要提问的人,敏感的孩子的心就像停止跳动了一样。如果此时给他量血压的话,就可以看到指针猛然抖了一下,当最后(有时是经过深思熟虑后)听到老师叫被提问者的名字,全班才如释重负地松一口气:太好了,不是叫我(当然,那些从小受到循循善诱的教育,没有听到过恶言恶语,没有体会过被强制施加"意志"教育方式的人才会有比敏感性。而对于一个习惯了皮带和敲后脑勺的少年来说,叫谁都无所谓)。由于每小时就接受一次这种测试,有些少年的心便变得不再敏感,而有些学生则会患神经官能症。当我的少年们上五年级时,我从瓦莉娅和柳夏身上看到了这种神经官能症的最初征兆(顺便说一下,女生学习勤奋的原因是:由于其解剖生理特征,她们的意识和潜意识对言语的敏感性发展得较早)。我们教育队伍思考的是:为什么要让少年接受这种每小时一次的神经测试的折磨?如果在刚开始上课时老师就在谈话中不动声色地说:"今天谁来回答问题呢?"这样岂不是更好吗?事实证明,这样做确实好了很多。少年们不会慌张,心脏也不会"停止跳动"了,因为他们对提问有了心理准备,而且这不会影响他们的勤奋,也不会降低学习积极性。经验使我们相信,采用特殊的教育方法,以免神经系统受到刺激是可取的。这首先是在大自然中的一项工作,两人单独进行,没有喧哗和叫喊声。

　　在一天忙碌的学习之后,每个少年都在花园里劳动半小时,精力转向体力劳动以使神经系统得到放松。让神经和心脏平静下来的最好方法是进行单调的体力劳动,这是达到研究目的的一种手段(例如,用铁锹和锄头整理土地、施肥、浇水和修剪枝叶等）。这项工作就像神经系统和心脏的按摩操，非常有益。在田间待上一整天，以及在前文中提到过的树林里的冬季劳动，对神经系统和心脏都是极好的放松。一望无际的秋天的草原，纯净、透明、凉爽的空气，湛蓝的天空，在附近种植马铃薯或甜菜的地方烹制的美味佳肴——所有这些都创造了身心的和谐。完成这些劳动之后，就可以开始进行与集体的某种可能引起极大的焦虑和不安的对话。在一个集体中待的时间太久就需要换个环境——单独待着，从需要精神交流的紧张中彻底放松。在课堂紧张的脑力劳动后不宜立刻召开会议，尤其是当集体会议涉及个别少年的精神生活中非常细腻、敏感和柔软的方面时，这会使神经系统极度疲劳并损耗它。当谈话引起紧张和焦虑，需要集中精力时，我就在体力劳动之后把大家召集起来（特别是需要说可能激怒少年的话时）。情感的直接流露和纯洁感情的崇高火花始终会通过明智的思想变得更高尚，而只有在谈话开始之前心脏不被诸多的不安和担忧刺激时，这个年龄的人才会有清晰的头脑。在整个学校生活期结束后，需要脱离集体长时间休息。每个学期结束后，少年应在家中独处，这同丰富而充实的集体生活一样是必不可少的。我同家长们商量，让少年在这个时候在家里做一项他喜爱的工作。

心理素养

　　让人奇怪和不解的是，一个人在进行自我肯定的时候，学校没有教给他关于他自己和关于人的任何知识——尤其是关于人类高于世界上的其他一切存在的特殊知识：关于人的心理、思维和意识、关于情感、审美和精神生活的意志和创造性领域。从本质上说，人对自己是一无所知的，这个事实有时就是极大不幸的源头,社会必须为此付出高昂的代价。如果没有心理素养,则身体、道德和审美素养是无法想象的。我努力教给少年有关人的最必不可少的特殊的基本知识,以及在生活、工作中以及与他人的关系中运用这些知识的能力。心理素养知识不是心理学的简单提要,我将这些知识称为自我认知和自我肯定的基础知识,即个人的精神生活素养。向少年们传授这些知识时,我试图不仅仅向他们的意识传达一种科学唯物主义观念,即身体和精神的统一,心理的物质基础的统一。复杂的生化过程是精神的物质实质,任何脱离了肉体的灵魂都是不存在的,像地球上所有的生物一样,人也会死——说服少年并让他们相信这些并不是一件难事。但这意味着将人与动物相提并论,所以同时还必须让少年在思想上明白,人是被崇高理想所激发的创造者。重要的是,心理素养的基础知识应能使少年充满崇高精神,肯定他们的乐观态度以及对自己力量的信心。首先,我从心理素养的基础确定了知识内容。这项工作从基本的关于感觉的概念开始。五年级的学生学到了有关感觉的类型的概念,并开始兴致勃勃地观察起自己的感觉。我们进行了专门的练习,以将视觉和听觉的敏感性提高到辨别的极限,这些练习在情感素养塑造中发挥了重要作用。

在旅行和远足中,少年们可以分辨出树叶、草地和天空的不同色调。他们还能看到一年中因太阳照射的时间和其他因素而形成的蓝天上的十几种色调。在树林中、在河岸上、在海边,少年们学会了区别各种声音的细微差别。这些练习在提高本族语言的词汇及其发音的敏感性方面起到了巨大作用。我们全体老师都相信,语言素养在很大程度上取决于声感素养。审美素养的形成也取决于声感素养。男孩女孩们还学会了区别玫瑰花颜色的四十多种色调。因为找不到描述所有色调的词汇,少年们想出了许多独创的、富有诗意的名称。

在发展嗅觉素养时,我让学生们对霉味产生了敏感,因此他们不能忍受待在空气污浊的房间里。所以，在开始做任何工作之前，他们都会先检查房间里的空气。

在五年级我们就开始了培养知觉素养的工作。我通过生动而有说明性的例子给学生们讲授了对周围世界的物体和现象的感知概念。我特别注意培养他们形成感知事物的协调一致性的能力，并进行了专门练习以发展空间感知素养。在一年中的不同时间，从高处的草原观察到物体轮廓随着距离的远近是如何变化的。少年们对这种练习表现出极大的兴趣：我用几句话描述了某个物体的外部轮廓，少年们仔细倾听每一个词语并进行深度思考，然后打开绘本开始画画，用图画表达他们对自己所听到的描述的理解。这些练习的目的是发展视觉—听觉—动觉的混合感知。通过这些联系，少年们逐渐进入了思维世界。在大自然中，我用直观的例子向他们讲授了思维及其过程的概念。对思维素养问题实质的解释非常重要，因为抽象思维在少年时期越来越重要。我们的课堂和练习最常致力于发展抽象思维的能力，我们分析、排列和对比了周围世界的事物和现象，并进行了推理练习。在观察周围世界时，少年发现了因果关系，他们为自己的发现感到惊讶：一种现象在一种情况下是结果，而在另一种情况下就是原因。这些发现丰富了他们的智力情感。

在心理素养课程中，我谈到了语言的起源和发展思维与语言的统一性，以及语言的表现力、感染力和形象性。我认为防止学校教育的过程中发生严重的错误，即语言素养与思维素养的脱节，是非常重要的教育任务。长期的观察证明，少年死记硬背那些晦涩难懂或完全无法理解的单词和句子，会严重破坏他们的精神生活。关于情感教育中的感觉素养，将在"情感和审美教育"部分中讨论。

心理素养的最重要特征是，语言作为对现实的生动而鲜明的反映进入学生的意识，从而在广义的抽象概念中被赋予了明确的含义，继而语言的相互联系反映了思想的相互联系。自我观察在语言心理素养教育中占有重要地位。

少年学会了自我检查：我理解自己说的话的意思吗？我能够准确地表达出我在想什么吗？为此，我们进行了一些练习：一名少年在试图传达一些（颜色和声音）最细微的差别时，口头描述了自己的所见或所闻。经验表明，这些练习对于培养语言素养非常有价值。少年在课堂上学习了在叙述、解释和对话的过程中如何进行自我观察和自我克制。在开始研究新教材之前，我设定了任务：不仅要理解含义，还要进行逻辑分析（例如，突出显示主要组成部分，确立概念之间的依从关系）。

情感的生理基础，它的高尚和低俗、情绪及情感激动所有这些概念，六年级学生已经能够理解了。我认为发展高尚的情感以及防止低俗的情感是一项重要的教育任务。在描述那些情感的特征时，我试图揭示情感和道德领域的统一性，以证明高尚的情感只能由高尚的思想和行为产生。于是，少年们学习了如何在自己身上发展高尚的情感。意志素养的发展与少年精神生活的所有方面都息息相关。意志行为对男孩和女孩精神生活的影响要比心理素养的其他领域大得多，因为精神生活是自我观察和自我教育的广阔领域。在谈到意志坚强的人时，我教孩子们如何立目标、做决定以及克服困难。

对于像瓦洛佳、柳达、彼特里克这样意志薄弱、优柔寡断的学生，我做了单独的工作：我教他们先给自己设置小的困难，然后克服这些困难，最后再过渡到更大的困难。记忆力的培养和自我培养在心理素养中占有特殊的地位，因此，我逐渐加深了关于记忆力的生理基础的概念。我力求使少年明白，在年龄允许的范围内，在脑力劳动过程中，他的大脑中发生了什么，而这取决于他的努力结果。长期观察得出的结论是：培养记忆力的源头隐藏在有意识和无意识记忆的某个交汇点，学生对学习内容的意义思考得越深入，事实和现象的本质就越清楚地呈现在他面前，他的记忆就越深刻，于是少年就掌握了认知的学习方法。许多事实都证明：如果学生在获得知识后，对越来越多的新的因素进行了探索和分析，那么不仅会产生有效的记忆，还能培养记忆力。这是少年时期智力生活中的大问题，需要进行专门的研究。

为了让少年更好地了解自己，我向他们讲述了什么是气质和性格，以及神经系统和思维的类型。通过这些谈话，少年们的自我观察能力明显增强了，少年们逐渐了解了诸如能力、爱好、兴趣和才能这些概念。这些精神生活领域的精神素养、道德素养以及人的公民政治和社会积极性密不可分。教育的目的在于：使每个少年在能力的培养中都能成为我的助手和同志。我教导少年们："无论从事什么工作，都要专心致志，把智慧和情感都投入到工作中，只有通过这种方法才能认识和找到自我。"我的同事问我："应当在什么时间和什么地点进行关于精神素养的谈话呢？"因为在教学计划中没有安排进行这项工作的时间。学生和老师没有共同的精神生活，就不可能进行教育。"关于人的故事"——少年是这样给我们之间关于心理素养的谈话命名的。在我们长期的精神交流中，这些故事引起了他们极大的兴趣。在行军途中休息时，以及在我们的"快乐橡树林"营地的寂静夜晚，在黄昏时分的教室里，当少年们为了听我给他们讲点什么有趣的东西而专门来学校找我的时候，我就给他们讲关于人的故事。世界上没有任何东西比人本身更有意义了。如今，细腻的神经系统在人的生命活动中的作用随着时代的变化一步步增强了，培养心理素养成为人格全面发展的主要因素之一。

第五章

少年的智力教育和智力素养

老师的教学观点和信念的统一性

在开始教五年级的前一年，我就开始根据教学科目有关的教学特点的明显变化做准备。除了我之外，还将有八位任课老师，这就要求班主任首先要特别注意各位老师教学观点和信念的统一。我教本族语言、俄语和历史，我认为这样的安排体现了一条教学和教育相统一的重要原则，即在可能的情况下，班主任（辅导员）应担任从开始学习到毕业一直要学的科目的教学任务。作为班主任和校长，我认为我的使命是使老师们在关于培养和教育学生的最重要的问题上具有统一的观点和信念。观点的一致为每位教师创造力的个性化发展提供了前提条件。没有一个老师可以具备所有优点，每个人都有某种优势，每个人都具有自己独特的活力，能够在精神生活的某个领域比别人更鲜明、更充分地展示和表现自己。老师正是运用自己的独特优势在教育少年的复杂过程中贡献了自己的力量。但同时，每个人都应该是统一整体的一个组成部分，这个统一的整体即智力素养、道德素养、审美素养、身体素养、思想素养和情感素养的源泉。

我们的教学观点和信念在劳动过程包括以下几个方面：

1. 每位老师不仅仅是一名教学工作者，而且是一名教育者。

由于老师和少年集体在精神上的一致性，教学过程就不再只是传授知识，而是表现为多方面的关系。共同的智力、道德、审美和社会政治兴趣把我们老师与少年联系在一起。课堂是点燃求知欲和道德信念火炬的第一个火花。

2. 我们每个人都应该对具体的学生施加个人影响，使少年对某个事物产生兴趣并对它着迷，鼓舞并激发他独特的性格。

我们每个人都不应该是教学智慧的抽象体现，而是一个活生生的人，一个不仅帮助少年了解世界，而且帮助他了解自己的人。至关重要的是，少年会把我们看成什么样的人。我们必须成为少年精神生活财富的榜样，只有在此条件下，我们才在道德方面有权教育少年。只有那些智慧、博学而又大度的人，才能令少年赞叹、景仰，才能有力地激发起少年想变得更好的愿望。在我们的学生身上，所具备的天才的数学家和物理学家、语言学家和历史学家、生物学家和工程师、在田野和机床旁进行创造性劳动的大师的天赋还没有发挥出来。当每个少年都从老师那里得到"生命之水"时，他们的天赋才能显露出来，否则就会枯竭和衰退。

智慧要用智慧来培养，良心要用良心来培养，而对祖国的忠诚是通过积极地为祖国服务培养出来的。我们的学生把自己的命运托付给了老师，多年前我就了解这些老师，他们是聪明、诚实的人，他们热爱孩子、热爱科学和书籍。一种强大的力量把我们大家团结在一个集体中——它就是对知识和认知的渴求。我们每个人都觉得自己是学生，每个人在智力生活领域都有自己的爱好：皮西缅娜娅精通法语和德语，自学了英语和拉丁语；利萨科设想有必要从五年级就开设代数课，他还编写了自己的算数习题集；菲力珀夫拟定了五年级的基础物理入门课程计划，他深信学习此学科将为儿童的智力教育创造有利条件，他还编写了课外物理作业大纲；斯捷潘诺娃研究了土壤中的生化过程，并进行了有趣的实验，在她的班级总有两三名学生立志毕生从事农业工作；斯洛瓦特卡研究了地区的自然资源，编制了几幅地方地图；阿·伏罗希洛力求在实践中证明自己的信念，他坚信人的智慧就在他的手指上，劳动不仅能够培养实践技能和习惯，而且能够培养出具有求知欲和创造性的智慧；扎伊采夫沉醉在绘画和培养思维素养相统一的观念中；叶夫列缅科认为他的课程的主要内容是培养学生的音乐素养，因此他制定了一个欣赏音乐作品的大纲。

3. 我们认为，只有在集体和个人丰富的智力生活背景下，才能进行全面的智力教育。

在少年时期，人的智力教育出现了质的飞跃，进入崭新的阶段，这不仅表现为从形象思维到抽象思维的某种转变（"转变"是一个相对的概念，儿童也具有抽象思维的元素，而少年也保留了形象思维的元素），还表现为少年在智力生活中的自我肯定：通过正确的教育，使少年感觉到将自己的智力财富贡献给他人，并从他人那里获得智力财富是一种精神上的需要。在课堂中学到的基础科学知识、教学过程中的智力劳动素养，所有这些在智力教育中都非常重要，但这些仅是多方面智力生活中不可或缺的一部分。集体中求知欲的思想脉搏应该不停地跳动，应不懈地追求科学知识，不懈地去接触有趣的、引人入胜的问题和书籍。集体智力生活的源泉、指路的明灯和第一激励者依然是老师，智力生活的方式取决于他的知识、思想、爱好是否丰富，是否学识渊博。幼年时期，对于孩子来说，老师是事物和现实世界的揭示者，而在少年时期，老师是思想世界的揭示者。在青年的自我肯定时期，他的精神追求的纯洁、高尚和无私、求知欲，与老师和同学之间真诚、人道的关系，这一切都取决于集体智力生活的丰富性。要防止青少年时期出现巨大的灾难——灵魂空虚、无所用心地浪费生命，对长者漠不关心，甚至犯罪，要达到这一目标主要在于使人在少年时期就认识到智力生活的丰富、美好和充实。知识使人的心灵变得高尚，不仅是因为知识包含了真理（苏维埃学校的道德教育就是以这些真理为基础而建立），还因为知识能够提高人在我们社会中的价值。

4. 我们坚信，在自然界中每一个正常人都能够获得智力财富，都能够得到充实的智力生活的幸福。

无论课堂的教学方法多么完美，它们都无法保证教育是十全十美的。在课堂上学习科学基础知识越困难的人，就越不应把他的智力生活局限于基础知识，这一点很重要。当一个人知道的东西比要求他知道的多得多时，认知才能给他带来快乐。防止学生因成绩不好、学习落后对知识、科学、书籍和学校报以冷漠，并不是要无休止地督促和拯救成绩不佳的学生，而是要把每个人都引领进集体丰富的智力生活世界中去。少年生活中许多的挫折和不正常，其根源在于他产生了一个痛苦的念头：在他面前只展示了这样一个世界：我什么也干不了，什么也学不了，别人都能学会，而我学不会。如果在自我肯定时期揭示的是这样残酷的真理，就会酿成悲剧。他不相信善良，也感觉不到集体对自己的良好影响，因为在这种情况下不存在真正的集体。他变得孤僻、多疑、尖刻，而如果他不断受到责备：你很懒、游手好闲，那他就会变得冷酷无情，真的变成懒惰、堕落的人。书本对于他来说是痛苦，而不是快乐的源泉。少年空虚的灵魂是一场巨大的灾难。

5. 我们深信，少年时期的智力教育和教学与儿童时期是完全不一样的。

我们不仅向少年揭示自然和社会及其规律，还要揭示他们自己，这里指的不仅是心理素养，还包括所有课程中脑力劳动的性质和目的性。少年在认知世界的同时也对自己进行着认知。少年在了解自然和社会规律的同时，也应当确定一个信念——自己在进步。这并不仅是因为他知道了新的东西，还因为他变得更聪明了。少年从他学习的所有内容中，都应该看到思想上的斗争，并且在这场斗争中始终坚持自己的立场，有自己的见解。我还记得开学前夕与五年级老师的一次谈话，我们憧憬了学生们的美好未来。我们老师中的任何一个人都不可能活到 2000 年，而我们的学生们将在创造力旺盛的时期迎接 21 世纪。他们将成为世界的主人——工程师、农艺师、医生、教师、建筑师。但首先他们每个人都应当成为热爱祖国的公民，成为一个真正的人，一个头脑清晰、高尚勇敢、心灵手巧的人。在他们面前是数十年的创造性劳动，在这期间科学将会有巨大的发展，如果我们将学生参加工作时所需要的知识水平定为一分，那么在今后的工作生活中，他们每个人都将必须在精神财富上再增加五到六分，否则他们将落后于生活并无法胜任工作。

生活越来越需要不断地进行知识更新，没有对知识的渴求就不可能有充实的精神生活，即劳动的、创造性的生活。因此，我们需要培养学生自学的需求。我们得出的结论是：未必每天都商量布置多少家庭作业，我们将以合理的劳动定额为出发点，并且任何时候都不忘记集体智力生活的充实。我们每个人都要去探寻少年身上的天赋、爱好和才能，还会在如何吸引少年的心这方面进行竞赛。

世界观和坚定的信念

教学计划中没有一门课程不在一定程度上涉及世界观的真理和规律性。例如，数学概论的真理和规律性似乎与科学的唯物主义世界观相距甚远，但它在科学信念的形成中起着重要作用，因为人在了解了这些真理和规律性时，会在实践中检验其正确性，同时进行自我肯定，感觉到自己是一种积极的力量。数学是用真理来进行教育的，因为真理是从劳动中认知的，学校的多年工作已深刻确定了这一点。一个人的世界观是他对真理、法律、事实、现象、规则、总结和观念的个人态度。培养科学唯物主义世界观就是老师要深入到学生的精神世界中，作为教育者的老师首先要培养世界观。一个人在少年时期总是力图理解和总结很多东西，世界观的形成始于这一阶段的思考，当升华至这一阶段时，人就好像开始环顾周围的世界，同时感觉到自己是这个积极而有创造力的世界的一部分。

我们认为教育的任务就是使少年在脑力劳动和学习中将自己升华到形成世界观的阶段。杜绝死记硬背和机械记忆是非常重要的。死记硬背不仅是智慧的大敌，而且是道德的大敌。死记硬背时，作为积极创造力的个性就消失了。

五年级开始学习以自然科学、社会科学和人类科学为基础的系统课程，我们力求使这三个教育要素有机地结合在一起的同时，不仅要在少年的意识中描绘出周围世界的景象，而且还要帮助他们在对世界、对人类的过去、现在和未来以及对自己的看法中树立个人观点。我强调教育的三个要素和谐结合的异常重要性。没有关于人的知识，教育会是不全面的，这就是为什么我如此重视心理素养的原因。没有这个年龄该有的关于宇宙的基础知识，对世界的认识就不可能完整。从五年级到中学教育结束，我举办了有关宇宙的一系列讲座：关于地球、太阳系、银河系和世界在空间和时间上的无限性，直到毕业班开设了天文学基础课程，这些讲座才结束。

我认为，老师向少年传授心理素养和宇宙的基础知识是非常重要的。这种和谐的教育意义在于，自我认识和自我教育是在广泛了解自然界的普遍规律的背景下进行的，它也是科学唯物主义观形成的本质。在阐释自然科学的基础知识时，生物老师、物理老师、化学老师、数学老师和自然地理老师力求做到这一点：要把揭示大自然作为认知和对个性自我肯定的广阔领域。恩格斯把大自然称作辩证法的试金石。这一思想中包含着深刻的教育观念的源泉。在贯彻这一观念时，我们努力使人在认识大自然、掌握辩证思维的同时，充分肯定自己的伟大。开朗的世界观是一个人精神世界充实的开始，没有它就不可能有集体的充实的智力生活，不可能有学习的愿望、对知识的兴趣，也不可能有对知识、书籍、学校和老师的热爱。我们在提高少年关于人的意识的同时，用知识去激发他的自豪感和自尊感，我们老师就成了教育者，因为我们把学生感召到了我们身边，在他们眼中，我们自己的知识不是例行公事的、需要背诵的材料,而是我们与他们慷慨分享的精神财富。

要通过认识和洞察世界的奥秘来使一个人得到升华,需要达到乌里扬诺夫多次在信中和报告中提到的:老师所懂得的知识应该比他教给学生的多十倍、二十倍。如果他在传授知识的过程中仅分享自己的财富的一部分,那么他将使关于世界的知识变得人性化。少年在聆听关于绿叶中复杂的生物化学过程的故事时,他不仅了解了什么是不以人的意志和意识而转移的,而且还了解了人为洞察自然的奥秘而做了些什么。如果老师感觉到需要说些什么,以使学生通过参与到人类文化的世界,参与到对真理知识毫不动摇的追求中,从而使学生对世界的认识能提高他对自己的认识,这样的老师在知识宝库中发现的正是那个能鲜明体现人的伟大的形象和思想。因此,在谈到绿叶是有机物的实验室和地球的生命之源时,斯捷潘诺娃老师在少年的意识中创造了季米利亚捷夫的形象,他在为人类造福的充满激情的劳动中不仅看到了肥沃的土地,也看到了饥寒交迫的穷苦农民,不仅看到了明媚的阳光,还看到了在大气层和太阳内部正在发生的宏伟过程以及无数极微小的细胞。

一个处在好奇地审视世界的年龄的人,当他试图概括许多事实、事物和现象时,这种知识的人性化将发挥很大的作用,这就是教学与教育的结合。少年感觉并体验到,他正在参与到人类的智慧中去,体验到想了解一切的不可遏制的冲动。大自然向他敞开了体现创造力的无边无际的天地。我们一直力争使认知的过程和获取知识的过程合二为一。在生物课、物理课、化学课、数学课和地理课上,在关于宇宙的座谈中,少年扮演着积极的研究者的角色,对事物和现象进行分析。教学中的研究因素是提升个人的重要条件。没有精神力量的体现,没有思想的张力,就不可能有个人和集体的智力生活,也不可能有精神财富的交换。获取知识有一个非常重要的特征:一个人不仅知道某些东西,而且还能证明一些东西。他在肯定真理的同时也在肯定自己。掌握知识的过程的特征从具体事物向表达一般规律的抽象真理的明显过渡,特别有利于对知识进行研究。这种过渡通常发生在生物课、物理课、化学课及数学课上。

每个老师都认为使少年成为积极的知识挖掘者和事物、事实和现象的研究者是一门发掘学生天赋及引导其爱好所学课程的艺术。我们的学生在课堂上和课外完成的作业，都可能使他们发现真相，并从观察中推断出结论。我们想象中的智力教育，特别是科学唯物主义世界观和信念，并不是通过分散的课堂轮班教学形成的（重大真理被看成是由这些课堂上所阐述的很多小的真理累积而成的），而是一个统一的、持续的、长期的过程。我们深信，只有当课堂教学在少年的意识中结合成了解世界的唯一途径，且这种结合的起始点是研究时，学生才会对课堂教学感兴趣。

我们每个老师都给学生布置了持续探索的作业，其中一些研究作业是观察，另一些作业则需要他们的积极参与。例如，生物作业：

1. 在观察各种植物开花和结果的过程时，请尝试得出这样一个结论：果实的特性取决于植物的生活条件及其繁育特点。

2. 在施用有机肥料和矿物肥料时，请观察谷类作物的生长和成熟程度，并就谷穗和谷粒的大小与肥料施用量的关系得出结论。

物理老师给五年级学生布置了观察自然现象和劳动过程的预习作业。我们认为这些观察是积累问题，这些问题是指：使少年边观察边思考因果关系的本质，并感觉到周围存在多少问题。例如，学生观察了花岗岩在环境影响下如何变化。在农场、打谷场、在机械车间，他们看到了运动是如何从一种机械传递到另一种机械的。还有一项作业是对我们的生产环境中从一种类型到另一种类型的能量转换进行描述，少年们做了笔记，画了草图。他们观察得越多，就发现不懂又有趣的东西越多。笔记本里写满了问号，观察是无可替代的思想源泉。我们得出的结论是：在脑力劳动的性质方面，家庭作业应该不同于课堂作业。认知的事实的累积、问题和思想的累积——这种脑力劳动首先应该成为家庭作业的本质。

学生的年龄越大，其抽象思维的能力就越强，这项研究工作在他们的精神生活中发挥的作用就越大，在此期间，他们不仅了解，而且捍卫并证明了一些东西。我们认为，对个人信念的最细致的打磨就始于此。我们仔细审视着每一个学生，非常担心在个别男孩和女孩的精神生活中，稍微显露了某些缺乏个性的东西：没有自己的思想、观点和立场。这很危险，因为它会导致无原则性，甚至有时会导致阿谀奉承。消除小孩子的缺乏个性要比消除成年人思想上的无原则性容易得多。我们试图将学习与教育结合起来，以使每个少年都能坚持并证明科学唯物主义真理的正确性。科学真理在生活的激情、焦虑、担忧和争论中的体现是建立世界观和自我肯定的基础。我们认为教育的智慧在于，要让每个青少年都成为为科学真理必胜而战的战士，为人类争光。争取科学真理胜利的精神斗争是少年时期教育的精髓。

萨沙是个沉默寡言的女孩，她似乎总是克制自己不要过分坦率地表达自己的想法，因此，我们担心这个女孩没有坚持自己信念的热情。她的母亲病得很重，几年来，父亲像照顾小孩一样精心照料着母亲。然后有一天，萨沙听人说："人一生病了，就谁都不需要他了，这就是生活的法则。为他人的利益而付出自己的人只能在书上看到。"这些话是一个年轻人在与萨沙的交谈中说出来的，他既不认识她的父亲，也不认识她的母亲。萨沙反驳道："有这样的人，我父亲就是这样的人。"在萨沙上小学时，我对如何让她坚定信念进行了很多思考，但是那时候她的眼界还没有那么宽广，让她能够概括周围世界的事物和现象，而且还有一种情况使这个细腻的灵魂更加孤独——她预感到了母亲不可避免的悲惨结局。

现在，女孩知道的东西更多了，能够更深刻地理解现象的本质了，现在可以磨炼她思想深处的个人信念了。我们委派萨沙担任实验员，在"生物角"做生物老师斯捷潘诺娃的助手，斯捷潘诺娃很善于激发这个女孩的实验兴趣。

萨沙准备了栽培植物的土壤，她对自己所做的事感到自豪。她用自己的工作证明了，在她创造的环境中也开始发生与在自然条件下相同的生化过程：创造出了有机物。在女孩悲伤而惶惑的眼睛里燃起了乐观思想的火花。女孩自豪地向她的朋友们展示了她制备好的那块土地，地里长着抽穗的小麦。当一个人意识到他正用自己的知识、智慧和意志影响着生活，这种意识能使人得到多么大的提升啊！萨沙的心中萌生了想要知道得更多的愿望，她想让自己的思想深入到未知的事物中去：有益的微生物是如何为植物的生长创造有利条件的。越来越多的知识在她的面前揭示，这些知识已经超出了基础科学知识大纲的范围，她开始饶有兴致地阅读科普读物。

在"生物角"的两年中，这个女孩发生了很大变化：现在，她不再默认自己所听到的一切，她对同学之间的道德关系有着自己的看法，她还常常为捍卫自己的信念而与他人争论。很难重新评估关于自然和劳动的有益知识对于少年形成科学物质世界观和信仰方面所起到的作用。研究植物和动物界的现象，不仅是培养对农业工作的爱好、兴趣和志向的一种手段。绝不是说每个少年都要当农民、畜牧家及农艺师，但在自然界中的劳动对每个少年来说都是必不可缺的，这种劳动首先对于发展世界观，对于自我提升和自我评价是很有必要的。学习与生活之间的联系并不在于将体力劳动机械地补充到脑力劳动中去，而在于手与脑所创造的统一性。在自然界（学校、温室和农场）中的劳动是人的自我表达的重要源泉，没有它，就谈不上世界观的形成。这首先是在思想上和社会生活上的自我表现，一个人是在为了他人而劳动的过程中认识到自己的创造力的。在自然界中，劳动不断地从具体劳动向抽象劳动转化，这也是抽象思维的源泉。

随处可见的东西似乎都是简单而众所周知的——绿叶、根部、土壤、腐殖质和水，然而正是在这些东西中隐藏着智慧的、具有世界观意义的、真理的潺潺细流，而这些真理正是在劳动中被认知，对于正在认识自然的人来说，它们能培养他的个人情感、智力、意志和道德。我们尽力使在自然界的工作成为细致的、需要细心和耐心的，并要求复杂、准确、脑力操作的工作。双手对于智慧的培养和智慧对于双手的培养体现得越明显，人对具有世界观意义的真理的体验就越深刻，就越能把他所知道的东西放在心上。当思想充实着内心并激发了情感时，具有世界观意义的信念才能成为个人的精神财富。一颗冷漠的心不可能承载高尚的情感、抱负和理想。

我们给学生布置探索自然的作业，是希望具有世界观意义的真理能震惊年轻人的想象，而它们之所以令少年感到惊讶，是因为这些真相的来源恰恰是一个人每天都会遇到的简单事物。如果一个人在少年时期没有经历过从具体的事实到伟大的具有世界观意义的真理的思想过程，那么他就不会有正确的科学唯物主义信念，他会轻易地改变自己的观点。为了防止精神上和思想上的无原则性，我们很关心学校在智力上的丰富性和充足性方面所做的一切事情。"生物角"（后来的教研室）、绿色实验室、温室、绿色小屋、果园、葡萄园、工坊、物理和化学办公室，都是思想求知欲的发源地。我们还创建了一个中心，通过生活中最简单的、常见的事物将学生引导到认识重要的世界观意义的真理上，这个中心成了"知识的源泉"屋。

在科学唯物主义世界观的形成中，对社会的看法非常重要。在接受正确的智力教育和公民教育的情况下，少年会对一些世界观的问题产生极大的兴趣：诸如人类与社会、个人与集体、人民与人类、物质生产和精神素养、善与恶的斗争、公正与不公正的斗争、光荣与耻辱的斗争、历史和现实中的社会和道德进步、共产主义是人类幸福的理想和人类的最高目标，共产主义社会关系的形成和新人的培养。为了使少年用头脑去理解这些思想，并引起他们对这些思想的兴趣，应当使老师和学生的智力关系具有特殊性。历史老师、宪法老师、社会学老师及文学老师都要成为教育者——这不仅意味着要揭示真理，还意味着要直接面向学生的精神世界，触及对社会生活中的事件做出反应的人类敏感的心弦，要使一个人相信他是一个积极的创造者。

我非常担心，许多学校里对历史和文学的学习变成了令学生厌烦的乏味的死记硬背，老师向学生教授抽象的概念。老师作为学生的教育者，没有生动、热情和直率地对待学生。名字、日期如排山倒海般填进学生的记忆中，掩盖了具有世界观意义的真理，使学生失去了思考的机会。在我看来，历史和文学的每一节课首先都是与学生的对话，面对他们的思想和心灵的诉求。如果不了解每个学生的内心世界，我就无法备课。例如，我准备讲关于斯巴达人在温泉关战役中的英勇气概的故事，关于布鲁诺、伊万·苏萨宁或不朽的斯大林格勒保卫者的故事时，如果我没有觉察到科利亚和萨什卡，托利亚和妮娜，彼得里卡和瓦莉娅的心里在想什么，我就不可能用知识去教育他们。这些课程呼吁学生们不要做冷漠的旁观者，不要单纯冷漠地做事件的公正的见证者。

人是历史的创造者，历史正在你们的眼中创造着——建立世界上第一个共产主义社会。在我们的祖国面临生死存亡的时期，伊万·苏萨宁和亚历山大·马特罗索夫做了真正的爱国者所需要做的。幸福在于成为生活积极的创造者，如果有愿望并坚持追求，具有创造的热情，每个人都能成为出类拔萃的、独特的人。非常重要的是，不要使这种规律性（历史发展的客观性）在年轻的头脑中引发这样的思想：一切都会顺其自然，人只是历史的汪洋大海中无能为力的一滴而已。

这是少年精神发展中非常重要的时刻，我们应该向学生的心灵传达这样一个道理：历史事件是有客观规律性的，但人是历史的创造者，是自己命运的主宰者。真理是关于人和社会的知识的概括，是人类饱经磨难而获得的道理。只有当少年的心中体验到哪怕极小部分已成为生活之美的激情时，成为为社会正义而战的战士的壮举时，他们才能听进我的话。我力求让每个少年都清晰地明确自己的立场，并为自己是人民的儿子（共产主义的建设者），为

第五章　少年的智力教育和智力素养

经历过对社会上的不公正深恶痛绝而感到高兴和自豪。在课堂上谈起斯巴达克的时候，我只字未提这些日子以来折磨着托利亚的沉重感受（人们说："他的母亲玷污了自己的荣誉，不管她的命运与谁联系在一起，她都无所谓。"），而我在课堂上的讲述正是针对他的。

我竭力用斯巴达克关于人的高尚思想鼓舞这个少年，斯巴达克说："宁为自由而战死，也不痛苦地当奴隶而生。"在思考斯巴达克的同时，我希望少年能在故事的字里行间感受到一种号召：做个真正的人，做个男子汉，对母亲大胆说出阻止她做出轻率行为的有力量的话！每当谈到在与邪恶的斗争中表现出英勇精神的人时，少年就会听到这个号召。在"生物角"工作的那些日子，托利亚体验到了自豪感，他不但在那里了解了世界，还证明了人具有创造力。通过我们大家的共同努力，这个男孩对母亲说出了激发她的自尊感的话，并促使她对于别人和她儿子怎么看待自己的问题进行了反思。

我非常重视有关人与社会的问题。我向少年们解释："人类为了自由，同不公正的社会制度进行了千百年的斗争，没有这场斗争就不可能有个人的幸福。"社会主义社会的情况则完全不同，在社会主义制度下的人和社会是和谐的统一力量。我希望少年用与祖国的发展、荣誉和强盛休戚相关的公民的眼光看自己祖国。用公民的眼光看世界，这是决定教学与教育统一性因素之一。在关于我们祖国的过去与将来的所有课程中，我都竭力在少年的心中唤起这样的感觉：祖国是我的家园，祖国的幸福就是我个人的幸福，在祖国面临危难考验的关头，她的痛苦就是我的痛苦。在我们祖国的历史上，曾有过无数光辉的英雄篇章，使我们的人民成为强大的人民，我为所有光辉而英勇的事物感到自豪。要在少年的公民意识中确立这样一种思想：他们是先辈们光荣和荣誉的继承人，但在祖国的历史上曾经有过黑暗、沉重的篇章，我希望这些篇幅能唤起年轻人内心的痛苦。通过艺术手段了解世界，这在智力教育中占有特殊地位。

在文学课上，思想上的强大同盟者——对周围世界现象的体验和情感感知发挥了作用。文学是人类社会学，同时也是自我知识、自我教育和自我肯定的最细致的手段之一。如果一个人好奇的目光不看向自己，不以道德审美的标准去评价自己，那么文学就不再是一种教育力量。这种评价不应表现为某种自我鞭笞、"暴露灵魂"，以及为自己的行为辩解，而应表现为对人身上美好事物的感觉，对一切令人厌恶的贬低人格的事物的深恶痛绝。在文学课上研究一个人的内心世界需要很高的素养，并且要把握分寸。在这里，"破门而入"不仅意味着文化价值的庸俗化，而且意味着贬低一个人的人格。文学教学在世界观上的意义在于它使一个人的精神得到升华，同时帮助他肯定自己的道德美，把他提高到一个我称之为赞美道德美的水平。要成为一个真正的人，少年应当尊重自己。如果没有自尊，人的素养是不可想象的，对一切贬低人格的事物深恶痛绝也是不可想象的。如果没有心灵的参与，也就根本不可能形成个人信念。在文学课上的那颗冷漠无情的心就是正在沉睡中的智慧，思想附着在表面，因为真理并没有经过心灵，心灵还没有向大脑发出信号：想一想吧，这关系到你个人！

不能根据学生如何回答老师提出的问题来判断他的观点和信念（如果可以通过熟背真理来形成世界观，那么教育将是一件很容易的事情），更不能通过在文学课上对问题的回答得出关于世界观的结论。我时刻谨记这样一个重要的真理：学习文学完全不是为了一个人在中学毕业几年后，再去重复他所背诵过的东西。生活的每一个阶段都会给人安排考试，他会以自己的行为和活动来接受检验。学习文学的最终目标是形成人的内心世界，即道德、素养和美感。当我看到一个少年为一件艺术品而兴奋和震惊时，当他一边欣赏着艺术作品，一边思考着自己的命运时，对于我来说，这比他能准确回答问题重要得多。也许这在某种程度上有些夸张，但是这样一种想法三十年来一直困扰着我：阅读完艺术作品后向学生提问，就像听完音乐作品后让学生描述

第五章　　少年的智力教育和智力素养

所听到的内容一样不合时宜。

高度的情感素养教育，使具有世界观意义的真理在学习艺术作品的过程中成了个人财富。广泛的道德范围应当与广泛的情感范围相符。我力图使少年在艺术语言的影响下体验到所有丰富的情感——从对祖国、自由、和平和社会主义敌人无情的仇恨，到对人的灵魂深处的活动的细致温柔的觉察、真挚的敏感性和细腻的同情心。我不是根据学生如何谈论别任·卢格和卡捷琳娜，而是根据儿子和女儿如何对待母亲和父亲，孙子如何对待祖父母，男孩如何对待女孩来判断他们的世界观。生活不仅是衡量知识的真理的最佳标准，而且还是坚守信念，以及思想和情感是否统一的最佳标准。在智力教育中，语言素养起着重要作用。我并非直截了当得出这样的结论：丰富的语言就等于丰富的精神世界，有很好的语言美感就等于有高尚的道德素养。语言素养仅在它与道德情感素养、关系和行为的和谐统一中参与世界观的形成，但是语言本身会影响智力的形成和发展。如果我们说：人是有天赋的生物，那是指积极学习和积极参与社会生活的能力，而如果没有高度发展的语言素养，是不可能有这种能力的。语言越来越成为丰富人际关系素养的必要手段。如果没有对于语言的最细微语调的敏感，那么也就谈不上对那些影响人的内心的微妙的手段的敏感性，而这些手段也塑造着世界观。如果我们的学生对语言不敏感，那么他们将无法听到我们呼吁他们的思想和内心时的潜台词。对语言的细微差别有灵敏感知的是眼睛和耳朵，没有它们，就无法观察世界，无法理解他人的心灵。可能很多老师都遇到过这样的少年，他冷漠地听着您的话，您在他的眼中看不到思想，于是您感到震惊和困惑："这是个什么样的人啊？他在没在听我说话，他懂我的良苦用心吗？"这是一个可悲的现象，它促使我们对教育的本质进行深思。要知道我们是用语言，而且只用语言进行教育，其他的一切——练习、习惯、劳动都要依靠语言。对语言的情感智力敏感性的培育是教育的一块处女地。我将在"情感和审美教育"部分中谈到这个问题。

我们如何指导课堂上的智力劳动

老师们就课堂上的智力劳动素养问题进行了激烈的辩论。我们阐明了少年与老师的智力劳动之间的关系，弄清楚少年时期的注意力、兴趣和知识应用的问题，以及智力劳动的特点和知识的巩固的问题。生活给我们提出了诸如智力劳动与个人爱好和能力发展的统一性等问题；课堂与少年的智力生活的广泛背景的相互关系；智力与手部技能的协调关系。

我们确信，不能脱离老师的一般素养、博学程度及智力劳动素养来看待少年的智力劳动。少年的劳动素养是老师素养的一面镜子。老师在课堂上不仅应关注所教的课程，还应关注学生，关注他们的感受、思维、注意力和脑力劳动的积极性。而且，老师越少专注于对自己教材的思考，学生的智力劳动就越有效果。如果老师只将注意力放在自己的思想上，那么学生很难接受所教的东西，甚至听不懂老师所讲授的内容，这是因为少年的智力劳动有其特点：抽象化逐渐成为他的思维特征。他仔细倾听新的信息，同时紧张地理解和处理已经接收到的信息。这就对新信息的质量提出了很高的要求：它应该清晰、简洁，并且不应破坏对知识的理解并将其系统化所必需的精细的智力劳动。

为了使少年能专心聆听，我们力求达到思想的条理清晰，这对于智力活动较慢的少年是非常重要的。现在我明白了，为什么那些在低年级时相对容易克服学习困难的学生在五年级和六年级成绩急剧下降——他们不适应思维的新阶段。一个老师讲课条理很清晰，而少年却一点也不理解另一个老师讲的东西，这一事实使情况变得糟糕。因此，为了能够自如地掌握教材，为了在课堂上从大量的事例中选择最重要的东西，老师所知道的应该比他将在课堂上讲的多十倍、二十倍。如果我所知道的比我教给学生的多二十倍，在课堂上我表达的思想和语言就在学生毫无觉察的情况下产生。因为老师的"创造的痛苦"没有困扰学生，所以他们毫不紧张地接受了教材。而我关注的重点不是我自己的讲述，而是少年的思维：我能从他们的眼中看出他们是否懂了；如果有必要，我还会补充新的事例。

　　教育的技巧不在于预先设定课堂上的所有细节，而在于能够巧妙地、不为学生所觉察地根据情况进行修改。一位优秀的老师，虽然他不知道在课堂上教学开展的所有细节，但是他知道如何根据思维的逻辑和规律采用最必要方式讲课。这种方法在少年的教育工作中非常重要。转换到复杂的思维过程（从接收信息到处理信息的瞬间转换）要求老师高度重视以及采用灵活的教学方法，在学校工作中是不允许教学公式化的，这对学生极其有害。在从具体事物到抽象概括的不断转变过程中，抽象思维是少年本能的精神需求。我们不仅是传授基础科学知识的老师，而且是思想的培育者。我们越接近科学的地平线，就越容易观察到少年是如何思考的。为了满足少年对思维抽象化的精神需求，我们慷慨地引用事例而吝于概括。并非所有的事情都得到证明——对少年来说，这才是最有趣的讲述。我们列出了事例，请青少年进行分析和概括。从事实到概括的过渡（如果青少年在其中感觉到思想的脉搏在跳动）是思维最活跃的、最充满情感的时期。

　　备课时，我们都在考虑如何将少年引导到思维的这一独特高度，如何帮助他成为一个善于思考和发现真理的人。数学课上，老师要求写下有关计算三角形面积的数据。不懂的东西仍有许多，但理论概括的轮廓已经勾画出来。老师并不着急，让学生独立去发现，老师给了学生独立分析新的事实的机会，学生就明白了用什么方法能计算出三角形的面积。当具体的事实与概括之间建立起思维联系时，学生就体验到了发现的乐趣，这样就提高了少年的自我认识。他的思想立即从概括转向具体的事实：他很想将知识运用到实践中去（解决问题）。考虑到少年思维的这些特征，我们尽量在教材的内容中寻找有助于思维和概括的养分。历史课上，在谈到具体的国家时，我逐渐将青少年引向关于国家的一般概念，少年一经努力理解了这些概念后，似乎就想脱离具体的事件而进行判断。当对国家的出现和发展有了相当多的知识储备后，少年抱着极大的兴趣研究了在强迫劳动统治下国家的衰弱和迅速崩溃的原因。少年要求在思想上掌握大量的事实——满足他的这一需求是多么重要啊！如果没有体验过作为思想者的自豪感，智力劳动就变成了沉重而单调的劳动。而如果经历了这种感受，少年就会带着新的能量投入到对新的事实的探索中去。

　　为了满足抽象化思维的需要，我们非常重视推理练习。少年们对课程很感兴趣，掌握知识的过程让每个人着迷，并且激发了他们探索真理的细腻的智力情感。在自然课、历史课、物理课和数学课上的关于灵敏性的练习引起了大家特别浓厚的兴趣。斯捷潘诺娃老师在讲述了几种有代表性的植物和动物的新种类后，她让学生思考，是什么把它们连接为一个统一的整体？刚才学习的种类和从前学习过的种类有什么异同？在分析了这类课程上的智力劳动后，我们确信，少年的大脑中完成的思维过程本身，要求把事物、事实和现象的简单描述与对其本质的研究有机地结合起来。我们逐渐确信：需要记忆和储存在记忆中的的东西越多，就越需要进行概括性的研究，越需要摆脱具体事物进行思维和推理。概括性研究似乎可以缓解疲劳，我们不止一次注意到：在从事智力劳动的紧张的一天中，如果知觉被简化成单调而机械式的"堆积负荷"，那么就会出现少年已经很难接受教材的情况。

　　有时会发生这种情况：老师讲得清楚、明白，而青少年却什么也没掌握，你提问，他就好像没有上课一样。在这种情况下让少年集中注意力，激发他

第五章　少年的智力教育和智力素养

的兴趣是很难的。我们还遇到过这样一种现象：课程越容易（例如，根据思维过程的复杂程度，植物学要比数学容易），学生对这种机械式的"堆积负荷"就越冷淡。考虑到成千上万的老师在工作中遇到的困难，我们开始思考造成这种悲哀的现象的原因：许多在儿童时期学习好的学生，在少年时期（按照老师的评语），变得迟钝、无能和冷漠，而学习对于他们来说成了痛苦和劳役。造成这种不幸的原因是：这个时期正是头脑需要思考和研究的时期，少年却不去思考，所有老师的智慧都用在了使他们的教学尽可能地易于理解，从而使少年更容易掌握他们所讲的内容上面。结果却相反：按照老师的意图应该促使智力劳动变得轻松的东西，实际上却使智力劳动变得更困难，好像在给他的头脑催眠，钝化他的求知欲。我们思考着：掌握知识的关键在于什么呢？显然在于：少年在一定程度上把事物和事实、现象和事件理解成是自己的东西。如果少年认为知识是他的精神努力的结果，那么他会接受并同时运用这些知识。

我向老师们讲述了彼特里克是如何理解"副动词短语"这一概念的。无论我如何讲解副动词和谓语动词之间的关系，他都无法理解。他按照例句造了一个句子："回家时我的头疼了起来。"为了使这个少年能发现真理，我采用了这个方法。我提议："想一想哪两个动作可以同时进行？其中一个是主要动作，另一个是补充动作。"彼得里克终于明白了词语之间意义联系的微妙之处。我们得出的结论是：对待那些思维慢的少年必须特别耐心。不可责备他脑子迟钝，不可让他的记忆负担过重——因为这无济于事。不去研究和思考，记忆力就会衰退，什么都记不住。记忆力的减弱恰好发生在少年时期，出现这种现象的原因是当个人在需要尽量多地推理时却不去思考。必须引导理解能力弱的、反应慢的学生去发现真相，直到他开窍。这种开窍不仅是为了理解具体的教材，也是智力发育的一个特殊阶段。发现弄懂问题所带来的快乐和通过自己的努力而得到真理的惊奇，能使人增强自信心，给人自信心、自豪感和自尊感。

　　数学课为全面进行智力教育提供了特别广泛的可能性。在对数学的独立思考过程中，教师进行了细致而艰苦的教育工作，这个工作可以称为少年的自我肯定的指南。

　　五年级开学之前，我给老师们讲了我在数学课上以及课外教学中，在智力教育方面取得的成果。孩子们学会了以一般方式解决问题——无需进行数字运算。他们了解了习题，知道了如何整体看待它，看到了数字之间的相互联系和依存。在专门进行习题条件推理的课程上，孩子们大声表达了思路：例如，第一个数和第二个数相加的和要乘以2，用乘积减去第3个数，就得到了得数。

　　在孩子们学会用一般方法解题之前，不必去考虑数学教学是否成功。我渐渐地开始引入数字的字母代号，习题的推理就变得更加有趣了。数字公式转换成为字母公式。在四年级的学年中，一个理解力较弱、反应较慢的女孩——瓦莉娅，她的脑袋开窍了。我开始注意到：在独立思考习题的过程中，女孩的眼中闪烁着求知欲。她完全独立地弄清楚了数量之间的关系，并用一般方法解出了习题，这成为了自我肯定过程中最重要的环节之一。这对于女孩真不容易啊。高涨的脑力积极性取代了长期的消极性（一些内部原因阻碍了思考）。我相信在不久的将来，女孩的智力发育进程将会加快，这种信心是有道理的。

　　数学老师继续着从低年级就开始的教育工作：独立解题是脑力劳动的主要形式。老师为每个学生挑选了习题，不催促他们，也不追求解题数量，这样每个人都能全神贯注地深入思考自己的习题。一个学生在一节课中解了三道题，另一个学生勉强解了一道题，第三个学生连一道题都没有做完。瓦莉娅常常是后者，但她偶尔也能解出题来。六年级的时候，即在瓦莉娅12至13岁时，暂时的成功被不断的成功所代替：习题集里没有她解不出的题。通过

第五章　少年的智力教育和智力素养

研究女孩的解题过程，我们深信她的思维具有深刻的个人特征。瓦莉娅似乎分阶段地理解了相互依存的本质：起初，她从思维上掌握了总体轮廓，将注意力集中在这些轮廓上，然后着眼于细节。逐渐地，我们开始给瓦莉娅布置更难的习题，她也成功地解出了这些题。六年级学年末的时候，这个女孩成了班上最厉害的数学家之一。老师小心翼翼地呵护她在脑力劳动方面的迟钝。令我们高兴的是，在数学上的成功增强了女孩的信心，确立了思维的独立性。在她看来，学习包括语法在内的其他学科，似乎并不像以前那么困难了。

在指导脑力劳动时，我们考虑了少年思维的另一个特征：学生越清楚、越理解具体事物与概括之间的相关性，他们的主观体验就越深刻：我在探索真理，发现真理，它成为了我的精神收获。这就是这样我们安排课程的原因，为了使少年在具体的视觉对象中看到理论规律、依从性、关系、规则和法则。几何、机械模型、动物、植物、器官模型——所有这些都不仅仅是为了在课堂上证明已知的真理，具体事物成为了推理、研究的对象，这对于像彼特里克、妮娜、斯拉瓦这样脑筋迟钝的学生尤其重要。

我们试图将数学思维的特征推行到所有课程中。少年时期形成强烈的抽象概念不仅是智力发育，而且是解剖生理发育的非常重要的先决条件，大脑的思考能力因此得到了增强。少年的大脑并没有因抽象概念的形成而发育，他的智力发育似乎停止了：不明白概括的现实基础是什么，他笨嘴拙舌，缺乏想象力，手部难以进行复杂、细致的劳动。我意识到，如果一个人在童年时期就能够胜任脑力劳动并在其中找到快乐，那么在少年时期，学习对于他似乎就是一种痛苦的折磨。这是一个令人沮丧的结果，因为他的大脑没有以抽象的思维方式发育。

一个令人震惊的事实是，在少年时期，孩子的智力似乎逐渐变弱。当意识到忽视思维素养存在巨大危险时，我认为，应该将"数学思维"概念所概括的思维特征渗透到所有课程的脑力劳动中。不应在没有理解的情况下记住一个单一的概念、判断、推论和规律。在儿童时期，这是有害的，而在少年时期，这是一个巨大的危险，因为在此期间，剧烈的解剖生理过程已经完成，早期的思维物质再也不会像这一时期的抽象思维那样可塑，对抽象思维的影响再也不会那么敏感。

如果在少年时期，学生没有遇到明智的脑力劳动的导师，他将永远学不会真正的思考。鉴于这些结论，我们试图让"理解概念"在少年的脑力劳动的每个阶段都占有很大的比重。通过少年的一个眼神，我们就能观察到他的脑海里发生了什么。我们努力寻求概念，将其作为思维的第一基石，使其成为一种工具，一种主动认知和获取新知识的手段。

在我们的教育工作中，兴趣和注意力问题占有重要地位。经过长期观察，我们得出的结论是：如果少年的"情感区域"长时间处于兴奋状态，那么他的兴趣就会淡化，就会开始疲劳和麻木。老师的话似乎不能进入他的意识中，少年听到了声音的外壳，但是他无法理解老师的话语之间的相互关系，当新教材填满了教学，而老师试图用事实、现象、事件的新颖性来使激发少年时，这一点就会被注意到。一切鲜明的、不同寻常的事情，似乎都是激发兴趣的诱人的方法，而对于无能为力的老师来说，这种方法会适得其反。

在刺激大脑的"情感区域"时，需要非常谨慎。我们主要通过一定比例的具体和抽象事物来唤醒"情感区域"。令人惊讶的原因是，在平凡得不能再平凡的事物中潜藏着重要的世界观真理的源头。对于少年来说，并不是什么专门的或辅助的东西变得有趣了，而是在于教材的本质。在引起少年的兴趣之后，我们就不再需要不断地唤醒"情感区域"，这是教学素养的一个非常重要的特征：能够将少年与思维的脉络联系起来，引导他们迈向认知的阶梯。兴趣被激发起来——这是目标已经实现的标志。

我们认为这样的课堂情景是一种"响亮的沉默"：少年们聆听着每一句话，您可以逐渐降低声音，但不是用讲课的特殊语气，这很快就会使学生感

第五章　少年的智力教育和智力素养

到疲劳，而是用正常的人与人交谈的语气对他们讲话。经验表明，对引人入胜的、生动、形象的事物的过度关注会导致少年过度兴奋（喧哗、运动），老师不得不提高嗓门以阻止吵闹声，而这会让少年更加兴奋。用紧张的、提高的嗓门说出的话会使大脑皮层进入某种麻木的状态：少年们什么也听不到，老师不仅要大声喊叫，而且还要时不时敲桌子。在一堂课中经受的"锻炼"可以消除几堂课的讲课语气。如果这样的课堂一场接着一场，少年就会异常兴奋，以至于他可能会对老师无礼，他会沮丧、暴躁、头疼地回到家中。这种情况下何谈正常的脑力劳动。

原始的激发兴趣的方法，以及在这一细致问题上缺乏教育素养，是少年成为"难对付的人"的重要原因之一。激发兴趣的素养越来越引起我们的注意。我们举行了关于课堂心理学的座谈会，讨论了每个学生的教育心理特征，报告了观察结果，试图弄明白最重要的问题：当少年在思考时，他的脑袋里发生着什么？我们对已知和未知事物之间的关系问题颇感兴趣。实践表明，当教材中包含着一定份额的已知内容和新内容时，基于思维本质的持久兴趣就会唤醒。如果所讲的课中都是新材料的内容，那么少年将无法将其与自己的思维联系起来：老师一直努力珍惜的思维脉络就会断掉，学生就会感到困难和无助。揭示未知事物与新事物之间的内在深层联系是唤醒兴趣的秘诀之一。我们希望学生从老师那里接收思维的砖块，少年将其砌在新大楼的同时，他知道了把砖砌在哪里，他看到了整幢大楼，用他的思考了解了它，他不时离远大楼一些，以把这座他正和老师一起建造的建筑当做一个统一的整体来看。

在掌握知识方面要体验到一种个人参与感，这是唤醒少年对知识的独特兴趣的非常重要的条件。当一个人在既认识世界，又认识自己时，就会形成这种兴趣。没有自我肯定，就不会对知识产生真正的兴趣。我们不提倡去"体验"早已熟知的东西，以免引起少年冷漠和忽视的态度。毕竟，他们希望感觉自己像个思想家，而不是一台复制知识的机器。如果您确信所有学生都很好地知道了某个问题，那么您既不需要向他们提问，也不必用其他方式重复这个问题。顺便说一句，检查家庭作业往往很无趣，正是因为它在机械重复着已经重复过很多次的东西。

在这里，我们谈到了知识应用的问题。对于少年的智力教育来说，这个问题非常重要。少年已经学到的东西应该成为一种建立新的联系的内部刺激因素和动力，所有这些都需要不断地应用知识。有人认为应用知识意味着时不时执行一些实际性的任务（测量、计算等）。知识的应用应该是智力劳动的方式，是讲授新教材的本质。我们力求在进行教学时，以一种研究问题的方法对待事实和现象：少年边思考，边在自己的意识深处发现理解新知识的工具。在给少年们讲述历史事件、解释语言规律的本质时，我有时几乎把一切解释得清楚详尽，而有时则留下了一些未经证实的问题，而这些正是少年可以借助上述所学到的知识加以解释的问题。此刻，事实证明，无论是在那些能够快速理解和领会的少年身上，还是在那些脑筋迟钝的少年身上，这种方法都会使他们的思维积极活跃起来：在他们的眼睛里闪烁着快乐的火花，每个人都想回答在老师的讲述中还没有涉及的问题。

在我面前仿佛展示了一幅清晰的画面，描绘着少年的脑袋里正在发生的事情：他不仅从我手中拿走了知识的砖块，不仅思考着将它们放在哪里，还仔细地审视了这是些什么样的砖块，是不是建造坚固的大厦所需要的材料。我们尽量这样来组织少年的智力活动，使理解和掌握知识的过程与知识的应用紧密融合在一起，并且使这些知识成为掌握其他知识的工具——兴趣、注意力和知识的巩固程度最终取决于这种做法。我们在课堂上安排时间让学生对事实、相互关系、现象和事件进行深入的独立思考，这就是在实践中被称为"巩固"的活动。这种巩固不应简单归结为老师讲完课之后立刻就叫学生起来回答问题。在此情况下，往往只有能力最强的人会回答问题，而能力中等和脑筋迟钝的人则需要对事实进行进一步的研究和思考。而能力强的人也有这方面的需求，因为如果长期以来一切对他们来说都很容易，他们的智力就会减退。进行此类工作时，我们并没有把记忆作为首要目标。如果一个人将智力集中在深刻理解方面，那么就会发生无意识记忆。而如果将所有智力长时间集中在死记硬背上，那么智力将会减退。

我们不允许死记硬背，而是帮助少年掌握最合理的记忆方法，教会他们对听到的或读到的东西进行逻辑分析。许多次在上课之前，我们为少年设定了目标——理解教材的逻辑组成部分，不必记住全部，而是记住最重要的东西。学生对这项工作非常感兴趣，因为它符合他们成为思想家的愿望。少年逐渐过渡到完成最难的任务：边听边记录下教材中最重要的逻辑部分及其顺序。

手与智力

恩格斯这样赞颂人的双手的完美：它凭借其神奇的力量，将拉斐尔的画作、托尔瓦德森的雕像以及帕格尼尼的音乐表达得栩栩如生。灵巧的双手是意识的伟大培养者、智慧的创造者。遗憾的是，对于双手在培养智力方面的作用，特别是在童年和少年时期早期活跃的解剖生理过程期间的作用，还研究的很少。令人惊讶的是，直到最近还解释说是为了克服学校过于偏重智力教育，才让学生参与劳动。双手的不活动似乎会导致智力过多发育，这太荒谬了！在现实中这种情况是不存在，也不可能存在的。闲着不干活，或只是不动脑子地一味从事体力劳动，这些都同样不利于少年的智力发育。

十年来，我观察了140名学生（8~16岁）的智力发育情况。发现情况是这样的：每年都有几个月，他们要完成不需要任何技巧的单调而令人厌倦的体力劳动，他们的双手更像是一种表现体力的器官，而不是进行创造的工具。在生理发育的关键时期，少年不得不进行长时间烦琐、单调的体力劳动。在他们就学的学校中，智力劳动非常有限且单一，没有培养起学生在智力上的兴趣和需求。最令人担忧的是，这些学生的双手在童年和少年时期没有进行过任何复杂、细致及需要细心和耐心的智力工作，这给许多学生的智力性格打下了烙印：16~18岁的少男少女们在不得不操作基础机械时，表现得无能而胆怯。这所学校的学生没有一个能通过高等教育机构的招生考试，这是一般智力教育贫乏导致的可悲结果，在此背景下突显了劳动素养水平的低下。大脑中特殊的、最活跃的、最具创造力的部位需要通过抽象思维过程与手部细致而灵巧的工作相结合才能被激活。

　　要求精确而有手部针对性动作的工作从一年级就开始了。在手工课上，孩子们分成小组学习剪纸或用刻刀在木头上刻绘精细的图案。这项工作主要是培养美感和协调感——对称和比例。双手似乎可以培养大脑的条理性：它可以培养自我控制力，以及思维对准确性、细致性和美的敏感性。学会使用刻刀的人字都写得很漂亮，对微小的错误也很敏感，容不得马马虎虎写作业。这种敏感性也转到了思想上，双手能够训练思维的准确性、精细性以及逻辑性。少年干活时，我们尽量让他们使用精细的工具，这些工具需要双手和手指的复杂活动。用手工工具对塑料、木材和软金属进行精细加工，对培养少年的智力起着重要作用。学生在单独工作中习惯了自己的工具，能感觉到它。劳动课老师阿·沃罗什洛在教学生使用手工工具时，完成了智力教育的重要使命。我们焦急地等待着：那些脑筋迟钝的学生的双手何时能灵巧起来？到了六年级，彼特里克干的活不再马虎粗糙，而是变得美观整洁。我们很高兴：这是激活他的思维过程中的一大步。后来彼特里克再也没考过三分（有时是四分），而如果我们没有在这些点点滴滴的教育工作上下功夫，他就不会取得这样的成绩。

少年们逐渐开始转入设计工作。校办车间里有一套木制和塑料的零件，用于装配各种模型，还有用于拆装实物模型和机械的零件。少年们分析了各类零件的关系，在头脑中创建了线路图或模型，进行了组装和安装。在这项工作中，脑力和手的工作很明显地结合在一起。在这里，信息通过两条渠道不间断的对流传递——从双手到大脑和从大脑到双手。在双手活动的这些时刻，恰巧大脑的创造性部分正在被激活。在这项工作中，占第一位的是理解相互关系和相互作用。思维从整体过渡到局部，从抽象过渡到具体，手积极参与到了这个过渡中。我们深信，这项工作所需要的观察力和计算能力与数学能力的发展直接相关。瓦莉娅比任何一个男孩都更快地学会了分辨实物模型零件之间的复杂比例和相互联系，这一点也加速了她的思维觉醒。在过去的几年中，我观察了在职青年学习班的学生是如何学习的。虽然没有时间做家庭作业，很少去上课，但是许多学生比全日制学生更深入地掌握了数学、物理和化学方面的知识。为什么会这样呢？手部灵巧的工作是激发智力的强大动力。在夜校班上，数学学得好的人都是受过教育的、有才华的机务操作员，人们称其为自学成才者。正是细心和耐心的有创造性的智力工作使他们成为自学成才者。受实际生活经验启发，我们努力不仅在劳动课上，而且也通过其他活动方式让双手来激发智慧。

知识的源泉

我们把一间屋子称作"知识的源泉"。在这里揭示了许多事物和现象的本质，双手的智力劳动、主动性和创造性占主导地位。这间屋子是少年的，我们设法让全体少年，特别是那些学习困难的少年通过了"知识的源泉"。

<small>如何养育内心**富足**的孩子</small>

  我们每个人都是这间小屋的领导，为双手和思维的结合想出一些新的办法。这里陈列的模型反映了五年级学生在学习物理很久之前就已经考虑过的现象。有一台谷物清洁机的实物模型，上面的一些部件被拆除了放在旁边，机器就不能工作了。为什么不能工作了呢？每一个部件都起着什么作用？如果用一个结构不同的部件替换另一个部件，就可以清洁另一种谷物。为什么会这样呢？这是给养殖场供水用的装置的模型，为了使它运转起来，需要了解各个组件的相互作用，并且需要进行思考。物理老师摆出了几种具有特殊奥秘的机械模型：某些部件做错了，结果导致这些模型无法正确运行或完全无法运行。模型上贴了一张字条："为什么这个模型运转得不对？"这张字条促使孩子们去探索和研究。在这里揭示了抽象思维的源泉：实际上，所有引起关注的事物都需要学生对其相互作用进行分析。在化学方面，我们要求少年仔细研究某些物质的特性，思考为什么它们在不同条件下会发生变化。

  所有这些也是对相互作用的研究。我们不担心少年还没有在课堂上学到在这里呈现出的许多事物和现象，我们就是力图激发他们的求知欲，让求知的智慧本身去解决困扰它的问题。我们要求在课堂内外进行必要智力劳动。这间屋子里还有书籍、手册、参考书，少年们从中可以了解到他们对什么感兴趣。系统化占据着重要位置，它是思想之母。生物老师、化学老师、历史老师和文学老师都筛选了本学科的作业，在考虑事物的属性时，少年将其归为某一类，某一群，某一阶级，某一历史时期和某一风格。在文件夹中夹着数十种无序堆叠的植物干叶。布置的作业是：将它们归纳分类并进行记录。我们很高兴地看到少年专心研究每片叶子。这时，书就是第一助手。少年们收集了土壤、肥料以及不同品种的木材样本进行归纳和分类。对于历史课，教师提供了图片，图片上画着劳动工具、日常用品、武器、生活用品和服装，需要判断这些物品属于哪些时期。对于文学课，则是提供一些文学作品的片段，但不告诉作者的名字，通过片段的风格判断是哪位作者的作品。而后布置的作业就更复杂了。例如，根据示意图设计实物模型。我们的目的并非是使"知识的源泉"中布置的作业作为学生正在学习的内容的例证。我们的目的完全是另一个，即希望少年思考尚未学习过的东西。接下来我简单介绍一下这些目的。

智力教育的两个大纲

少年的智力生活，他们兴趣的广度和多样性，他们在积极的活动中对自我肯定的渴望——所有这些都会导致这样一个事实：如果学校里除了上课之外没有其他任何活动，是满足不了他们的需求的。如果少年的智力需求被课堂教学所限制，那么无论课程多么有趣，老师为改进教学多么努力，学生仍会对课堂教学无动于衷。而对于似乎不是在课堂上获得的知识，少年会十分重视——通过自己的努力而获得的知识对一个人来说尤其珍贵。多年的经验使我深信：在与课堂教学无关（当然，这种无关是相对的。渴望知识的火花就是在上课时产生的，而能否点燃少年心中渴望知识的火花取决于老师的素养。）的情况下，少年的课外阅读和知道的课外知识越多，他通常就会越尊重知识、尊重智力劳动、尊重课堂和他自己。鉴于这个规律，我们看到了课堂的两个教育目标：传授一定的知识，激发对知识的渴望，即少年渴望走出课堂框架去阅读、探索和思考。好的课堂应该首先应当是为了使少年的智力生活不仅只有课堂教学，如果做到了这一点，课堂就成了少年智力生活的发源地，老师就成了这个发源地的创造者和守护者，而书籍则成了无价的文化宝库。这些都是少年智力教育中教学智慧的基础。

如果您希望少年的精神生活充实而又全面，不希望他们白白浪费时间，以及在不道德的事情上寻找刺激，就请将这些无形的线从课堂上延伸到课外的兴趣、要求和爱好中去。备课时，我们每个老师都在思考着在哪个点上点燃少年渴望知识的火花，如何将其传递到年轻的心中。这项教育任务是否能完成，取决于是否能使少年感觉到自己是研究者，是真理的发现者。这种感觉越强烈，少年就越想知道得更多。另一方面，企图通过课外工作来改善课堂教育和激发少年对课堂教学的兴趣是徒劳的。每位老师在传授大纲规定范围内的知识的同时，也在揭示第二大纲——非必修知识的大纲。非必修知识是指超出教学大纲范围的所有知识，这些知识是由科学的发展、学生的眼界、物质能力、少年周围的环境以及他的个人爱好、兴趣和天赋确定的。后者尤其重要：对于同一学科，第二大纲的界限（教学的智力背景）对于一个学生而言较宽，而对于另一个学生而言则较窄。这些界限的扩展取决于学生，而第一推动力则是老师的素养、知识视野和博学程度。我们教师坚信，少年的智力培养取决于必修大纲和选修大纲的统一。这种统一的性质取决于每个学生的个性特点。

　　通过观察脑筋迟钝的学生的智力劳动，我们深信，为了将必修教材理解并存储在记忆中，他们需要阅读一定数量的大纲之外的科普文学作品，但不是要记住，而是要确保他们所读的东西通过意识在思维中留下质的痕迹，调动大脑理解并保存必修知识。有一年我有机会教物理，在给理解教材内容有困难的学生讲"液体和气体的压力"部分的知识时，我让他们阅读了有趣的科普小册子。阅读仿佛成了激发智力的推动力，学生能够更快地理解因果关系，无意识记忆的作用有所增强。我深信抽象思维能力并不仅取决于存储在大脑中的知识"负荷"，还取决于思考和理解的内容。一般而言，记忆力的发展取决于对理解有趣的、希望知道但不必记忆的东西所付出的智力劳动的强度。掌握第二大纲是少年在智力上的自我肯定、集体的精神生活的多面性以及不断交换精神财富的本质。掌握第二大纲最重要的方法是独立阅读。

第五章　少年的智力教育和智力素养

思想室

艺术作品的强大教育力量在于审美观、道德和政治观念的艺术性融合。我知道一个人一生可以阅读的书籍的数量不超过 2000 本，而这些书中有很大一部分是在学生时代（至少一半）读的，所以我对必须在少年时期读完的书进行了严格的挑选。为此我创建了"少年时期的金色图书室"。这里全都是专门针对少年的有趣的书籍，现在已经有 360 本书，书名就不一一列出了，重要的是配备图书室的原则和这些书在少年精神生活中的地位。我们给"少年时期的金色图书室"选择了世界文学的杰出作品。如果每个学生的心灵中没有留下经典著作的深刻痕迹，少年时期精神生活的充实是无法想象的。"少年时期的金色图书室"中的所有书籍均各有数本（10~15 本），而塞万提斯、莎士比亚、歌德、席勒、马克·吐温、杰克·伦敦、雨果、普希金、果戈理、托尔斯泰、屠格涅夫、契诃夫、科罗连科、陀思妥耶夫斯基、高尔基、舍甫琴科、莱西亚·乌兰卡、佛朗哥的作品都各有数十本。

我们已经意识到，书籍作为最重要的智力和美学需求进入了青少年的精神生活。我们认为反复阅读书籍对于少年来说就像一个有音乐素养的人必须反复听音乐一样。"少年时期的金色图书室"已成为配备家庭图书馆的样板。少年时期是树立理想的时期，至关重要的是，应使一些人的形象走进每个少年的头脑和心灵中，这些人的生活应成为人们的榜样。因此，在"少年时期的金色图书室"中，有一些关于无产阶级领导人马克思、恩格斯和列宁及其战友和追随者，科学和文化的杰出活动家，关于革命、内战和伟大的卫国战争的英雄们的生平和奋斗的书。学生需要记忆和背诵的东西越多，他需要阅读的但不是必须记住的内容就越多，只要了解并体会学习的乐趣就可以了。在以背诵为目的最紧张的工作期间，我们丰富了"少年时期的金色图书室"的书籍，在这些书籍中，一些重大的科学问题中包含着鲜明的形象和激情，阅读使年轻的心灵充满崇高的精神。

人民的过去和现在、具有重要世界观意义的宇宙的真相、人类为美好未来而奋斗的规律——所有这些都在"少年时期的金色图书室"得到了反映。在这个图书室中陈列的都是主题鲜明的作品，这些作品揭示了道德观——对人民的忠诚，愿意为人民的幸福而献出生命，对信念的忠诚以及面对考验时的坚定意志。在我们看来，"少年时期的金色图书室"似乎是个人生活的发源地，其中进行着形成年轻灵魂的最细微的过程：一个人接触到了人类饱经苦难所创造、获得和征服的最珍贵、最神圣的事物，而他本人则成为一种积极的教育力量，因为道德价值成了他的个人财富。我们为"少年时期的金色图书室"挑选了有关自然、生命、日常和人民文化现象的书籍；在单独的架子上摆放用于集体朗读的书。真正的阅读可以吸引人的思想和内心，启发对世界和自我的思考，促使少年认识自己并思考自己的未来。如果没有这样的阅读，人就会受到精神空虚的威胁，没有什么可以代替书籍。为什么少年在做完功课或下班回家后，常常想跑出家门？为什么少年不愿意与人类最好的朋友——一本充满智慧的书一起度过几个小时？为什么少年不能像自然地产生与他人相处的欲望那样产生一个人独处的欲望？为什么少年很少会读书读得入迷，因没有足够时间阅读更多充满智慧的书籍而感到遗憾？必须教会少年阅读，通过阅读来认识自己，教会他用书籍来教育自己，在书的世界中生活。

"少年时期的金色图书室"位于"思想室"，我们称其为"思想室"以强调书籍的伟大精神力量。在集体阅读了我写的关于穆茨亚·斯采沃尔的故事之后设立了"思想室"，我的故事讲的是在拿破仑入侵期间，一名俄国士兵被法国俘虏了。当他们在他的左臂上烙下字母"N"时，他的心中充满了蔑视和

第五章　少年的智力教育和智力素养

仇恨，他抓起斧头砍下了这只被玷污的手臂。这个故事使少年感到深深的震撼。我建议每位教育者：如果您想在少年的心中激发起崇高的爱国主义情感，就给他们读这样的书，书的字里行间表达着这些伟大的思想：人最宝贵的是祖国。你首先是公民，是祖国的儿子，祖国的荣誉就是你的个人荣誉。第二天，我向少年们讲了关于内战英雄谢尔盖·拉佐的书的内容，他被白卫军烧死在机车炉膛中。我给他们看了我写了几十年的读书日记。我力图在少年的想象中建立文明人的最高幸福的景象，那就是与书籍进行交流的幸福，智力和审美乐趣的幸福。

　　少年喜欢听表情朗读，对作品的理解取决于您有多少听众以及阅读的时间。听众人数不应超过一个班，并且他们应具有共同的精神爱好。舒适、明亮的屋子在白雪覆盖的花园中，在傍晚时分，在枝繁叶茂、郁郁葱葱的花草树木中，在晚霞中——这一切都增强了审美敏感性，加深了词语的美感。最初，"思想室"只吸引了几个少年，他们挑选了书来阅读，"思想室"里的阅读很安静。我很高兴，少年在阅读时，他的眼中闪烁着内心的光芒，这反映了思想和情感的火花……费德科正读着一本关于宇宙的书，我成功地激发了了他对这本书的兴趣，这多好啊！在对费德科的引导过程中遇到过很多麻烦。起初怎么都激发不起他的好奇心和求知欲。取得一点小成绩，他就觉得已经到达了顶峰——也不知他是从哪来的自信。书籍不仅向他展示了世界，而且揭示了一个真相：他甚至连这本伟大的认识世界的书的第一行都读不懂。如果一本充满智慧的书能成为少年的朋友，那么他阅读的内容越多，他的这个信念就会越深：要想知道得多，就要多学习。我多么希望所有的少年都知道通往书架的路，那里有关于杰出人物生活的书籍！然后，我在书架上放了数十本关于人们的勇气和精神毅力的书，这些人认为宁可死，也不能放弃真理、真相和自己的信念。他们是坎帕内拉和亚历山大·乌里扬诺夫、朱利叶斯·富西克和谢尔盖·拉佐、缪斯·贾利勒和卡尔贝舍夫将军、亚努谢·科恰克和尼科斯·贝洛扬尼斯。有关这类人物的书籍是少年进行自我教育的百科全书。只要对崇高理想的忠诚（它是几代人的指路明星），还没有在少年面前点燃明亮的火焰，少年就不会真正地认识自己。没有理想，就没有人格的精神基础。我们力争使这一理想成为人的精神财富，成为自己的思想，以使他在对自己、对人生的思考中成长。

这些知识，尤其是历史知识渗透着道德和政治理想，正是这些知识在个人的精神世界中反映出来的同时，为信念奠定了基础。但只有当人将渗透着道德政治理想的理论材料与自己联系起来时，历史知识才可能成为信念的基础。在思考亚历山大·乌里扬诺夫的勇气时，少年应该想一想自己。有一个微妙的心理学规律：那些不必记住的东西，不必对其进行专门的"剖析"的东西，正与自身发生联系，并以极大的力量反映在个人的精神生活中。这个规律正是少年时期的特点，少年的思想正在把周围的世界与他自己划分开。这就是历史和其他人文学科的必修知识特别要求具有广泛的智力背景的原因。

我力图让每个少年都有一本他喜欢阅读并反复阅读的书。他对这本书进行思考，并不是因为需要记住所读的内容，然后复述给老师听，而是因为他关心自己的命运。我坚信，少年的自我教育始于读书，这种自我教育就是他要用最崇高的标准来衡量自己，这个标准就是忠于崇高思想的勇敢者的生活。如果在少年的精神生活中只有课堂教学，坐在那里听课读书的目的只是为了记住讲课的内容，那么自我衡量和自我认识是不可能的。记忆的心理取向会把道德政治思想推到次要位置，就像解剖人体的医生忘记了人的伟大一样，尽管他的劳动最终证实了这种伟大。以背诵为目的，对理论材料进行逻辑分析，在一定程度上脱离道德政治思想的少年也是如此。在智力劳动中遇到某些困难的少年身上，丰富的思想材料在他的心中没有留下任何痕迹，因为他们所有的精力都集中到了"解剖"上。

在课堂上、在田野和树林中、在旅行中，我向少年讲述了杰出人物的生活。我很高兴"思想室"逐渐成为丰富的思想生活的发源地。我看到男孩女孩们是如何反复阅读同一本书的,他们都在动手做笔记。我们的哲学家和思想家尤尔科(他质疑一切,好奇地审视一切)已经把亚历山大·乌里扬诺夫在审判中的讲话读了五遍。瓦莉娅记下了谢尔盖·拉佐关于信仰的炽烈言论。米什科多次阅读了佐亚·科斯莫德姆扬关于勇气和精神意志的描述。我看到少年的想法不再只是针对一本书,他同时也在思考着自己。这些时刻对我来说非常宝贵。一个刚刚踏上人生道路的人,要通过一个英雄、一个勇敢的人的眼睛观察自己,用英雄气概来衡量自己,这是多么不容易啊!与自己交谈,对着自己的良心诉说,这就是一种真正的自我教育。只有在人类的道德财富中找到自己的榜样,渴望从中为自己的心灵获取最宝贵的东西的人,才能达到这种思想生活的高级阶段。渗透在社会科学、文学、艺术中的道德政治思想,就是对信念的忠诚,对劳动人民的理想的忠心,意志力,以及在困难面前的不屈不挠。在任何课堂上或课程周期中都无法"掌握"这个思想,因为体验和理解它需要长时间的思考。只有当一个人体会到人类最崇高的美——道德美的思想时,他才会思考自己。阅读,即与一本充满智慧的书进行交流,有助于发现这种美。我认为,只有每个少男少女都找到一本书,并且这本书在他们的生命中留下深刻的烙印时,才能实现教育目标。我正耐心地等待少年遇见这本书,如果您向少年揭示了真正的人类之美,就会发生这场相遇。

我给男孩和女孩们讲了关于索菲娅·佩罗夫斯卡娅的非常有趣的书的内容,并建议他们读完这本书。我走进了"思想室"。有意思,谁将是第一个打开这本书的人?当我看到这个人是季娜时,我非常高兴。这个女孩13岁了。最近她变得若有所思,心存戒备。这本书的前几页就把这个女孩吸引住了,一连几天她都手不释卷,甚至忘记了她积极参加的艺术语言小组的活动。不必提醒她这个事,不可破坏激发她灵魂的思想和情感的激流。不可以问:"你对这本书有什么看法,这本书激发了你的什么想法和感受?"让她自己去理解书的主题思想，去体会，去心潮澎湃吧。过了一周、两周，女孩重新读了这本书，并开始写日记。在这些日子里不可以建议女孩去读其他书籍，参加任何座谈会，因为她的身上正在发生着思想和情感的紧张的内部活动，她正在认识世界和她自己。

座谈和激烈的辩论都是有必要的，因为年轻人追求思想斗争，寻求真理。少先队组织举行关于勇气的辩论会，季娜请求发言。她分享了自己的看法：一个平凡而普通的人身故后能在地球上留下痕迹吗？这种思想就像闪电一样，用许多精神需求和兴趣照亮了每一个少年的意识。如何回答这个问题决定了一个人的道德面貌，以及他的思想的目的性和精神财富。季娜说道："这本关于索菲娅·佩罗夫斯卡娅的书使我信服，一个人不是世间的一颗尘埃，它会在生命的旋风中飞舞，然后消失得无影无踪。如果每个人都热爱祖国并想成为一名真正的爱国者，那么每个人都可以在身后留下深深的痕迹。"多年过去了，季娜又回到了学校。这位年轻的女士很幸福，她有一个很好的家庭。一位女士来咨询如何教育孩子，我们想起了"思想室"，季娜说："那本书（关于索菲娅·佩罗夫斯卡娅的书）永远留在了我的心中。我希望孩子们都能找到他们自己的书。而'思想室'是一个非常必要的火种，要让它永不熄灭。"

瓦洛佳找自己的书找了很久。他是个复杂的少年：他的智力能力一年比一年更加明显地展现出来，与此同时，不愉快的现象也在道德发展的过程中表现出来。父母的过度保护使他闭上了认识自己的眼睛，这个少年还没有考虑过他的未来。必须要让瓦洛佳遇到一本书，这本书能促使他用另一种眼光去审视自己的生活和劳动。终于，瓦洛佳遇到了自己的书。这是一本关于西伯利亚联合收割机手普罗科菲·涅克托夫的书，他的命运不同寻常。战争夺走了普罗科菲的双脚，但他具有强大的意志力，他逼自己用假肢走路，然后开始驾驶联合收割机。普罗科菲·涅克托夫被授予了社会主义劳动英雄的崇高称号。我收集了报纸和杂志上许多关于他的报道并汇编成册。

第五章　少年的智力教育和智力素养

那个时候，瓦洛佳付出了极大的努力去克服自己的懒惰，但他怎么都做不到以劳动开始自己的一天。我们与他的父母谈话，把希望寄托于少年本人身上：必须使他认识自己，并开始与坏习惯做斗争。终于有了这场相遇——不仅是与书籍，而且与人的相遇。我没有自我安慰，觉得瓦洛佳会立刻变成另一个人，这种情况是不可能发生的。但令我感到高兴的是，这个少年读到这本册子的第一感觉是钦佩。瓦洛佳告诉我："他的英勇行为与梅列舍耶夫的功绩一样伟大。"他体验到了想与他人分享情感的愿望。我回答道："每个人都有自己的心、自己的灵魂、自己建立功勋的道路。"他说道："每当我重读这本册子的时候，我总会想想自己。普罗科菲仿佛在责备我：'难道可以把必须今天做完的事推迟到明天吗？'真正的人的勇敢精神为我们敞开了自己的心扉，我们也想成为一个真正的人。"瓦洛佳说得很诚恳，他的眼睛里闪烁着火花。我告诉他，在编写关于普罗科菲·涅克托夫的册子的时候，我自己受到了怎样的教育。我立刻注意到了瓦洛佳是如何聚精会神听我讲话的，我期待着接下来会发生什么，瓦洛佳把这本关于涅克托夫的册子读了好几遍。这个男孩的眼神里所表达的精神空虚渐渐消失了。当然，在瓦洛佳的教育中起着决定性作用的不只是一本书。用一种方式进行教育，这就等于试图在一个琴键上弹奏贝多芬的《英雄交响曲》。只有和谐才能起到教育作用，但如果少年没有他自己珍爱的书籍，那么就不可能实现和谐。除了这本册子，随着时间的流逝，还有一本关于尼古拉·奥斯特洛夫斯基的书进入了瓦洛佳的精神生活。

毕业几年后，瓦洛佳告诉我："当我读那本书时，我感到很羞愧。起初是英雄的功绩吸引了我，后来我开始思考：我是怎样的人？老师要求我们两周写一篇作文，而我总是拖延，在交作文的前一天晚上才开始写。普罗科菲·涅克托夫仿佛站在我面前对我说：'弗拉基米尔，你是个懒汉。'我对自己很生气：我真的那么意志薄弱吗？在意识深处的某个地方响起了一个声音：'不是每个人都可以像英雄的联合收割机手那样。'我想听到这个声音，但我又感到羞愧。我是那么自惭形秽，以至于有时候当老师看着我的眼睛时，我觉他好像看透了我是一个懒惰而冷漠的生物，我低声嘟囔：'不是每个人都能成为英雄的'……我感觉好像所有人都把我看穿了。我想成为一个真正的人。老师布置了写作文，我回家当天就写了，第二天早起重写、补充、修改。我想让人们看到我变成了比从前更好的人。我列了一份艺术书籍的清单，并对自己说：一定要在三个月内读完这些书。这是在我读了尼古拉·奥斯特洛夫斯基的书之后……"

这是一个22岁的年轻人的话，他已经经历了生活这所学校的磨炼。这些话语使我们有理由认为这本书在自我教育中起着重要作用。在"思想室"的书架上陈列着一些关于世界各国和人民、关于我们国家和世界各国人民的过去的书籍，以及关于人民语言的书籍。我们在挑选有关杰出科学家和发明家的生活和创造的书籍方面做了大量的工作。我们为"思想室"选择书籍的出发点是：人的认知能力是巨大的。然后我们有了科学依据：大脑的半球皮层中有超过140亿个神经元。几年后，我们了解了科学家的新发现：仅在一个小脑中，就有超过1000亿个思维物质细胞。在童年时期、少年时期和青年早期，一个人可以掌握比他以后要多十倍的知识量。可达到的掌握一定量的知识的概念是相对的，一切都取决于智力劳动的素养，最重要的是取决于知识的两个要素的比率：一部分知识是必须背诵、记忆并储存在记忆中的，另一部分知识只要求对其进行思考。所掌握的知识的量还取决于智力劳动的情感色彩：如果与书本进行的精神交流对于一个人来说是一种快乐，那么很多并不是以记忆为目的的事实、事物、真理和规律都会进入到他的意识中。

通过与书籍的愉快交流而引起的精神兴奋状态是一个强大的杠杆，借助它可以托起大量的知识。在这种状态下，智力劳动的巨大源泉好像被打开了，在无意识和记忆中源源不断地涌动。精神的兴奋状态和灵感越强烈，进入意识的知识就越多。在学年中有那么一段时间，根据所学习的教材的性质，需要加强有意的注意力,我们的学生在"思想室"中用大量的时间阅读了自己喜爱的书籍。

我们尤其关注使书籍成为那些思维迟钝的学生的精神需要。通往知识的道路对于彼得里克而言很不容易。在六年级至七年级学习复杂的概括和规律时,他遇到了只有书本才能帮助他克服的困难。为此,我们特别选择了数学、物理和化学方面的书籍。这些书中包含着富有表现力的情感因素:抽象真理是在人的创造性活动的背景下揭示出来的,对知识的渴望激发了彼得里克。对于这个少年来说,书籍不是真理的仓库,而是体验的源泉。有时我们建议彼得里克放下教科书,去读一读这本册子。阅读给他注入了新的认知力。如果少年没有被一本科学书籍所吸引,或者在"思想室"中没有自己喜爱的书,那么我们就认为,我们没有找到通往他内心的小路。少年在"思想室"中读了几本书,并感受到学习的乐趣后,他在家里也会读书。

一个人在青少年时期读什么书,书籍对他来说成了什么——他的精神财富、对生活目标的认识和体验都取决于它,年轻人对自己的责任的看法、情感和态度的培养也取决于此。生活在书籍的世界中,这不仅仅是认真学习,努力完成功课。一个人在毕业时可以做得很好,甚至是"出色",而他根本不知道什么是智力生活,也感受不到与书本交流的愉悦。生活在书籍的世界中是为了参与到文化中最细腻的领域,体验一个懂得精神财富的真正价值的人的伟大。在少年的自学得到必要的重视之前,关于如何使教学具有教育性的所有争论和思考都是毫无意义的。不进行自学,不集中精力和意志力来进行教育的认知和自我认知,教学就不能成为教育性的教学。如果没有那种与书籍的不断的精神交流,现代人的生活是不可思议的,让人引以为豪的对推崇自我的追求,鼓舞着人与书本进行交流。我坚信,社会上越来越担忧的青少年的不健康现象——酗酒、流氓行为、虚掷时光的最主要原因,是因为中学毕业后智力生活的空虚、贫乏和有限,这些弊端都是上学时在智力兴趣空虚和贫乏的土壤里滋生的。现代人的生活每天都会影响到他生命中最细致、最敏感的领域，因此需要对这些领域进行持续且非常细致的培养，这些培养只能通过细腻的手段进行，例如充满智慧的书籍、音乐和艺术。如果对智力和情感的这种细腻的培养不能持续一生，那么与酗酒、流氓行为和违法行为做斗争的任何手段都将无济于事。

但是中学毕业后的教育主要是自我教育，而只有在一个人上学时就爱上了书本，不仅从书本中学会了认识周围的世界，而且学会了认知自己的情况下，才能实现这种自我教育。如果在上学时没有奠定这种自我教育的基础，如果一个人放学后就把书本放到了后脑勺，或者仅限于阅读侦探小说，那么他的内心世界就会变得野蛮，他在寻求强烈的享受，这种享受只能在失去了一切人性的地方找到。如果一个年轻工人每天不读两三个小时的书，我认为他的精神生活是不充实的。我建议少年教育者将更多的学习时间用在人类最美好的事情——读书上。让书籍像动听的旋律和优美的舞蹈一样使人着迷。如果一本书对于少年来说永远是一个新的、难以言传的奇迹，如果一个年轻人努力寻求孤独感来理解这个奇迹的奥秘，如果在年轻人当中有很多爱上书籍的"怪人"，有很多偏爱书本而不是其他东西的"怪人"，那么，那些棘手的问题就会消失。

自学

我们提出如下建议：

1. 配备个人藏书
2. 独自在家进行智力劳动。

第五章　　少年的智力教育和智力素养

没有对书籍的热情，人就无法获得现代世界的文化以及智力和情感上的完善。在共产主义制度下，对书籍的个人所有权才可能得到高度发展：人将把个人藏书看成是自己的组成部分。我的学生在童年时期就有了个人藏书。一本好书是送给孩子的最宝贵的生日礼物。在小学毕业的那一年，我的每个学生的个人藏书都有至少 150 本，有些孩子有 400~500 本书。我们为那些家里没书的、精神生活贫乏单调的孩子以及在学习中遇到严重困难的孩子进行个人藏书付出了很多。科利亚和彼得里克的父母根本没考虑过孩子个人藏书的事。在小学学习阶段，学校（少先队组织、家长委员会和校长）为男孩们赠送了许多书。我们把"使每个学生都生活在书籍的世界里"作为我们的目标。学校里有一个书迷社团，将儿童和成人聚集在一起，每周举行一次读书会，少年们成立了合作社来分配书籍。"思想室"已经成为激发人们培养对知识的热爱的地方。每年，每个班级都会举行读书节。我们认为这一切都是使少年生活在书籍的世界中的手段。我们绝不认为在少年时期就能确定最终的爱好和职业。这是不断发展的精神生活的灵活的领域。但是在少年时期，一个人必须深入人类知识的某一个领域中，这一点只有在多方面智力兴趣的基础上才能实现。

我们坚信，没有独立的阅读，就不可能有意识地选择生活道路。学生在少年时期阅读、思考和探索很多东西，让智力生活与创造性的、劳动性的兴趣紧密联系起来，他们对某事物的兴趣就不会变得短暂而随意。自学正是在课堂上所掌握的知识与在家里进行独立阅读的智力劳动的统一，它体现了形成爱好、能力和才华的漫长过程。如果家庭功课只归结为预习，那就谈不上多方面的智力兴趣、理性地选择生活道路，以及对书籍和知识的热爱。少年的大部分家庭作业是独立阅读自己选择的内容，一小部分家庭作业是阅读教科书。我们实现了使五到七年级学生在一个半小时内完成家庭作业，八到十年级学生在两个半小时内完成家庭作业。之所以能做到这些，是因为我们不把智力劳动简单归结为完成家庭作业。此外，阅读非必读材料和预习功课是精神生活的两个具有同等意义的组成部分。像小学时期一样，家庭作业主要是在早晨上学之前完成（所有孩子只在上午上课）。从心理素养的角度来看，如果从小就没有养成良好的习惯和自律性，那么这种合理的时间安排是不可行的。

在儿童时期所取得的所有成就都会在少年时期得到巩固。我们每位老师都鼓励青少年自觉地努力，并告诉他们："你们要强迫自己在早上做家庭作业，这样做能减轻你们的智力劳动，腾出时间来阅读、参加兴趣小组的活动和自学。在你们的精神生活中阅读和兴趣小组的活动越多，就越容易掌握必修知识。"下午（午餐和午休后），学生们也从事智力劳动，但这是一种独特的劳动：在"思想室"中读书，然后在家里进行语言方面的学习（写作文）。因此，下午每个人都把脑力用在了自己感兴趣的事情上。少年如何做到在早上完成家庭作业？毕竟早上他们还要进行体力劳动。为了在早上完成作业，就需要早睡早起。我们非常重视自学需求的形成和发展。经验表明，这种需求仅在兴趣和爱好的基础上产生。

苏联著名心理学家鲁宾斯坦说："外因只能通过内因影响个性。"我还要补充一点：在人的行为中，任何外部刺激都会深刻反映在个人身上，从兴趣小组的活动到书本，从书本到自己的科学知识领域，从知识到创造性的劳动——这是培养自学需求的途径。逐渐地，在不慌不忙中，我们循序渐进地使每个少年都找到了自己喜欢的学科。并非所有少年都能同时做到这一点，一个少年或许六年级时已经迸发智力灵感的火花，而另一个则要到八年级。每个少年都以自己的方式迷上了某个学科，但是，最终起到决定性作用的是书籍世界中的生活和创造性劳动的统一。从课堂到课外阅读科学书籍，从课堂到"思想室"，从激发兴趣的第一本书，到针对喜欢的学科的小型个人图书室，都是通往喜爱学科的途径。在激发学生对学科的兴趣时，每个老师都想到了创意竞赛。我们深信，对某个学科感兴趣的第一个特征体现在一个人学到的东西超出了大纲范围，并且他还力求知道得更多。我再说一遍，如果少年的精神生活仅限于教科书，如果在上了一堂课后，他就认为实现了目标，那么他就不可能有自己喜欢的学科。我们的老师必须表现出智慧，以满足男孩和女孩们的求知心。

在夏季出行期间，我们为"思想室"和学生的个人图书室找到了有趣的书。少年们迫不及待地期盼着返程回家。我们带回来的书籍成了激发少年们求知欲的火花。我们绝非希望智力的灵感能够最终决定每个学生的人生命运，但我们把喜爱的学科看成是智力生活的基础。

马克思说："如果不限制活动范围，那么在任何一个领域都无法实现重大目标。"[①]在少年时期合理限制智力兴趣的范围不但不会限制少年的发展，反而能够让少年和谐全面地发展。我们把这种限制看作自我认识、自我教育和自我肯定的重要动因。在青少年的智力发展中，科学学科兴趣小组发挥着重要作用。老师指导兴趣小组工作，就是在实施第二教学大纲。第二教学大纲前文已介绍过，如果没有它，学校的教学工作如何开展是难以想象的。从六年级到七年级，有时从五年级开始，少年参加了科学学科兴趣小组。我所有的学生都成了这些兴趣小组的成员。这是智力生活的发源地，于是学校里就出现了对书籍的崇拜和自我教育的气氛。每个少年都不应感到自己的智力发展极度贫乏，注定要落后于人。少年时期许多不幸的根源就在于此，如果一个人认为自己不合格，那他是不可能幸福的，而不幸福就会产生孤僻、戒备，将来发展到最可怕的结果就是对人不信任和冷酷无情。

一想到许多学校的课桌前坐着的是一些愁眉苦脸、心存戒备或者漠视一切的两分学生时，我就感到心痛。尊敬的老师们，这是我们教育素养水平低下的一面镜子。我们绝不能让任何一个没有受到完整的教育，而且对知识漠

[①] 马克思：《资本论》，1960年，第1版，第378页。

不关心的人从学校毕业。如果一所学校没有培养起学生对知识、教育、科学、书籍和文化的热爱，那就不是一所真正的学校。

精神财富的交流

自学不是机械地填充知识，不是孤立和脱离人群，而是一种生动的人际关系。在这种细腻的关系中，一个人向另一个人展示巨大的精神财富。而没有这种关系，学校的智力生活将会是不可想象的。这种关系的本质应该是知识和技能的交流，一个人将自己的知识传授给他人，他就认识了他人和自己。这时，智力情感与道德情感交织在一起，一个人体验到自己身上产生了对他人的责任感。当一个人对自己所知道的感到满意而对其他人漠不关心时，这种复杂的情感交织是防止智力上的利己主义的关键。

精神财富的交流开始于课堂。在准备朗读摘要，讲述所读过的书籍内容的过程中，少年体验到了向他人贡献自己精神力量的快乐。我们上了专门的课程，其目的主要是交流精神财富：阅读根据观察结果撰写的文章，总结实验和观察结果的报告，以及我们的"天才数学家"分享一些有趣的习题。集体把这一切评价为独立的智力劳动总结。

对同学们的责任感促使少年阅读和思考。瓦尼亚、丽达和萨什卡在五年级就已经学会了为使用显微镜而准备标本。他们高兴地将自己的技能传授给了同学们。瓦尼亚教同班同学和低年级同学如何把果树嫁接到野树上。科利亚、谢尔盖、拉丽萨、尤尔科、季娜和瓦莉娅绘制了课堂挂图。吸引了所有低年级学生的诗意创作活动在少年时期也在继续，我们举行了几次诗歌创作晨会，少年在晨会上朗读诗歌。

第五章　少年的智力教育和智力素养

　　加利娅上六年级时，我建议她去领导二年级和三年级的数学小组。这个女孩找来了有趣的习题，为兴趣小组的课程准备了图片。她对自己的要求变得严格。在她的个人藏书中出现了关于数学史方面的新书。她领导着课外小组，一直到毕业，这项工作在女孩的智力发展和她的公民观上烙下了印迹。帕夫洛、济娜、瓦莉娅、谢尔盖和费加也成了数学小组的领导者。我们担心领导数学小组对于科斯佳来说不容易，所以没有把这个任务交给他，他要求认命他为领导人。丽达和瓦尼亚成了生物老师的真正助手。

　　兴趣小组的成员们进行了物候观察——保护鸟类和树木。瓦尼亚的小组开辟了葡萄园，而拉丽萨、塔尼亚、妮娜、瓦洛佳、卡佳和柳芭分别领导着艺术语言小组、小故事员小组和小艺术家小组。精神财富的交流在人文学科兴趣小组中具有创作的性质。瓦莉娅上五年级时，已经领导了一个一年级的小故事员兴趣小组。在晴朗的冬日里，孩子们和瓦莉娅到树林里，到池塘边，到花园去，再到我们的洞穴（"梦之角"）去。瓦莉娅的记忆中充满了对童年时留下的鲜明形象的回忆。每次走进大自然的新旅程都使她想起这些形象，并赋予了它们新的情感色彩。她对世界的神话般的认识也感染了小孩子们。小男孩和小女孩编了小鸟和动物的童话故事，树木和高山、河流和老橡树的树墩在他们的想象中栩栩如生。

　　我与瓦莉娅和她的小故事员们一起去了树林、田野和"梦之角"好几次。我听着孩子们编的童话故事，回想起五年前，瓦莉娅和她现在指导的孩子一般大的时候发生的事情。我思考着十二岁的女孩和七岁的男孩，这两者之间发展的关系，我坚信只有在大孩子和小孩子之间存在智力上的相互关系时，学生集体中才可能有真正的课余活动：大孩子的思想在小孩子的思想中引起了活跃的反响，前者教后者如何看待和理解世界。当两者有了共同的精神兴趣时，就能够建立智力上的关系。少年愿意将自己的生活经验、知识和技能传授给儿童，并从中得到自我肯定。

传授精神财富时所表达的精神心理关系越细腻，就会越深刻地激发大孩子的自尊心，因为他们是小孩子的良师益友。与小孩子之间的精神心理关系的细腻性对于妮娜、瓦莉娅、彼得里克和斯拉夫卡有重要的意义。他们给小孩子们灌输的是一些好的、必要的知识和经验的想法鼓舞了这些男孩和女孩，使他们成长。毕业几年后，瓦莉娅说："起初，我和孩子们的友谊只体现在树林漫步中，在童话般的森林黄昏之国的旅行中。在那里，孩子们听了我的故事，他们自己也编了故事。和小孩子在一起，我感到自己更勇敢了，思想也更加鲜明了，也找到了该说的话。我开始给孩子们布置一些训练灵敏性的任务，建立了一个数学家兴趣小组，我们决定每周聚集一次，但我瞒着老师每周召集了孩子们三次。我精神饱满、愉悦、自豪地去孩子们那里。孩子们信任的眼神激发了我新的力量。我不能马马虎虎地备课，我想成为最好的。好像有个人站在我身边，对我进行严格的评价……"

塔尼亚、柳夏和卡佳与二、三年级的学生交了朋友，开始教小同学读写法语单词。这些兴趣小组直到现在还在，许多读完四年级的孩子都会读法语。

莉达、萨尼娅和斯拉夫卡建立了小旅行家联盟，他们的三四年级同学在"故事室"听世界各国、各民族的历史沿革和名胜古迹，给低年级的同学建立影片库。组织春夏两季进行本地实地考察。

萨什科、柳达、季娜、万尼亚、佩特里克是自然科考小组的指导人，小组宗旨是把书本知识和自然观察紧密结合起来，尤尔卡和谢尔盖搞到一台小内燃机，成立机械小组，由四年级同学组成技术研究小组。

少年们如果没有进行积极地、深层次的精神交流，那么就无法得到充实的愉悦的智力体验。每周，六年级的学生为农庄庄员们举办科学知识晚会，他们走到人群中，走到父母家人中间，给父老乡亲分享自然现象、新技术、新科学成就，甚至讲述各个民族的历史和生活现状。庄员们反响热烈，学生们也兴致高涨，纷纷愿意参加这样的活动。于是学生们建立了文化基地，全班分成 5 个小组，每个小组都有固定的活动点和举办时间。这些活动是高年龄段的少先队员和共青团员参加社交活动的重要方式。把知识传授给大人，这样的精神交流活动更复杂，是高年级学生愿意从事的工作，比带领低年级学生有意思的多。

和有生活阅历的人的成年人打交道，更能激发少年们的求知欲，成年人提出的问题也是学生积极探索未知领域的一把钥匙。同成年人交往，少年们对书本知识更加着迷，并产生了新的需求。

记忆、思维和学习能力

对科学的基本原理有牢固的、有意识的认识，即从这些基础知识开始学习——这是全面的心理教育的最重要条件。没有这些基础知识，就不可能到达知识的顶峰。在小学一年级时，孩子们掌握了初级拼写（永久性地记住了单词拼写）、算术概括、规则和公式。到了少年时期，这项工作以同样的目的继续进行。如果科学的基本原理没有牢牢地保存在记忆中，就谈不上自学。为了准备五年级至七年级的课，我们每个老师都确定了应该把什么东西永远留存在学生的记忆中而非记住那些只需要理解的东西。我们为三年的教学编写了乌克兰语、俄语和法语的初级拼写标准。

多年的经验使我相信，学生智力劳动的谬误（不停地背诵，死记硬背）会导致思维的惰性。一个只知道死记硬背的人虽然能够记得很多事情，但是在必须从记忆中找到基本的真理时，他的脑海中就会一片混乱，那么这个人在基本的智力任务面前就会束手无策。他不会挑选最需要记住的东西，也不会思考。例如，在写作文时，少年会思考如何写每个单词，而在解题时，他开始思考乘法公式，但是什么都想不出来。有些东西是学生应该不假思索、在智力劳动中被自如运用的。就像一个经验丰富的钳工不假思索地拿起工具而无须检查它一样，准备进行智力劳动的学生也从他的意识库中提取了一个简单的真理，而无须紧张地集中精力。这在少年时期是至关重要的。

少年时期抽象思维的迅速发展导致了少年对那些需要牢记的基本真理的轻视心理。(既然世界的时间和空间是无限的，那为什么还要记住那些公式？)但如果不了解具体的事实和事物，就不可能有抽象思维。那些在记忆中没有可以信手拈来的基本原理的人，在少年时期就有可能在表达思想时出现笨嘴拙舌的特点——他的思维混乱，这会影响他的整个智力生活。

我们非常重视无意识和有意识地记住基本真理。"思想室"中摆放着一些专门用于自检和训练记忆力的直观教具和仪器(如数学电微子)。每台仪器上都有一本"记忆力自检"记录本，上面记录着必须永远记住的代数、物理和化学公式。在关于精神素养的座谈中，我教少年们如何确定和检查材料在记忆中保存时间的长短。

在小学阶段，我们非常重视学习阅读、写作、推理、观察和表达思想的能力。如果这些能力在少年时期没有得到发展或加强，那么少年就会感到学习有困难。我们每个人都密切关注如何提高快速阅读能力。少年时期最重要的是默读。在六年级和七年级，学生必须能够在理解长句子的各个部分的完整意思，如果不掌握这些能力，少年的思维会变迟钝，就好像思维停止在了无数死胡同前。如果不能在思想上理解一个长句子的完整的、在逻辑上独立的各个部分，猜测不出一个句子中某一部分的内容，甚至都不能读完整个句子，这不仅影响学生的学习成绩，还影响其大脑的发育。

不会阅读会抑制最细微的连合纤维的可塑性，连合纤维确保了思维物质中枢之间的联系。不会阅读的人就不会思考。所有这些都不是无关紧要的，在其中存在巨大的精神局限，即智力生活贫乏的可悲的危险。不仅在小学期间需要训练，在少年时期，这种训练要求所有老师都具有良好的教学素养。

我们每个人都力图使表情朗读在五年级和六年级得以继续。训练表情朗读是必不可少的，没有这种训练就不可能培养这种复杂的能力，即用眼睛把握长句子中思想上和逻辑上已完成的部分，理解这一部分并同时转到下一部分。换句话说，就是需要教导少年同步进行阅读和思考。这种能力的心理复杂性在于它的外部刺激，这种外部刺激会激发大脑的内部力量。教少年学会阅读吧！

为什么有些学生在童年时期聪明、理解力强、求知欲强，而在少年时期，他们的智力发展却变得有限，对知识漠不关心、惰性十足？因为他不会阅读。人脑是一个复杂的整体，如果一个部位不够发达，则整体的工作就会受到抑制。大脑皮层中有控制阅读的区域，它们与大脑最活跃、最有创造力的部分相关。如果在控制阅读的区域出现死胡同，则大脑皮层所有部分的解剖生理发育都会受到抑制。还有另一个危险：脑半球皮层中发生的过程是不可逆的。如果一个人在少年时期还没有学会用眼睛理解句子中思想上和逻辑上已完成的部分，并且理解整个句子，那么他将永远也学不会了。

我们思考了以下问题：有些少年很少做家庭作业，不过学习成绩还不错，这并不总是由于他有不同寻常的能力。经常出现这种情况是因为他们能很好地阅读。善于阅读的能力反过来又使智力得到了发展。我们还试图使书写成为一种半自动化的过程。每个老师都有自己的书写练习系统，练习少年写出该学科固有的单词和短语。我们教少年在听和写之间分配注意力。谁无法在课堂上胜任这项工作，谁就要进行额外的训练和练习，在语言和文学课中发展观察力和正确表达思想的能力。前往思想和语言的源泉之旅现在已成了自我教育的范畴。

第六章

道德的形成
公民的诞生

从物质世界到思想世界

　　如果在童年时期，一个人的精神生活的最重要源泉是物质世界——物质的本质，它们的因果关系和依从关系，那么在少年时期，在他面前就展开了思想世界。父母觉得奇怪，难以理解，甚至自尊心受伤——他的儿子似乎忘记了他躺过的摇篮，从摇篮里他看到了太阳和天空，忘记了哺育他的母亲的乳房。但这反映了这样一个复杂而矛盾的事实：少年突然感到家庭、家园、摇篮和母爱，在广泛的社会生活画卷的背景下显得很渺小、微不足道。他甚至觉得自己的"罪过"，即违反行为规范，与世界问题相比起来也不是什么大问题。少年开始思考哲理——用广泛的社会政治和道德观念进行思考。世界上发生的一切都与他个人有关。请您——少年的教育者不要惊讶，对他人命运的深切关心是少年时期的本质。

　　我还记得六年级学生是如何屏住呼吸，激动地、聚精会神地听着我讲述关于遥远的阿尔及利亚的故事，关于热爱自由的人民为争取自由而英勇作战的故事。少年当然也对事实感到兴奋，而无论事实多么生动，它都会退居第二位——思想和哲学方面的问题吸引了少年的全部注意力：帝国主义国家的统治集团为什么，有什么理由压迫殖民地和附属国家的劳动人民？到什么时候地球上才会没有压迫者和被压迫者？我们少年，世界上第一个社会主义国家的年轻人，能帮助为争取自由和独立而战的战士们做什么？作为教育者——班主任和人文学科的任课老师，我力求培养少年用敏锐的公民的眼光去看世界。如果一个人不关心那些似乎与个人命运、与自己的家庭、村庄生活不直接相干的人，那么他就不可能走进观念世界。

少年时期在一个人道德发展中的本质、地位和作用，要求他在上升到社会生活层面的同时，要从精神上审视世界，了解复杂的社会政治现象的含义，见证那些激发他个人理想的斗争。少年如何果断地看待世界，是什么令他激动、惊讶、担忧和感动，引起他的同情与鄙视、爱与恨，这完全取决于老师。我很关心如何使少年逐渐进入观念的世界。为此，我每周一次（有时两次、三次）给他们讲世界上正在发生着什么。这不只是在学校的工作实践中被称为政治报告的那种报告，而是对观念的思考。报告的每一件事都激发了少年的个人情感态度。这个观念成了个人的一种精神上的收获，因为它贯穿了人的内心。给少年留下印象最深刻的故事揭示了这样一些思想，可以说是具体化了的思想：人与社会、自由与压迫、幸福与悲伤、社会进步与反动势力。

男孩和女孩兴奋地听我讲了这些事：如今，在人造地球卫星和人类首次飞向太空的时代（在那些令人难忘的日子里，苏维埃取得太空科学的胜利，为我们苏联公民、我们自己的世界重新燃起了光芒，并使我们重新审视了全人类的命运），在世界上有些国家，人像牛一样被贩卖为奴隶，这些国家的政府还颁布法律规定"活商品"的价格。

我给少年们看了有关南非贩卖奴隶的材料；关于意大利的母亲因贫困所迫，将自己的孩子卖给了美国富人的资料。所有这些起初引起了少年们的震惊，甚至怀疑，然后激起了他们对剥削者的愤怒和仇恨。我给他们看了英国报纸上刊登的一张照片：戴着镣铐的阿拉伯孩子正在奴隶市场上等待出售。瓦莉娅痛苦地说道："怎么会这样？在我们这里，人们梦想着遥远的星空之旅，而在那里，人是奴隶，就像在古埃及一样！这就是被国外称作'自由世界'的那个万恶的世界！在一个什么都能买卖的地方，人是不可能自由的。"

我把我讲述的关于世界的课称为"用公民的目光认识世界"。在这些课上，男孩和女孩特别敏锐地意识到了生活现象的复杂性和矛盾性，共产主义和资本主义的势不两立。在人类为摆脱奴隶制残余、压迫、一些人对另一些人的经济和精神依赖而进行斗争的背景下，在人民与恐怖的原子弹战争做斗争的背景下，我们的苏维埃祖国就像善良、正义和荣誉的生动体现者一样站在男孩和女孩们的眼前。用公民的目光认识世界——这就是有血有肉的道德。我竭力让学生不仅知道、理解善与恶、正义与非正义、光荣与耻辱，而且让他们体验与社会邪恶、侮辱和不公正的势不两立。

少年时期是情感热烈而坚定的年龄段。肯定和表达纯洁而高尚的道德情感范围就是丰富而高尚的情感生活，即一个人对重大的社会现象、社会政治现象的个人态度，这一点非常重要。多年的经验使我坚信，青少年不道德现象的根源在于其情感世界的局限、贫乏和粗俗。如果少年不去憎恨人压迫人，不去憎恨那个可以买卖一切的可怕的世界，而是去憎恨那个手表或大衣比他好的同龄人，这时就产生了丑恶。这样的少年最关心的不是为争取被压迫人民的自由和独立而战的战士，也不是受到迫害威胁的共产党员，他们关心的是从父母自留地里收获的葡萄不得不以低于预期的价格在市场上出售。

一个人成年后，他的心归属于谁，什么样的理想使他激动和不安，鼓舞和促使他劳动和斗争，这一切都取决于一个人在与敌对信念的斗争中如何磨炼自己的信念，他在与什么样的思想对手的斗争中形成自己的道德观，这场斗争不能仅仅表现为同持有与共产主义世界观格格不入的观点的人的直接冲突。这种情况是很少见的。但是，每个少年都面对着一个精神斗争的世界，这个世界无情地揭露了共产主义、人类、幸福和人道的敌对思想。这些思想不是抽象的，其背后是原子弹和其他大规模杀伤性武器，是禁止黑人孩子进入美国的白人学校的警棍，还有不容忘记的迈丹尼克集中营和奥斯维辛集中营的魔鬼焚尸炉。您的学生能否成为与共产主义思想的敌对思想做斗争的战士（共产主义的敌人是人类的敌人，是善良、正义和荣誉的敌人），取决于在少年时期和青年早期他的心归属于谁。

我力图使自己关于世界的讲述不仅将知识传授给男孩和女孩，还能促使他们思考世界的命运，思考这样的问题：我个人的幸福、家庭的幸福取决于比菜园和自留地、比今年的苹果收成和价格更有意义的事情。当少年独自一人思考世界问题时，在一段时间内他首先要对这些问题表现出公民的关心、担忧和焦虑，这是多么重要啊！只要我在每个男孩和女孩的教育中还没有实现这一目标，我就认为我甚至没有使他们走上道德教育和自我教育的第一阶段。

关于国内外的事件，不仅要进行集体讨论，还要进行个别讨论。我力争与每个学生都产生精神上的共鸣，不是抱着政治思想破门而入，而是带着使我深深激动、无法平静的思想走进少年的心，我的激动心情感染了学生，同样的追求激励着我们。

为了使科利亚和托利亚憎恨的对象不再是那些微不足道的琐事，不让他们成为渺小的自私主义者和利己主义者，长期以来，我做了很多努力。在花园里干活的那几天，当我与科利亚单独在一起时，我给他讲了阿尔及利亚人民的女英雄贾米列·布希列德的事迹。与托利亚一起待在"知识的源泉室"时，我给他讲了关于霍斯洛夫·鲁兹别赫的激动人心的故事，他是一个心灵如水晶般纯洁的人，是伊朗共产党领袖、杰出的数学家，他被伊朗人民的刽子手杀害。我与这两个男孩谈论了两个晚上关于亚历山大·马特罗索夫的功勋事迹，我希望爱国英雄的精神世界成为那道璀璨的火焰，照亮少年通往个人幸福的道路。这些故事直接启发了男孩们的公民意识。我希望科利亚能明白，世界上有比他母亲的嫉妒（他的母亲嫉妒诚实、正直、勤劳的人）更大的恶行。世界上还存在着善，与其相比，他母亲的缺点就令人尤其难以忍受。我努力让我的学生用公民的眼光看待周围的世界和自己。以"用公民的眼光认识世界"为基础进行一切道德教育。

精神素养、道德与无神论

　　一个人对周围世界的了解越多,他就应该对人也了解得越多。忽视这一非常重要的规则会破坏知识与道德之间的和谐。我将这种现象称为道德上的无知。它包含以下事实:一个人掌握了相当多的有关周围世界的知识,但无论是在历史、社会政治、精神、心理方面还是在审美方面,他都不了解人的本质。不去思考,不去想想是什么使人高于其他一切生物,那么情感领域就不会得到发展,从而导致情感的粗俗。那些受过良好教育的游手好闲的人的存在令我们担忧。令我们惊讶的是:他们怎么会这样呢?一个受过中等教育的人怎么突然成了违法分子,甚至是罪犯呢?通常把这种情况解释为是因为一个人脱离了劳动,无所事事和懒惰是万恶之源。现在,我研究了100例16~26岁的人因严重犯罪而被判刑的案件,结果其中88例中的罪犯是完全脱离了劳动的年轻工人和集体农庄的农工。

　　如果一个人不具备作为道德素养基础的知识,那么他的精神素养将是不完整的。我向少年揭示了人是怎样形成的,让他们相信在社会主义社会中,人具有最高的价值,并且他对所发生的一切负有最大的责任。我每两周举办一次以人为主题的座谈会。我给少年们讲述了不懂得自然力量和自然现象的原始人的艰难困苦的生活。格列夫·普列汉诺夫关于人类的智慧在其中逐渐丰富的"身体需要领域"论,引起了少年们极大的兴趣。我还举办了以劳动为主题的专题讲座。如果不懂得劳动的作用,就不可能尊重他人,更不会尊重自己。人类的劳动是创造性的劳动——这个观念应该贯彻到整个教学中。人类劳动的领域是道德素养的源泉,是精神素养的基础。我告诉少年,人是如何在创造劳动工具和用具的同时逐渐提升自己、战胜自己，成为不仅能有意识地安排自己的生活，并具有个性的有智慧的生命体。

理解"劳动对个性的形成具有决定性的意义"这一真理，能够在少年心中产生和巩固自尊。人类的异化现象，根据马克思和恩格斯的论述，即自发的社会力量统治人类，引起了学生们的兴趣，他们对此感到很兴奋。千百年来，只要在世界上存在过并仍然还存在着剥削社会，那么劳动者过去是、现在仍旧是"失去了自我"的生物。对"失去自我的人"没有清晰的认识，不做出情感的评价，就不可能理解十月革命带来的世界上最高的人道的内涵。有一些教育讲座揭示了这样一个科学共产主义真理：人类力量的全面繁荣是我们的真正目的和真正的自由王国。我认为，将人理解为具备最高价值，是精神素养和道德素养的基础，这是非常重要的。

作为一种社会意识形态的宗教史的基础知识在我的讲述中占有特殊地位。少年应该将宗教理解为周围世界在人类复杂而矛盾的精神生活中的反映。如果不了解宗教，就不可能有真正的无神论。而没有无神论，就不可能有共产主义思想，不可能有对人类最崇高理想的正确性的坚定信念。

如果不理解人类发展的复杂历史道路，就无法理解宗教。我谈到了原始人的劳动生活，从产生"类人的思维"到成为"衡量万物的尺度"，需要几千年。在生与死、家庭、氏族、部落关系，自己的热情和弱点被赋予人类的特征时，人类创造了许多神灵。当少数国王代替许多丧失力量和权力的部落首领，成为政治权力的承担者时，人就创造了君主这一神灵。

在讲授基督教产生时期人类的精神生活史时，我揭示了这种新的宗教的本质，它不单纯是一种新的精神压迫，也是反抗者的勇敢抗议。基督教是一个人精神生活的复杂历史现象。奴隶渴望在无所不在、无所不能的耶稣的形象中，找到某种哪怕是虚幻的获得解放的希望。然而，在这个世界上，在现实生活中，奴隶获得解放不仅是不可能的，而且是不可想象的。地狱世界的

第六章　道德的形成　公民的诞生

末日景象、天堂的景象，是苦难深重的奴隶萌生的对真理的想象。在邪恶和残酷剥削的世界中，教堂的神职人员将这一想象变成了谎言和欺骗。天上基督与地上的君王一样成为自由和思想的扼杀者。

14~15岁的少年好奇地寻求着世界观问题的答案，他们应该把基督教理解为人类的反抗意愿。为了证明宗教是对人类精神的奴役，必须对少年多多地讲。宗教之所以奴役人类，是因为人不知道通往自由的真正途径是什么：没有清算私有财产和剥削，就不可能有精神上的自由和幸福。只要存在人压迫人，就会存在上帝压迫人。这种人类的压迫不仅仅限于经济关系领域，它还渗透在日常生活中，渗透在包括夫妻关系在内的每天的相互关系中。我坚信，关于神的思想首先是在妇女的意识中产生的，因为她"在奴隶出现之前就成了奴隶"（奥古斯特·倍倍尔）。在理解矛盾和艰难的人类精神的历史复杂性的同时，我的学生们体验了作为人的自豪，并了解了人类思维的童年。

宗教是社会生活和精神生活的一个阶段。但是，就像人类在社会生活中必然要走上摆脱剥削的道路一样，在精神生活中，人类也将必然摆脱对不存在的上帝的信仰。对上帝的否认使人类真正地升华，变得真正强大。在这一真理中暗含着无神论信仰的本质，表现出对当今作为精神压迫手段的宗教的势不两立。

我竭力使我的学生在了解了宗教后再去否认上帝。如果不深入被教育者的精神世界，不具备真正的人类社会学知识，就不可能把他培养成无神论者。要想成为一个真正的无神论者，一个新世界的主宰者，就必须亲身体验全部历史。如果把道德教育想象成这样：老师像宣读神谕一样郑重地讲，而学生则将部分知识拼合在他们的脑子里并"掌握"这些知识，这样是缺乏教学素养的表现。应该使我的学生体验整个历史，首先是体验人类的精神史。他们应该与我一起来到尼罗河岸边，去拜访古老的金字塔的建造者，向这些崇拜太阳的人们致敬，他们创造了关于太阳神的充满诗意的神话；我们应该进入古罗马的剧院，与最早的基督徒一起倾听反对暴力和压迫的慷慨激昂的言论；我们应该前往古老的亚述和巴比伦天文台，与最早献身科学的人一起观察星体，思考世界的本质；我们应该亲自触摸一下为科学而殉难的伟大科学家乔尔丹诺·布鲁诺的衣服，他是被人以上帝的名义活活烧死的……

只有这样深入体验历史，人们才能理解什么是宗教，什么才是真正的自由思想。我逐渐引导学生得出结论，即宗教的教条、世界观和道德教义必然会与科学发生冲突，科学与宗教是互不相容和势不两立的。

少年首先相信了一些事实，这些事实证明了教堂的许多诚实的神职人员或理论家取得了杰出的科学发现。少年们兴趣盎然地听我讲述关于亚述–巴比伦和埃及祭司的故事，这些祭司是最早的天文学家和日历的创造者。我还讲了天主教教士尼古拉·哥白尼创立了新的宇宙观，证明了托勒密地球中心说是没有根据的；耶稣教徒谢基成了天体物理学之父；捷克牧师扬·阿莫斯·科门纽斯是举世闻名的现代教育学之父；多米尼加修道士乔尔丹诺·布鲁诺因创造了宇宙无限性的理论而被烧死；多米尼加修道士托马斯·康帕内拉在宗教裁判所的刑讯室和监狱中被折磨了三十年，写出了震惊世界的《太阳城》，这本书成为了科学社会主义的先声；坚定的天主教徒托马斯·莫尔是"乌托邦"的创造者，这个名称在哲学的所有流派中都具有很高的知名度，它使人类更接近社会主义的理想；法国教士让·梅叶是一个乡村小教区的修道院长，他死后留下了著名的《遗书》，这本著作直到今天仍然鼓舞着人类；反叛的牧师托马斯·明泽鼓动"福音派"农民与封建贵族和主教做斗争；奥地利修道士格雷戈尔·孟德尔的实验为遗传学这一新科学奠定了基础。

如果正确地表达了这些事实的本质，那么它们就能够鲜明地揭示人类思想的反叛精神，使少年内心更加深信，没有那种既可称之为科学，又可称之为宗教的世界观真理。

对于我的学生来说，乔尔丹诺·布鲁诺和尼古拉·哥白尼，托马斯·康帕内拉和让·梅叶，托马斯·明泽和格雷戈尔·孟德尔并不是偶然开始从事科学和社会问题研究的宗教仪式的工作者，而是人类精神的反叛者、反宗教的战士。

在讲述为争取真正的精神自由而斗争的艰辛道路时，我在少年的心中激起了他们对为了人类自由思想的胜利而斗争的人们的钦佩，这些人是伟大的人文科学家、社会主义者和共产主义者。如果不了解为思想自由而斗争的历史道路，就不可能有现代人的真正精神财富。我努力让我的学生理解和体验这样一个真理：是的，人类的精神是不朽的，人是不朽的！他不是时间旋涡中的一颗尘埃，而是一位创造者。人类不朽的精神财富，不朽的进步思想，是人类在许多世纪以来在争取解放的斗争中所取得的成就。

在我讲述的故事和以人为主题的座谈会中，都贯穿着人类在漫长历史中创造出的道德价值观，对道德价值观的本质的理解，是人的精神素养和道德素养的重要内容。

基本的道德素养

道德教育的过程在于人类代代相传的道德价值观。道德价值观作为共产主义建设者的道德准则反映在苏共纲领中。这些价值观是人类道德进步的最高成就，同时也是教育新一代的纲领。

如果在小的时候就通过一种具体的情感表达来揭示道德标准，那么在少年时期揭示这些规范的思想本质时就有了有利条件，能够激发学生在道德上对高尚行为的需要。因此，我们力求把对道德规范本质的解释、指导、说服和强制性的积极活动统一起来。我专门举办了以道德标准为主题的座谈会，力求以一种情感色彩来揭示其本质,以使激励学生做正确的善行成为公民的第一所学校。以下是我努力向少年揭示的最重要的道德规范,是道德素养的基础。

1. 你们生活在人们中间。

你们的每一个举动、每一个愿望都体现在人们身上。你们要知道你们想做的事与可以做的事之间存在着一条界线。你们的愿望就是亲人们的快乐或眼泪。你们要用意识检验你们的行为:你们的行为是否会给人们带来邪恶、麻烦或不便。你们的行为应该使周围的人感到快乐。

向青少年解释这种道德教育精髓的同时,我向他们指出应该如何与他人相处。在做一件让自己高兴的事时,是否伤害了别人。学校林荫路上盛开着丁香花,你想折一枝花,可是,如果每个人都满足自己的愿望,郁郁葱葱的花丛将变成光秃秃的枝条,人们就没有什么可欣赏了,因为你们用自己的行为偷走了他们身边的美丽。

如果在集体的日常生活中能用道德关系素养来加强教导,那么就会在人身上培养出一种精神力量,可以限制欲望发展为随心所欲。这一点对于形成责任感非常重要,是公民教育的基础之一。一个有着无止境的欲望,不懂得如何将自己的欲望与他人的利益联系起来的人永远不会成为一个好公民。要教育孩子从小克制自己的冲动和欲望。你很想在这片绿色的草地上踢球,但这是不允许的,这里的草应常鲜常绿,因为青草可以净化空气。如果您没有教孩子如何管理自己的欲望,那么它会逐渐让他们形成放纵和任性的习惯:我什么都可以做,我天不怕地不怕。

责任心意味着对其他人负责。我们力争建立这样一种劳动关系,使少年指导低年级学生的工作,并为他们做榜样。

2. 你们享受着他人创造的福利。

人们给你们带来童年时期、少年和青年时期的幸福,你们要用好的行为

第六章　道德的形成 公民的诞生

去报答他们,这种道德规范是公民责任感的最重要源泉。一个人在明白自己是公民,以及他作为公民被赋予重大的责任这个真相的全部深意之前,必须学会以善良去回报善良,用自己的力量为他人创造幸福和快乐。他的良心不应该让他仅是利益和快乐的消费者。我对少年们说:"你们有舒适、明亮、整洁的教室、教研室、体育馆和直观教具。这一切都是别人为你们创造的,要知恩感恩。在静悄悄的黎明时分,当你们还在被窝里酣睡时,挤奶女工已经在牧场工作了很长时间:他们清扫牛粪、挤奶,为你们准备热乎乎的新鲜牛奶。屋外天寒地冻,拖拉机手已经去地里给奶牛运饲料,给你们准备明天和后天的牛奶。厨师正在学校厨房里点燃炉子做早餐。锅炉工在往集中供暖的锅炉里添煤,你们来到教室时,暖气管已经是热的了。他们为你们慷慨地付出,但同时他们对你们也有所期望。你们已经有足够的力量去做对他人有益的事。"

对人的感恩之情与责任感和公民尊严是一对亲姐妹。道德教育的基础是,一个人准备着受自己良心的驱使去为他人做好事。

这是牲畜养殖场的楼房,是牲畜工作者休息的地方。我们在这里种苹果树,让这个角落成为母亲和姐妹们的"美之角"。这项工作给少年们带来了很多快乐,因为他们受到了高尚思想的鼓舞。然后,少年们继续为人们做其他的工作,他们就这样走在了道德素养的道路上。他们的情感变得高尚,对长辈给予的一切心怀感激。精神世界包括一个人在童年时期和少年时期养成为人做好事的习惯,用善良报答善良。如果一个人在童年和少年时期就已养成这个习惯,那么青年时期,如果为别人做好事就成为其生活必不可少的一部分。他会觉得自己在道德上已经成熟,这是因为到了青年时代,他已经多次体验过进行创造的快乐和为社会而劳动的快乐。

3. 生活的所有幸福和快乐都是劳动创造的,并且只有劳动才能创造。

没有劳动就不能诚实地生活。人民教导我们:不劳动者不得食。游手好闲、好吃懒做的人是吞噬了勤劳的工蜂所采蜂蜜的雄峰。学习是你们的第一份工作，去上学就是去工作。为了在少年心目中树立具有人民性的劳动观，我们让每个人从小就养成了工作的习惯。学校里保持着不容忍懒惰、散漫、马虎的氛围。年幼时的游手好闲是好吃懒做和寄生生活的顽固根源，如果等一个人成年后成为寄生虫后再拔掉这个从儿童和少年时期就长出来的根就很难了。我们永远不会忘记这种危险：对长者所创造的成果不加思索地接受并随意挥霍会造就游手好闲者和寄生虫。防止这种危险并不容易，因为乍看之下，小孩的懒惰似乎并不是那么大的缺点，而实际上这是一个危险的开端。父母（有时是老师）希望儿童和少年的生活轻松一些，而保护他们免受困难的愿望就是危险的根源。劳动是道德的根。尊重劳动，尊重劳动者这根红线必须贯穿在集体精神生活中，以便以此为基础建立对自我的尊重，让我们的少年始终具有明确的公民目标，克服困难，从而在斗争和取得胜利的过程中感受到集体的快乐。

在劳动领域中有一片进行精神斗争的广阔天地，我认为这种精神斗争是形成一个人的道德品格的最重要的条件。少年只有将全部精神寄托在劳动的快乐上时才能明白一个道理，那就是不劳动就无法生存，而劳动的快乐是无可比拟的，它与其他快乐的不同之处在于，人会全力以赴地做他必须做的事，而不是想做的事，最终他会体验到为他人做好事的快乐，并愿意去做为了全社会的利益而必须做的事。劳动的道德意义正是在于一个人获得了最高的乐趣——创造的快乐。从本质上说，这是一种自我教育。

如果在童年时期没有养成劳动的习惯，那就谈不上劳动的乐趣。少年能在劳动中实现道德上的自我肯定，这是因为我们的学生在童年时期，在一、二年级的时候就开辟了小花园、葡萄园，为人们种上了花苗、玫瑰苗，把荒地变成了开满鲜花的角落。在 12~14 岁的时候，少年觉得自己是个劳动者，因为自己的劳动而初次体验到公民自豪感，因为他在 9 岁、10 岁的时候已经看到了自己劳动的首批物质成果，这是培养基本道德素养的重要条件。

如果一个 12 岁的孩子看到用自己的双手耕种的开满鲜花花园，他会感到无比自豪，他通过为人们所创造的物质价值来衡量自己所走过的人生道路。这种自豪感越强烈，他对人们的公民责任意识就越深刻。

我们力求使集体中的每一个少年都体验到劳动的乐趣，在集体中不能失去个性；劳动中的愉悦感不仅是对集体的激励，而且是关于自尊的深刻个人体验。我们关心的是，要使每个少年像照镜子一样，都能在劳动成果中看到他自己、他的技能、毅力、意志力和创造性思维的发挥。只有在这种情况下，一个坚不可摧的真理才会进入少年的内心，成为一个圣谕：没有劳动就没有生活。

如果你热爱园艺，就要栽种树木让大家欣赏，并从中看到你热爱劳动的品质和你的智慧。如果你的爱好是技术创造，请制造一种能够为几代年轻同志服务的物理仪器。少年只有在被工作吸引、钻研、克服困难、掌握知识和磨炼自己的意志时才开始对自己进行教育。这是少年教育和自我教育的重要原则。

4. 对人要友善和有同情心，帮助弱小，不要对别人做坏事。

要扶危济困。要尊重你们的父母，是他们给了你们生命，养育了你们，他们希望你们成为社会主义社会的诚实公民，成为一个心灵纯洁、头脑清晰、心地善良、心灵手巧的人。仁爱、关心他人、乐于助人，这些人道和为人正派的基本特征应该成为每个学生的精神财富和个人道德财富。我认为学校最重要的教育任务之一，是要在每个人身上培养善良和真诚的品质，培养对所有体现出生活的美好和伟大的生命的同情心。没有起码的人性，就不可能有共产主义道德，没有同情心的冷酷无情的人无法获得崇高的理想。没有同情心会导致对他人的冷漠，冷漠会导致自私，自私会导致残忍。

有人认为：既然在我们这个时代必须把一个人培养成一个坚强、刚毅、为一切准备就绪的人，那就不要谈什么仁慈、温暖和同情心了。这是个严重的错误。是的，我们最重要的教育任务是使我们公民的心中与祖国的敌人势不两立，时刻准备着与那些侵犯祖国自由和独立的人战斗。但是没有善良、真诚和同情心的人是无法获得仇恨敌人的崇高情感体验的，因为勇气是人类最高的仁慈，仇恨敌人是真正的人性。儿童时期和少年时期应该成为培养善良、人性和同情心的学校。只有在这种条件下，人的心灵这个敏感的乐器才能弹奏出人类崇高情感的全部音阶，即从对母亲最细腻敏感的关心到对敌人的仇恨，以及对意识形态上的敌人的毫不妥协。

遗憾的是，许多学校忘记了基本道德素养的培养。要求少年知道高尚的道德真理，而又不去关注他是如何用弹弓打死小鸟或毁坏树木的。与他谈论着诚实和真实，而他一边听着老师讲话，一边准备着考试或测验用的作弊小抄。基本行为的不端正是思想贫乏和灵魂空虚的种子。

只有对人民伟大的爱才能激发对敌人的仇恨。为了防止学生成为冷酷无情和对他人漠不关心的人，我们力求使儿童和少年心中萌生对生命和美的真诚的关心、担忧和激动。一个孩子，他非常关心酷寒严霜中孤苦无助的小山雀，他挽救它的生命，保护树木免受伤害，就永远不会成为对别人冷酷无情的人。相反，如果一个小孩残酷地摧毁、破坏本应让人喜悦、敬畏的事物，他就可能成为一个嘲弄亲人的小霸王。生活有多少这样的小霸王啊！

七岁的孩子要去上学，他怎么都扣不上大衣的扣子。他没有平静地求助大人，而是把大衣一摔，想不穿大衣去上学。他想让母亲为他的不顺心而担心、不安，甚至哭泣。当母亲流泪时，他就会感到满足。必须聪明、机智、敏感地与这种"无罪的"暴虐进行坚决的、无条件的斗争。

少年在智力发展上迈出了一大步，在他面前展现出了一个观念的世界，他的思想正在好奇地寻求世界观性质的问题的答案。人类生活中的这种必然的质变，掩盖了情感素养落后于思想素养的危险。为了防止这种落后，在少年时期，如在童年时期一样需要进行劳动，劳动能激发和培养善良、真诚、高尚的情感。如果一个 14 岁的少年认为他挽着母亲的胳膊，跟她去俱乐部、关心花鸟虫鱼，这些事会降低自己的尊严，那是很可悲的。关心母亲、祖父母、弟弟妹妹，与丰富多彩、生气勃勃的集体生活同样重要。

少年与父母的关系就是整个的教育领域，遗憾的是，这个领域仍然是一块未被开垦的处女地。我们始终关心的是，应该让少年大部分时间都在家中度过，尤其是和母亲待在一起。我们不必总是以某种方式"箍紧"少年，不必总是为他们安排什么集体活动。节假日前和节假日中，最好让少年与他的父母待在一起。

5. 对那些在生活里千方百计依赖父母的人不要漠不关心。绝不容忍那些不关心社会利益的人。要去憎恨那些挥霍浪费、盗窃社会财富的人。

这种道德规范的实现取决于"为他人劳动"的观念是否深入到孩子的精神生活中。善于受到良心的驱使去做好事的人就能看清恶，并与之势不两立。我们认为，教育学生以公民的态度与生活中的各种恶的表现进行毫不妥协的、积极的斗争，是学校的重要任务。不允许孩子们默默观望诸如挥霍浪费、漠视社会财富、懒惰、游手好闲和阿谀奉承之类的恶行。但是，如果连成年人都对这些恶行漠不关心，那就激发不起孩子与此做斗争的积极性。

我们有少先队保护绿化岗。如果少年看到成年人毁坏树木，那么与这种恶行之间的斗争就不应仅限于谈话，如果忽略或者不对此进行处罚或者冷漠处之，都会伤害少年的心灵。我们应设法通过社会舆论迫使做出恶劣行径的成年人赔偿损失。

少年从自己的经验中得知并确信善会战胜恶，他们就会以极大的热情参与到创造社会财富的工作中去。如果一个少年曾经对自己在生活中看到的恶行感到愤慨，并对此表达了自己的蔑视和不容忍，那么他应该十倍地做好事，通过自己的行动来肯定生活中的善。如果忘记了这条规则，长大后他会成为一个爱说空话的人、蛊惑人心的人和爱打小报告的人，并对邪恶无动于衷。

掌握这一基本的道德素养的同时，学生们正在为理解共产主义的本质做准备，认识到这是仁爱和道德的最高形式，是一种吸收了人类最佳道德财富的思想和信仰体系。如果不掌握这一基础，那么一个人在道德发展上仍然是没有长进的、无知的。对于这样的人而言，共产主义道德观念和原则，诸如对祖国的热爱，对人民理想的忠诚，英雄主义，在为祖国的自由、荣誉、独立、伟大和强大而战时表现出的坚定和勇敢，都将成为无法理解的东西。只有在学校集体的人际关系中形成了人际关系的基本道德素养时，学生的意识和心灵中才能培养出基本的道德素养。这是一个非常简单，同时又非常复杂的问题，它的简单之处在于这些关系符合一个公式：每个人都应该像对待"人"那样去对待其他人；而复杂之处在于人际关系应涵盖精神生活的所有领域和集体的所有成员，即教育者和被教育者。

我想给教育者提个建议：如果您想工作得轻松一点（众所周知，少年的教育工作是非常难做的），请通过与学生之间的相互尊重，使你们之间的关系更加高尚。我们都是教授基础学科的老师，我们认为教育工作的开端，是每个人（无一例外）都要把每个学生首先看作一个值得尊重的具有个性的人。我们用"您"称呼少年。我们给这种称谓赋予了重要的意义，它体现了一种高尚的形式，使少年认为所有老师都尊重他的具有创造力的个性，他能够达到智力、道德、思想和审美发展的最高峰。

在与活生生的人（他具有所有的优点和缺点）的日常交流中，我们让少年理解、感受并体验到一个十分重要的真理：我们不仅看到您，小伙子（姑娘）今天的样子，还看到了您将来会成为怎样的人。我们不仅尊重您在我们的帮助下已经取得的成就，而且尊重您将会取得的成就。而只有在您持之以恒的坚持和我们的帮助下，您才能达到精神发展的最高阶段。在这一简单的"您"的尊称中，我们表达了如何把人看成是发展的前景：我们让少年理解和

第六章　道德的形成 公民的诞生

感受到我们首先把他们当成一个苏维埃公民、未来孩子的父亲和母亲、未来的能工巧匠、诗人和一个有权自豪的人去尊重。你们要找到这样一种精神交流方式，让学生了解你们尊重的是他的什么，你们关注他内心最深处的哪些角落。只有这样，他才会向你们敞开心扉，最纯洁的信任之花才会对你开放。

在此，应该牢记教育过程中的逻辑本身所设置的一些暗礁：教学中贯穿着每日不断的检查、检测，随时将一个学生与另一个学生的成绩进行比较。所有这些背后都隐藏着对自己的能力的失望、没有信心、孤立、冷漠和愤怒的危险。也就是说，这种精神上的变化会导致心灵变得粗糙，对影响人的精神世界的细腻方式（语言和美）丧失敏感性。

有时候，老师感到很惊讶：为什么少年会粗鲁地回复别人的好言好语，为什么他不明白别人的好心好意？这是因为日常生活中最敏感的部分——自尊经常被刺人的话伤害，使他的心变得粗糙冷漠了，从而导致对人的不信任和怀疑。有人说：看看，你的同学回答问题得了五分，而你只得了三分，你就不害臊吗？你有哪怕一点点自尊心吗？话可能不是这么说，但潜台词通常就是这样。对自尊心的不断打击会导致它变得麻木和受到抑制——少年的心似乎结了冰。

您试图用善意的话语去洞察他的内心，这就像用温暖的手掌去融化一块厚厚的冰一样：冰是热不起来的，必须生火融化它。

如何绕过这些教育的暗礁呢？我们总是害怕让少年觉得我们不信任他。因为一旦他感觉到了这种不信任，他就会学会巧妙地欺骗老师和父母，而且欺骗得天衣无缝。对少年的不信任似乎使他的心变得麻木，而不是在他的心中留出独立解决问题和用意志力去克服困难而努力的余地，他习惯了别人抽一鞭子他才会行动。我们依靠了人的内在精神力量：不是令他厌烦地督促他，不是牵着他的手，而是给他提供了选择的自由，并且他所选择的正是我们所期望的：他全力以赴地努力，克服困难，同时从中体验到了自尊。我们约定

（并且从未违反此约定）：如果少年因为某些内容没弄懂而未完成作业，不要立即打分让他不安，我们一般不给出不及格的分数。"如果你们还没弄懂，就动动脑筋想一想，独立完成作业。"这就是我们对少年说话所表达的意思和语气。少年用真诚和刻苦学习回报了我们的信任。

如果整个学校生活的氛围不能在少年身上培养出自尊自爱的情感，那么这种互相尊重和互相信任的师生关系将是一个无法实现的梦想。我强调一下，仅在课堂上是不可能实现这种关系的。我们每个人都有许多与少年的精神兴趣的接触点：教育者（每个老师首先是一名教育者）把自己的每个学生看作是这样一束光芒，它使我们有理由相信一个人不会永远停留在原地。

我们避免通过比较"谁学习好或谁学习不好"来爱护少年的自尊心。对能力不同的人的智力劳动进行评分需要很高的技巧。我们对知识的评分是基于让每个少年都变得更好的愿望，基于少年对老师，对我们的信任以及信心。如果一个少年在学习和智力劳动方面没有取得一定的成绩，学习能力和认知能力没有发展，他的精神生活不会是全面的。

学生的内心对善良的敏感反应、对周围事物的真挚而敏感的态度、老师与学生之间的相互信任和细腻的人际关系——所有这些都取决于我们的教育工作中男孩和女孩对老师的话语、对道德教义、建议和要求是否敏感。少年的智力爱好越丰富广泛，在阅读中发现的乐趣就越多，书籍和美在他的精神生活中占据的地位就越重要，他对我们的善良、真诚、同情心的反应就越敏感，他的内心对我们对待他的高尚、人道的态度的反应就越细腻。这是道德教育最重要的法则之一。道德素养不能通过任何外部方法引入师生关系中。它的基础在于一个人的精神生活的最深处，在于思想是否丰富，情感是否细腻和高尚。我不仅侧耳细听了少年谈论的内容，还细听了他对我们老师说话的语气。少年表现出哪怕一丝的粗鲁、冷漠和心灵的"麻木"都会使我警觉。

我在十二三岁的科利亚和米沙身上感觉到了这些令人担忧的迹象。我不得不付出很多努力来"磨炼"这两个少年的情感。我送给他们一些书，这些书培养了他们心灵的细腻性和敏感性，充实了男孩们的精神生活；我尤其注意在这段时期提高关注他们对音乐旋律的敏感性。多年的经验表明，老师的手中有一种强效药剂，可以防止粗鲁、无情和道德上的愚昧——这就是音乐疗法。在静静的冬夜里，我邀请科利亚和米沙，还有其他几个和他们一样的少年到音乐室去，我们一起欣赏了格里格、柴可夫斯基的作品。

在这些傍晚时光里，除非需要说出旋律的潜在意义，将少年们引入音乐形象的世界中，我们几乎都一言不发。我很高兴地看到了少年的心是如何融化的，看到细腻而高尚的情感所激发的思想是如何启发他们的。

道德习惯

道德习惯的源泉在于对现象、人与人之间的关系、人的道德品质的深刻觉悟和对个人的情感评价的统一。从少年时期人的灵魂中发生的深刻的理性和情感过程来看，道德习惯的培养特别重要。道德习惯是道德观念和信仰的基础。道德习惯的形成是老师深入学生精神世界的途径，没有它就不可能了解一个人，也不可能用最细腻的方式——语言和美去影响他。

道德习惯使社会觉悟和社会道德规范成为个人的精神财富。没有道德习惯，就不可能实现自我肯定、自我教育，也无法形成自尊感。道德真理之所以成为神圣的、无条件的、人所真爱的圣谕，正是因为一个人将这一真理的高尚性铭记于心，情感信号闪电般进入了他的意识：要这样做，因为自尊心不允许他有其他做法。习惯使这种内在的良心之声变得高尚——情感总是保卫着意识。这些复杂的过程只有在少年时期才可能发生。因为正是在这一时期，人才会理解道德观念的概括性。少年时期似乎对各种思想敞开了通往心灵的道路。如果道德素养最重要的真理在少年时期没有成为习惯，由此造成的损失将是永远无法弥补的。

如何在少年时期培养道德习惯呢？为了扩大意识范围，领悟最重要的道德财富的精髓，需要做些什么呢？这种财富已经成为个人的神圣无条件的真理。在少年时期，意识和道德情感的统一在道德发展中至关重要，道德情感是照亮人类行动之路的一道光芒。苏联心理学家雅克布松写道："道德情感使人对社会道德规范的理解变得生动，如果没有道德情感，实际上对他而言，这些规范仍然是陌生的。"[1]

我力求激发学生对周围一切事物的反应和敏感，让他们对周围世界的现象进行鲜明的情感评价，让少年将一切都牢记在心，不仅从意识上，而且从情感上认识它们。少年与我一起感知周围的世界，我似乎向他们传达了我对事物、现象和事件的态度：没有什么能够让我们对它无动于衷。

我们走在林边，等待着我们的是有趣的一天——休息、散步、阅读、观察、了解世界。我们看到一辆货车停在路边，驾驶员正捣鼓着发动机。他看到了我们，并且好像在问我们能不能帮个忙。我们感到：尽管他一言不发，但他仍希望得到我们的帮助。在此，需要对少年说几句，使他们对现象的本质进行深入思考，用道德真理去激励他们。我找到了这些话语，它之所以能够深入男孩和女孩的内心，可能主要是因为这些话语带有鲜明的情感色彩。我们忘记了树林的诱惑（当然，我们并没有完全忘记，我们还惦记着树林，但是良心告诉我们：视而不见是可耻的）。我们中的一些人去了村里的维修站，其他人给驾驶员帮忙。

观察现象的道德面、人与人之间的关系、用心去认识世界，是培养责任感的非常重要的前提条件。公民责任感源于一种基本的道德习惯，在适当的

---

[1] 雅克布松：《情感心理学》，俄罗斯联邦教育科学院出版社，1958年版，第210页。

教育条件下，这种道德习惯在少年时期已在人的灵魂中牢固地确立，无论是否有人求助于他，他都习惯于帮助他人。要让周围世界的现象，尤其是人与人之间的关系一次次地使少年激动不已，使他体验各种各样的感受——从对别人不幸的温和的同情到对邪恶的愤慨——这是非常重要的。

我坚信，如果少年对周围的世界变得敏感起来，他就会开始用他人的眼光看自己，有一个想法令他担忧：如果我对不幸和邪恶无动于衷，别人会怎么看我？别人会怎么想？形象地讲，这种担忧的想法是一根灵敏的导线，情感信号通过这根导线从内心进入意识：如果我对周围发生的事情袖手旁观，那就是对自己的不尊重。只有这样，道德概念才能成为习惯。当一个少年单独面对这些情况时如何行动，作为公民的、集体做出怎样的道德评价，是使道德概念成为习惯的一个非常重要的前提。

集体中的精神交流应该十分丰富，个人对集体的责任感应该十分牢固，以至于当生活要求学生发挥个人主动性，表现出决断、毅力、勇气和诚实精神时，即使独自一人，他仍会感受到集体的目光。我们的任务就是要让最重要的道德习惯，首先是牺牲自己利益的习惯成为一种传统，即为了他人的幸福而贡献自己的力量。把习惯发展成传统是复杂的意识重建的要素之一，没有意识重建，就不可能建立共产主义。用列宁的话说，几个世纪以来发展起来的古老传统具有可怕的力量。如今，正在开展着一项复杂而细致的工作——创造一种具有（和将会具有）强大的精神力量的新传统。习惯被纳入了传统，它就具有了一种强大的管理人的力量，即教育的力量。在少年时期，我的学生集体中形成了一种传统：集体对你们个人的看法取决于你们如何对待母亲、女孩及其他妇女。这一传统已成为自我教育的强大动力：每个小伙子都愿意通过自己的行为举止肯定自己身上的道德高尚性。

养成道德习惯的另一个重要规律是情感评价，对自己的行为，尤其是对那些反映工作、亲人、集体队成员的态度的行为进行检查。我们一直力求使少年感觉到独立完成工作是一种快乐，让他们为抄袭和白白享受他人劳动的行为感到羞愧。为了这些体验需要做准备：创建自我评价的词语。培养和发展细腻的情感要求具有极大的主动性：为了对自己的行为进行情感评价，一个人必须发挥他的意志力。

就自我教育的问题提出建议，选择专门的练习——所有这些都是道德习惯形成过程的一部分，少年不仅要对好的行为进行情感评价，而且要对不能做、不允许做的行为进行情感评价，这一点非常重要。对"不可以"的体验，就是培养个人的社会道德取向。最主要的"不可以"，就是不可以无视周围发生的事。我们认为少年对这种"不可以"的体验是道德素养的基本标志。

我非常重视实践教育工作，以使每个少年都能体验到激动人心的快乐和精神生活的充实，并积极参加一些看起来不涉及其个人利益的活动。

养成道德习惯的第三条规律，是使道德原则与老师促使学生做出的行为相符合，如共产主义道德的神圣真理——热爱祖国、忠于人民的理想、原则性等。不必在每个步骤上重复，也不必与属于基本的道德素养和为人正派的品质的事情联系起来。

一个少年在课桌上胡乱涂鸦，或者是脚伸出去给同学使绊子，同学摔倒了，摔破了鼻子，不应就这些事情展开有关社会责任和英雄功绩的讨论，因为什么事都有它发生的合适的场合和解决的办法。我们根据这些规律制定了道德习惯大纲，它包括以下习惯：做事要有始有终；不要马马虎虎完成工作，而是把工作做好；永远不要将工作推给别人，也永远不要白白享受别人的劳动成果；帮助老弱孤小，无论他们是亲人还是"陌生人"；将自己的欲望与满足欲望的精神权利相协调；绝不允许让我的父母为了满足我的愿望而以某种方式限制他们自己或给他们带来困难；将自己的快乐、满足和娱乐与他人的需求相协调；不能为满足我的快乐给任何人带来担忧或痛苦；不要掩饰自己的不体面的行为，要勇敢、坦诚地把这件事告诉你们认为必须告诉的人。

养成道德习惯不需要任何特殊的方法或技巧，这是集体主义关系的本质。在这个细致的道德教育领域中，最重要的事情是，少年本身的良心和意愿是其做好事的主要动机。教育不应归结于命令和漫不经心的服从。少年应该始终感到，如果不是他自己愿意，就不可能有好的行为。当情况本身要求少年正确评价其负面行为时，这一点就尤为重要。从入学的第一天起，我就教孩子们习惯于这样去思考：勇于承认自己的不体面行为是高尚的。

不允许用惩罚的威胁"逼迫"少年坦白。用惩罚来培养道德习惯的做法是不可取的。这个方法通常需要极大的耐力和技巧，一个高手能够将其信手拈来，但是他从不会使用它。在惩罚盛行的地方，对每一种可能的负面行为都规定了相应的惩罚措施，道德习惯就无从谈起。马克思写道，自该隐时代以来，利用刑罚来感化或恫吓世界就从来没有成功过，结果都是适得其反。

对儿童和少年危害最大的是未经充分考虑的、在气头上做出的惩罚，这种危害在于被惩罚者不再需要发挥他的内在精神力量来让自己变得更好。陀思妥耶夫斯基的这句话充满智慧：惩罚使人摆脱了良心的谴责。让一个人有内疚感，受良心的谴责，比起惩罚要容易得多。童年时期，尤其是少年时期的自我谴责和良心之声具有巨大的力量。我力求做到，当一个少年了解了自己的恶劣行径后，他会产生一个想法：我必须与现在不同。内疚感是不屈服和不容忍他人的恶劣行径的重要源泉。

思想成为信念

道德教育的基础是道德信念。我们认为，我们的任务是赋予每个少年唯物辩证主义者的世界观、战士的信念、诚实的灵魂、创造者的双手以及天才之美。我们力求使共产主义思想对于每个少年而言都是神圣而坚不可摧的，用马克思的话说，就是使这种思想成为"不撕裂自己的心就无法挣脱的枷锁"。这是心灵教育中最细致和最复杂的一部分。我们不会惧怕神圣而不可违背的词语，当谈到一个人的道德面貌时，这些词语具有十分明确和具体的意义：一个人在任何情况下都不会放弃他珍惜的东西，就像珍惜自己的荣誉和尊严那样。

如何使经过反复思考、领悟、深思熟虑、饱经痛苦而获得的共产主义思想成为主观世界的有机组成部分，使思想渗入血肉之躯，使人永远不会觉得自己彷徨无依？卢纳恰尔斯基写道：有时候各种思想的影响会轮流控制一个人，这时候我们面前的这个人就属于容易背弃信念的那种人；而在另一种情况下，这些思想的影响会同时结合在一起，那么在我们面前的就是一个怀疑论者。这种精神上的脆弱性，从本质上讲，就是灵魂的空虚，是我们所不允许的，我们认为这就是培养思想坚定性和道德完整性的基础。

将思想转变为信念，首先要了解少年的心灵、了解人。需要在课堂上阐释的思想越深刻，在备课时我就越迫切地感觉到必须在思想上明确我在与谁说话。如果我不清楚是谁在听我讲课，科利亚和季娜、托利亚和瓦莉娅的兴趣爱好是什么，我就是在对抽象的人说话。在了解需要阐释的思想时，我首先考虑的是每个学生的灵魂。阐释思想的语言应该生动，充满了内心和思想的激情。

政治观念要与个性融合，它要体现在学生精神上的热情中，体现在教育者的思想和追求中——这就是一个人对另一个人施加的巨大的、用其他任何东西都无法替代的影响，只有通过这种影响，而不是通过其他事物，才能够展现出知识的强大力量和共产主义思想的信念。思想只存在于信念之中，存在于人的心灵中，用思想去影响学生的心灵，就是在影响一个人。教育始于对真理的认识。道德教育的本质在于，道德和政治观念成了每个学生的财富，继而转变为行为规范和准则。只有在多方面的精神活动中才可能完成,没有这种精神活动,就没有对理想的渴望,就没有生动的人格。精神生活是一种复杂的事物,不可以将它简化:如果少年用自己的双手做了有益的、社会需要的事,那么在他心中形成必要的情感和愿望的过程就自动完成了。

我永远不会忘记在我教学活动的头十年中发生的事。五个六年级的男孩去打水浇灌一位老奶奶的白菜地(顺便说一下,有时候少年会形成一种不正确的信念:他认为"照料"白菜,就是"照料"人)。他们在路上遇见了一位老大爷。他们对老大爷很熟悉:老人的视力不好,走路的时候需要用棍子探前面的路。男孩们想找乐子:他们在老人要经过的地方倒了水,自己却躲到了灌木丛后面。老人误走到了水洼里,引得少年们哈哈大笑。他们笑够后回到了井边,打了一桶水去给老奶奶浇白菜。少年是去做好事,他们似乎也做了好事。但如果他们并不是受到高尚信念的激发而去好事,那么这样的好事又有什么价值呢?如果一个人做好事是为了像学会功课一样完成任务,如果他在儿童时期和少年时期从来没有认识到人应该受到内心的驱使而去做好事,那么他就会成为一个道德观念不健全的人。

对于这些六年级的学生来说,所有的善行和恶行都是偶然的。很难预见到这样的少年离家在外的时候会做些什么:会做出高尚的行为,还是因违反社会生活的准则或犯罪而进了警察局。精神活动是个人的积极努力,做出这种努力是为了使我们的政治、道德、审美观念、观点、信念和理想成为个人的财富,成为人的内在价值。精神活动不是某种脱离了日常劳动的深思和反省,而是受到高尚目标鼓舞的富有创造力的劳动,是一种充满活力的社会活动。精神活动是包括劳动在内的社会关系在人的内心世界、在他的爱好和追求、在他的愿望中的反映。我再次强调:是在愿望中的反映。一个人的心中产生并确立起高尚的愿望,这种愿望会激励他的行为,这种行为又激发他萌生新的愿望,通过这样的过程人才成为真正的人。这个复杂的过程就是我们在教育实践中所说的个人的思想生活。

　　思想并不是在被牢牢记住时，才会变得神圣和坚不可摧，而是当它们存在于生动的思想和情感中，存在于创造和行动中时，才会变得神圣和不可动摇。如果不是这样，少年在接受某些思想时如果不去想一想自己，不把自己的行为看作是思想的生动体现，就会心灵空虚，无论善行还是恶行，都是偶然的。要让高尚的愿望和对道德理想的追求尽可能激发更多的行为，这是少年教育的黄金法则之一。

　　如何教育少年的心灵，如何才能让父母不为少年在走出家门后因为遇到坏孩子而担惊受怕？如何在年轻的心中培养起对恶行的免疫力，能够让他在生活的道路上遭遇坏人、坏事时不是被伤害，而是在精神上得到磨炼？如何在向孩子传授道德和政治观念的本质时，在对他们传授知识时，直击他的良心？

　　在准备文学课和历史课，以及在准备以人为主题的教育讲座时，我总是给自己立一个目标：让少年对照自己，用共产主义思想这一道德品质的最高尺度来衡量自己。为此，我竭力在少年的心灵中激发起他们对道德之美的赞叹，对道德壮举的惊叹和对苏维埃祖国的敌人的仇恨。最后一条尤为重要，因为对坏人坏事的仇恨能够教会人去热爱好人好事。

　　道德思想和政治思想不是抽象的真理和死板的原则，而是活生生的人们的血肉，是炽热心脏的热烈跳动，是一个人为了人类的造福而生的幸福，有他的快乐和痛苦，有他的起起落落。如果少年从您的话语里没有感受到人类的激情与渴望，以及斗争和胜利的生动体现，您就触及不到他们的灵魂，就无法与他们交谈。我总是力求用少年的想象去描绘一个人物的生动形象，这个形象是人类永恒道德美的体现，要让他照亮少年的心，深入到他内心最深处的角落，让少年的内心激情澎湃，让他在忠于共产主义信念的同时，体验到公民自豪感。

第六章　道德的形成　公民的诞生

不必告诉少年：你们也要成为这样坚定顽强、勇敢无畏、道德完美的人。就让少年忘记现在是在课堂或教育讲座上，不要让他觉得老师是来教育他的，少年不喜欢被说教，他们会很谨慎地、批判地对待老师们的比较：英雄是在什么环境中活动的，你们是在什么环境中生活的。我经常在托利亚的眼中看到这种带刺的警觉。我们每一次都必须付出很大的努力让这个少年忘记我们是来教育他的。我激动地等待着这个我们感到很难管教的男孩（他的教育工作太难做了！）眼中那些警觉的、不信任的刺消失的那一刻。当道德之美占据了少年的内心时，当他看到自己，用真正的人的眼睛看自己时，他眼里的刺就消失了。当我忘记他是学生的那一刻，他大概也忘记了我是一名老师，而那时我不仅把知识传授给他，而且我内心的激动也感染了他——我成了托利亚志同道合的朋友，我们生活在一个思想的世界。这时就产生了信念，产生并确立了对创造力的信心。

如果学生和老师感觉到彼此是志同道合的人，如果在打开观念世界时，他们就成为这个世界的主宰，选择自己的防御工事，选择自己在防御工事的位置——那么我所谈到的复杂的精神活动，即真正的自我教育，就是在这些时刻完成的。这时就形成了与思想上的敌人一对一战斗的精神准备，这个敌人每个学生在生活中都可能会遇到。追求道德美、追求伟大而英勇的气概，是少年心灵最重要的方面之一。

托利亚受到对道德美的赞叹的鼓舞，他想："我是个什么样的人呢？"就让这个少年把自己的思想作为最宝贵的东西来珍惜吧，让道德美的火炬在他眼前永不熄灭：这种美的景象就是吹向思想风帆的一阵清风。不要急于在少年心目中理想人物的行为和少年的行为之间寻找相似之处，因为这些寻找可能会导致与您的预期完全相反的结果。谢尔盖·拉佐和亚历山大·乌里亚诺夫生活的环境与托利亚和科利亚生活的环境是不相同的。少年必须寻找自己的自我表达和自我肯定的方式。如果我试图在托利亚的日常生活中寻找与理想人物表现坚定精神所必需的东西,他就会立即警觉起来,从他的意识深处就会产生不信任的刺,他就会开始将英勇的斗争与他的日常生活进行比较,这种比较可能使他得出结论:现在不是那个时代了。

我不敢做这些比较,是因为我不想让少年们脱离现实生活,不想让他们想入非非。不,我担心的是这种比较是矫揉造作的,缺乏说服力。我关心的是,要让崇高的英雄主义的精神、对道德理想的信仰,与自己的信仰融合起来,在少年的生活中以及他与别人的关系中得到应用。

在揭示道德观念和政治观念的伟大时,我像惧怕火一样害怕少年从我讲述的字里行间听出责备的意思:真正的人是这样做的,而你们却做得完全不一样……甚至暗示这一点也可能导致精神活动的停止。没有精神活动,就不可能形成理想;在少年的心中,就产生了对自己力量的怀疑,造成了心灵上的可怕的脆弱——觉得自己没有用,自我教育的努力徒劳无功,理想不可能实现。但是一个年轻人永远不会容忍自己有"没有用"这个想法。少年会抗争,用发自内心的全部的心力表达出,他不再相信您对他所说的话;您可以将一切崇高而理想的东西从英雄主义的神坛上拿下来了,这样就产生了玩世不恭的态度。

如果没有自尊心,少年的精神财富是不可想象的。理想生活、美、崇高道德的生动形象不应蒙蔽了少年,而应照亮他的道路,把他心中的一切美好和丑恶的东西都照得清清楚楚。这正是您需要做的——照亮少年心中那条通往理想的路,而不是用手在他的心中寻找什么,也不是让他的心彻底"暴露"。美本身能够影响心灵,这不需要解释。我们把一朵玫瑰花当作统一的整体来欣赏,如果我们从玫瑰花上撕掉花瓣并分析美的本质,那么美丽就被破坏了。无需向少年解释那些不言自明的东西,想象力将他带到征服他的心的英雄的生活和战斗环境中。通过辩证思维,当一个想法从大量的事实和事物中提取出来时,它便成为一种信念。

第六章　道德的形成　公民的诞生

我经常努力使班级处于辩论的状态。这是教育技巧的一个非常复杂而细致的领域。辩论状态的产生是由于少年在精神上环顾四周，对事实进行分析，又似乎脱离了事实，然后看到了问题。在这种情况中，存在着"赞同"和"反对"两种意见。少年饶有兴趣地研究矛盾，并确定自己的观点。他不是一位不偏不倚的"知识的掌握者"，而是一名战士。我认为教育的任务就是揭示这些事实最尖锐的一面——问题的本质就在于此。问题在情感上使思考变得丰富，因为少年并没有漠视事实的深层联系及其相互联系。早已过去的事情被他当作现在发生的事来感知和体验；文学作品中的人物成为了他志同道合的朋友或思想上的敌人。

了解少年的兴趣爱好，善于聆听他心灵的音乐之声，这是一种伟大的教育艺术，如果您用自己的心感受他人的心跳，您就能掌握这门艺术。不要以为自己在一次课程或一次教育讲座中树立了道德美和道德的伟大形象后就征服了少年的思想和灵魂，促使他思考自己的命运，审视自己是个什么样的人，从而在少年的心中树立起您要求他树立的那些信念。这只是思想和内心多方面内在工作的开始，一个人的思想信念就是在其中产生。这就好像您给学生提供精神上的弹药：它虽然只是弹药，但威力已经很大了，少年全部的精神活动都取决于这种威力。思想能否转变为信念取决于这种精神弹药的威力，同时取决于少年在做什么，他的情感指向何处。

我们一定不要忘记，少年并不总是身在集体中，而您（教育者）也并不总是在他身边，他有时也会是单独一人。有一点非常重要：要让他独自一人时也愿意思考、幻想一阵，在想象中画出一幅美丽、壮观、雄伟的画面，想象自己在艰难的环境中为善良的胜利而战。没有这样的时刻，就没有人的个性，少年的心中就没有对道德理想的崇高激情。这不是自我欣赏，也不是脱离集体的自私孤立。这是个人精神活动的一个阶段，是自我教育、确认自己的信念的一个阶段。我一直关心的是给每个少年提供个人精神活动所需的强力弹药,这种精神活动就是严格地、高要求地审视自己,以最高的共产主义原则来衡量自己。

瓦洛佳母亲的讲述让我很高兴,她讲了这样一件事:她十四岁的儿子经常在读一本书的时候若有所思、专心致志,好像什么事让他惊慌不安。我建议这位母亲:"不要破坏这种状态。不要对你儿子说:'去同学那里解解闷。'这是自我教育,是从学校所获得的精神弹药的作用。"必须再次提醒一下,不要对我所说的个人精神活动有不正确的理解。这不是脱离了生活的梦想,也不是徒劳的幻想,这首先是思考一个人应该过怎样的生活,什么会让他激动和担心,是一个人对他的工作、对已经实现的目标和需要实现的目标进行的思考和幻想。如果集体中没有充实而丰富的思想生活、没有劳动和高尚的道德关系,那么就不会有旨在进行自我评价和自我教育的全面的个人精神活动。少年教育技能最细致的一面在于,要让老师点燃的火花即使在学生一人独处时也不会熄灭。

我力求让少年对有关杰出人物的生活和奋斗的书百读不厌,这些人物的身上体现了道德的伟大和美。我认为,一个人在阅读和反复阅读一本有力的、激动人心的书的时候,是他的精神生活最丰富的时刻。

集体的教育力量、劳动有益于健康的力量——所有这些都是教育的基本真理,但如果没有形成思想上的个人的内在精神活动,这些真理就只能停留在基本的真理水平上。道德理想既是社会的事情,也是深入人心的事情:它是政治原则、道德原则和审美原则在人身上的折射。

从本质上讲,信念不可能是停滞的精神财富,它只有通过积极的活动才能存在、巩固,并得到磨炼。一个人只有在确定了自己准备为之奋斗,并且无论如何都不会放弃的原则时,他才会坚信某件事。在此,我们应该再次回到精神斗争这个问题上。每个少年都应该通过劳动、通过集体成员中的相互关系证明和捍卫一些东西,以使尊严和荣誉与真理一起得到磨炼——这就是

第六章　道德的形成 公民的诞生

精神斗争。用一种认知观念或道德观念使活动充满崇高的意义,这就是提升一个人,使他强大的意义所在,在少年时期如果没有这种提升和强大,就无法进行自我肯定。帮助每个少年找到进行精神斗争的天地——我认为这是个性化教育方法的一个方面。劳动最常成为精神斗争的领域。如果每个少年都没有经历过自我教育,那么个人精神面貌的形成就无从谈起。

当思想存在于劳动中时,人就存在于劳动中,但精神斗争不仅体现在劳动中。少年们聚在一起参加他们的"少年思想家之夜"活动。他们在活动中展开关于真理的热烈辩论,活动中充满了这样一种气氛:少年们想了解、确信、揭示真理,并抱有肯定某种神圣的、坚不可摧的东西的崇高愿望。如果没有经历过被崇高的思想所指导的劳动,少年思想家的辩论就会变成脱离生活的梦想。如果一个人通过劳动,通过克服需要集中全部体力和精神力量才能克服的困难,确立自己的信念,那么思想世界对他来说也就变成了激烈的斗争和自我肯定的领域。人要以自己的经验去理解为取得劳动和创造的胜利而进行的斗争,只有这样的人才会珍惜思想和信念。

"少年思想家之夜"是由少先队和共青团组织举办的。少先队组织首先是一个政治教育组织。12~14岁的少年是能够理解观念和思想的世界的。少先队员的课余活动不应该局限于远足、短途旅行、铁木儿队[①]的活动以及收集废金属。年龄大一点的少先队员的劳动应与思想、观念、政治教育,以及掌握科学和政治知识相关。当我们的"少年思想家"晚会开始时,一种活跃的、好奇的思想始终在集体的充实的精神生活氛围中跳动。

我们与共青团委员会一起认真听取了少年们担忧的问题,并确定了下一次辩论的主题。当然,这些都是在少年们并不知情的情况下进行的。作为传授基础科学知识的老师,我们对少年的精神生活的干预在于,点燃他们的激情,参加他们的辩论,让学生感到他们需要表达出自己在想什么、怀疑什么

---

① 铁木儿队是卫国战争时期苏联儿童帮助军、烈属及残废军人的组织。

和思考什么。

少年思想家们辩论的问题之一是：可以做什么、不可以做什么、必须做什么。从本质上讲，关于人与社会、责任与自由、个人与集体之间关系的问题，始终困扰着青少年。在通过不同的途径去认识真理的同时，少年们渴望自己是正确的，并捍卫自己的观点。他们表达的思想有正确的，也有错误的；事实上，在激烈的辩论中错误被驳倒，这就使真理成了自己的、宝贵的东西。我们老师也和学生一起积极参与了辩论。在辩论中没有人注意到我们是老师，而我们年轻的朋友是学生。我们是平等的，我们的主要论据被确定是正确的，并不是因为我们教育者的权威，而是因为我们的知识、博学和见识。但正是在辩论中，当少年忘记了我们是教育者时，我们作为教育者的权威才得以确立。从第一次举办"少年思想家之夜"活动至今，已经过去了很多年，关于世界观问题的辩论已经牢牢地扎根在了少年的精神生活中。

经验使我们深信：如果我们想找到通往少年的心路的方法，如果我们希望他向我们袒露心扉，就需要通过举办一场让他激动不已的关于真理的辩论来吸引他。少年在对乍看之下与他本人无关的问题争论时最能无所顾忌地向您介绍自己。我永远不会忘记少年思想家们以善和恶为主题的那两次讨论。

托利亚和米沙兴奋地谈论人的灵魂中普遍的善与恶，但他们的话语却包含着对自己的反思和忧虑的质疑：善良总是能够战胜邪恶吗？如果邪恶在你眼前胜利了，你该怎么办？为什么有些老年人不愿意参与到生活中的一些尖锐的，有时是令人不愉快的复杂的事情中？最初他们只是私下谈论这些问题，然后开始毫无顾忌地谈论那些让我们大为震惊和担忧的事。卡佳、瓦莉娅、拉丽萨和季娜以不同的方式表达了"一个人只有为他人做好事才会幸福"的想法。女孩们谈论的实际上是家庭的幸福，是主宰着父母之间的关系的友谊和互助。如果少年从生活中汲取真理，那么真理将获得鲜艳的情感色彩，从而变得更有说服力。

第六章　道德的形成　公民的诞生

真理和善良的探寻者米沙、托利亚和其他几个少年激动地倾听同学们的发言。真理的形成过程正在我们眼前发生。我们老师在参与辩论时只字不提自己，而实际上我们是在讲述自己的生活经验。因此，学生的发言真挚、诚恳而且情感饱满。"少年思想家之夜"为我们揭示了教育的一个重要规律：只有当少年不仅是为了直言不讳地说出自己的想法，而且是为了与同学们的错误想法进行一对一的交锋而坦率地表达自己的思想时，道德真理才能够成为个人的收获。对真理的肯定让少年们十分愉快。

不可以把学校说成是人为创造的无菌的思想环境。少年周围充斥着一种复杂而矛盾的生活：他们经常发现自己处于思想影响的十字路口。不要掩盖他人的思想影响，而是要面对它，以一种探究的思想来对生活现象和情况进行独立的分析。形象地说，就是要将知识"转化"为信念，您需要将少年引领到湍急的河流，教会他游泳并且和他一起游过激流。当他踏上坚实的河岸后，年轻的公民就会感觉到自己是一个真正的战士。

列宁教导我们说，马克思主义的思想不应该是某种烂熟于心的东西，而应该是"你们已经深思熟虑过的东西"。人类的思想通往真理的路从来不是笔直的。我们从来不回避学生提出的尖锐问题，也不回避有争议的和错误的意见。相反，我们很高兴少年能以开放的心态面对我们。通过真理与错误的观点和见解的辩证的斗争，错误得以消除。我们的少年在"少年思想家之夜"专门讨论了此类问题："没有你，祖国依然是祖国，没有祖国，你什么也不是"；"如何拥有坚定的共产主义信念"；"真理只有在为人所用时才是真理"（歌德）；"真理总会胜利，但需要坚定不移地扶持它"（尤里乌斯·伏契克）；"我们从社会中得到什么，我们给予了社会什么"；"怎样学习才能体验认知的乐趣"；"现代人需要了解遥远的过去吗"；"你们遇到了遥远星球上的有智慧的生物……您愿意向他揭示地球上的什么，设法暂时向他隐藏什么"；"人类引以为豪的是什么，人类的不幸和耻辱是什么"；"个人与全人类如何在身后在地球上留下好的印迹";"怎样才能成为幸福的人？如何为他人创造幸福"；"如何培养自己的勇气"；"什么是善，什么是恶"。

"少年思想家之夜"成为一座桥梁，将周围的世界和学生具有道德观念和知识的生活经验连接起来。由于每个少年都表现出自己是一个有思想和追求的人，于是我们设法使智力生活变得高尚，把掌握必修知识变成一件有趣而引人入胜的事情。在"少年思想家之夜"和课堂之间，建立了一种紧密的双向联系：在课程中点燃了好奇心和求知欲最初的火焰；关于真理的辩论使少年们深信知识世界是多么广阔和多层次。

我简要介绍一下在道德教育中起决定性作用的重要思想。学校的主要任务是培养对社会主义祖国、共产主义思想和劳动人民的理想无限忠诚的爱国者。

我们力争让每个少年对祖国形成一种个人态度，即一种渴望，一种渴望维护祖国的尊严、伟大、荣誉、荣耀和强盛的精神上的冲动。当一个人在少年时就能了解祖国这个概念，培养起对祖国的热爱和感激之情，对祖国的现在和未来感到兴奋、焦虑和担忧，对祖国的敌人毫不屈从并时刻准备着为祖国献身（不把自己全身心地献给祖国，就不可能有诚实、高尚、自由的生活），他在少年时期就能认识自己，并树立自尊感肯定自己的尊严。

多年的学校教育经验使我深信：爱国主义教育的力量和效果取决于一个人对祖国概念的理解程度，取决于他如何通过爱国者的眼光清楚地看待世界和自己。培养一个时刻准备着为苏维埃祖国的独立而献出生命的爱国者，意味着需要用一种高尚的情感充实少年的日常生活，使少年所认识的、所做的一切都变得更美好。在《把整个心灵献给孩子》一书中，我已经谈到了孩子们在祖国地图上的"旅行"。这些"旅行"一直持续到了少年时期。随着了解祖国的过去和现在的每一次新的"旅行"，孩子们似乎逐渐摆脱具体的事实和形象，而去思考这样一个问题：对于一个人而言，祖国是最宝贵和最神圣的，如果失去祖国，人也就失去了所拥有的一切。

少年开始将苏维埃祖国视为一个整体，看到祖国辽阔的疆土、丰富的资源、辉煌的过去和英勇的现在，看到了它的社会主义制度和共产主义建设。我为每一次"旅行"都准备了谈话，谈话中贯穿着从过去一直延伸到现在的线索。我关心的是，要让少年用思考的目光环顾时间和空间，因为这是使少年形成祖国的意识，并通过智慧和心灵去领会祖国的伟大的最重要条件之一。通过这种做法尤其能实现这个目标：一次谈话涵盖了整个世纪的时间和发生了历史事件的最广阔的空间。我向学生们揭示了爱国主义的某一个方面，例如，与侵略者的势不两立，时刻准备着为自由和独立献出自己的生命。

在少年时期，当一个人用思考的目光环顾世界时，不要让他眼中看到的世界是狭窄的，不要局限于家庭，这一点非常重要。少年的目光看得越远，看到的越多，他心中所产生的思想和情感越多（这些思想和情感能够激发他去认识在日常生活中不可能直接接触到的遥远的东西），他用公民的眼光看待自己的村庄、自己的工作、自己的同志、亲人、亲近的人和他自己时，就更细致、仔细和敏感。如果高高的帕米尔高原脚下的某个地方发生的事情让少年激动不已，那么他也会为自己在故乡看到的事物而激动。

我很高兴地相信，在祖国的庄严思想的启发下，我的学生们把发生在眼前的一切都牢记在心，他们发现了从前没有发现的东西：当他们用爱国主义的目光看世界时，心中不是感动，而是一种公民的担忧、公民的担心。有一天，少年们在精神上进行了一次遥远的"旅行"，在返回的途中，他们看到了不止一次被他们漠视的景象：沟壑"吞没"了好几公顷肥沃的土地。这条沟壑年复一年地使越来越多的黑土地从肥沃的田野里流失。"这样的话，所有的田野都可能会变成沟壑。"瓦尼亚焦虑地说道。少年们在沟壑边上停下来思考。他们用爱国者的眼光看到了祖国的土地，他们不仅看到了繁荣和富强，还看到了我们的痛苦。少年的责任感正是始于他们对周围世界存在问题的一面的了解。

　　一个没有经历过激动人心的兴奋,没有意识并感受到祖国的庄严思想的人,他无法注意到作为祖国的一小部分的自己的故乡、故土,也无法产生迫切需要为祖国的强大而做些什么的愿望。我很高兴我的学生已经具备了这种劳动所需要的精神弹药。五年级的学生满怀热情地开干了,这项工作持续了一年多。他们在冲沟的四周种树,细心照料这些树木。当冲沟的四周长满橡树和白蜡树时,冲沟对田野的侵蚀就停止了。

　　我们的集体在评价某项工作的教育意义时,首先考虑的是劳动活动的公民因素是什么。我们认为道德教育的作用在于,使一个人希望祖国强盛、美丽、幸福的愿望,在整个少年时期及青年早期,能够体现在劳动中,这种劳动能够鲜明地表达公民的倾向性。这是形成爱国责任感的唯一源泉。一个人只有在具有公民的愿望、爱好和志向时,才会感觉到自己必须做些什么。一个人在少年时期表达的公民愿望越鲜明,成年后他所产生的愿望就越高尚。根据弗·格·贝林斯基的说法,正是在少年时期,需要认识和了解过去,以使过去有助于理解现在和展望未来。历史教育是进行道德上的自我教育最重要的一步。一个人只有在思考祖国的命运时,只有在认真回顾自己的人民所走过的路,并感觉到自己是人民的一分子时,才能体会到自己对祖国的责任是如此重大。"思想室"中的历史书架是少年进行思考和体验的源泉。

　　每个少年都是在独立阅读的过程中认识祖国的。我深信,一个人只有在少年时期和青年早期,才会强烈而深刻地体验到对自己民族伟大而英勇的过去的归属感,一想到自己是人民的儿子,他的心就热烈地跳动。只有在少年时期和青年早期,祖国人民阴暗、悲惨的历史篇章会让他的心如此痛苦地收紧。对我的学生来说,少年时期和青年早期是他们充满好奇、如痴如醉地了解我国人民在过去几个世纪和几百年中的经历。我给历史书架挑选书的主题思想是:我现在眼前所见,我心目中的家乡(它不仅指我所生活的环境,而且包括先辈的遗训)。祖国的每一寸土地上都浸染了战士们为了使人民摆脱剥削和压迫,为了祖国的荣誉、自由和独立而流下的鲜血。

也许我的先辈们并没有清楚地想象过他们为之献出生命的将来会是什么样子,但是他们对于善良和正义必胜的理想就是我们的现在。我首先是一个感恩者——感恩那些为故乡创造了财富、为赢得和捍卫现在的幸福而饱受苦难的几代人。连接着过去与现在的那成千上万条线索正是在对这些思想的理解和体验的过程中向少年揭示的。责任感是良心之声,是一个人对社会、对人民的深厚的个人态度。我们老一辈人要给予成长中的一代人无数的物质和精神的财富,要关心他们的幸福。但是,只有当一个人懂得并用心感受到自己为什么是幸福的,知道并体会到自己幸福的源泉时,才会成为幸福的人。

在社会主义社会对自由劳动的幸福的认识和体验是个人道德财富的基础,它形成于少年时期。我看到在意识的深处,一个年轻的心灵中如何发生着这样的复杂过程:每个少年一步步地以自己的智慧和心灵认识到自己的人生幸福——这种幸福就是他不用为了明天的一块面包而担心,他接受着人类的精神财富,他享受着周围世界的美带给他的享受和快乐,他可以梦想着幸福并自觉地创造幸福。

在少年们13~15岁这个时期,我向他们展示了苏维埃祖国的英勇历史上最灿烂的篇章。孩子们阅读了有关革命、内战和伟大的卫国战争的书。他们感受到历史的气息:母亲眼中的泪水未干,许多英雄的墓地尚未找到,许多蹂躏苏维埃祖国的肉体和心灵的法西斯罪犯和那些卖掉祖先的土地,沦为敌人走狗的叛徒,都还没有受到惩罚。我关心的是,要让每一个少年在登上人民历史的顶峰后,都去思索和体验什么威胁过我们,先辈们捍卫的是什么,并且更深刻地体验责任感。我的学生们在少年时期收集了有关我们的同胞参加伟大的卫国战争的材料。少年们拿来了托付给他们的无价之宝——泛黄的英雄的照片,这些英雄是他们的邻居、亲戚和朋友。他们制作了英雄的大型画像，并将它们放在专门的房间里，他们称这个房间为光荣的伟人祠。有关伟大的卫国战争的所有资料都保存在这里，在荣誉台上摆放着牺牲在前线我的学生的父母的画像。少先队员（而后是共青团员）的少年寻访者因收集英雄事迹而受到了鼓舞。孩子们把点点滴滴的珍贵故事保存和记录下来，这些故事都是参加过将祖国从法西斯侵略者魔爪中解放出来的战斗的人所讲的英雄事迹。

在这一时期，少年认识并体验到创造性劳动的幸福，这对于教育他们为祖国而劳动尤为重要。少年在他们所热衷的简单的日常事务中体验到了深刻的公民意义。他们在一片土壤贫瘠、寸草不生的地里为人们建了一个花园。我们为学校建造了新校舍，保护童年时期栽种的树林，还培育了谷物种子。这项工作需要发挥精力和体力。在崇高目标鼓舞下的劳动成为对少年进行的一种独特的精神上的锻炼。他们感觉自己是公民。少年做得越多，为了故乡的繁荣而付出的个人的精力和体力越多，他就会越敏锐地用爱国主义的眼光看世界。

个人和集体

当少年认识了人类最细微的特点后，他对人的要求开始变得非常严格。他想在别人身上，尤其是在他的父母、同志、朋友身上看到一些深藏的、不易发现的品质。少年敏锐的心灵和喜欢寻根问底的思想发现了这些品质，并对这些品质做出严格而公正的评价。要培养少年对善的信念和想变得更好的愿望，使少年周围的人们的道德品质与向他所揭示的原则、标准和理想相符——很难找到比这更重要的了。对我们而言，"集体"一词既指学校集体、

第六章　　道德的形成 公民的诞生

家庭环境，也指与某人一起从事生产工作的劳动者，这就是少年参与其中的各种关系。

集体不是某种没有个性的群体，它是以个人财富的形式存在的。而且，如果教育者希望集体的教育力量首先在于组织的依从关系，在于服从和领导，那么他的这个愿望是不会实现的。集体的教育力量始于以下事实：每个单独的人身上具有什么样的精神财富，他给集体带来了什么，别人从他那里得到了什么。但是，每个人的精神财富只是全面而丰富的集体生活的基础。在这样的共同活动中，集体才能成为一种教育力量：在活动中揭示劳动所具有的崇高的思想性，这种劳动是受到了崇高的道德目标鼓舞的。

少年时期之所以具有重大的意义，是因为他们不但能发现人（这也是童年时期的特点），还能探索人。在一个好的集体中，集体的活动受到崇高的道德目标和社会目标的鼓舞，一个人像照镜子一样看到自己，感觉到自己的优点和缺点。

如果一个人没有受到集体中的具有崇高意义的劳动的鼓舞，他就不可能坚定地渴望变得更好并完善自己。自我教育是一个具有深刻个人特点的过程，是个人精神生活的一个方面，只有当一个人感受到高尚的道德关系的有益影响，为了让自己变得更好而付出精神努力时，才可能实现自我教育。付出的个人努力越多，集体的生活就会越丰富，精神上就会越饱满，思想上就会越充实。在学校的教育实践中经常发生这种情况：在儿童时期，班级是一个很好的集体，而到了少年时期，它却近乎瓦解。因为在童年时期，当在每个同龄人身上发现了所有可能发现的东西之后，少年现在没有什么新的发现了，也看不到他的灵魂竭力想要探寻的东西，之所以找不到，是因为集体的生活没有被内容丰富、思想饱满的活动丰富起来。

关心集体的教育力量就是关心团队中每个成员精神财富的成长和成员之间关系的丰富性。当少年在一个集体中发现有趣的、精神上成熟的、思想上丰富且与众不同的人时，这个集体会吸引他们。我一直努力让每个少年都向他的同学们奉献些什么，为丰富集体生活而做些什么。为了使对人的探索符合集体主义的关系，少年必须在同学中找到他所追求的目标：智慧、体现崇高精神的劳动、创造力、高尚的道德品质。

在少年时期，个人财富的充实越来越多地取决于每个少年的个人精神生活。这就是为什么担任少年所在班级的老师集体中的每一位老师都非常注意，要有自己的学生：语文老师要有自己的学生，历史老师要有自己的学生，生物老师要有自己的学生，数学老师也要有自己的学生。发现个性，这不仅意味着要求一个人学习某一门学科比学习其他学科更努力，我们还要竭力发现一个人身上的那种创造性的天赋，这种天赋能够激发他对整个知识领域的兴趣，激发他的智力情感，并使其在各种道德关系中得到体现。智力情感在其中起着尤其重要的作用：如果少年因受到关于自己喜爱的事情的想法鼓舞，他的心中充满崇高精神，他便会渴望将自己的知识、自己的热情传递给他人，这是集体精神生活的一种极大的推动力。

在我们的少年集体中，始终洋溢着有趣的、丰富多彩的精神生活氛围。少年们从六年级开始举行晨会，然后是科学知识晚会、文学创作晚会和文学作品阅读晚会。少年们将自己的智力财富贡献给自己和低年级同学，又从高年级同学那里汲取智力财富。例如，一名共青团员（十年级学生）来到了六年级，他谈起了遥远的星球。他专注于自己的讲述，少年们则聚精会神地倾听。几天后，来了一名爱好数学的九年级学生，他演算了一些有趣的习题。然后，一名八年级的学生朗读了一首有关祖国的自然风光的诗歌……到了我的学生们向四年级学生做报告的时间（第一次是在六年级学年结束时），这些报告是关于动植物的生长、自然现象、英雄功绩的趣事。精神财富的交流成了集体生活的特点之一。

每个人都要为同学们做些什么，每个人都好像在悄悄地准备着意外的礼物。当我的学生读到七年级时，女孩子们就送给男孩子们这样一件意外的礼物：她们编写了关于在"快乐橡树林"营地的夏日的故事。这些故事描述了每个学生的行为特点，引起了同学们的极大兴趣。高年级学生请女孩们去他们那里读这些故事。

从五年级开始，我的许多学生成了年龄最小的（一年级）学生的小辅导员。我们老师饶有兴趣地、激动地注视着已经迈入少年时期的孩子们如何在精神发展方面翻开了新的一页。当一个人感觉到自己不仅仅是一个学生，而且还是一个对他人的命运负责的人时，真正的自我教育就开始了。责任心对于集体生活来说，就像水泥浆对于建造大楼一样：如果没有水泥浆，就无法建造大楼，如果没有一个人对别人的责任心，那就不会有集体。因为一个人对别人的责任心是崇高思想和创造性劳动的顶峰。

五年级学生是"十月儿童"的辅导员，是儿童课外活动小组的领导者，还是培养小同学加入"少年列宁主义者"组织的少先队辅导员。在六年级时，他们开始每周为小学生举行一次时事报告。高年级学生与低年级学生之间的个人友谊揭示了人的一种高尚的需求——对人的需求。读五、六年级的时候，少年们开始辅导他们的小朋友学习。所有这些都确立了一个人对他人的责任感。在少年与儿童的友谊中体现了真正的人的高尚性，而在劳动中则体现了我们教育者千方百计去影响少年身心的那些活动。希望看到自己的小朋友变得比现在更好，我们认为这具有特别重要的意义。在帮助小朋友学习书写、绘画、阅读和解题的过程中，少年们开始关心小朋友的喜怒哀乐。关心他人是自我教育的最好方式。一个人希望在他人身上培育善的愿望越强烈，他就能越多地看到、理解和感受到自己的好与坏。少年与他人的友谊始于精神财富的付出，对一个人的需求源于渴望在他身上寻找自己的快乐之源，并付出自己的某些东西——我认为这些对少年的道德发展非常重要。

对人的需求发展的另一条线索是集体中出现了男孩和女孩之间的友谊。

在五年级，尤其是六年级，精神上一致性的关系开始形成，这确定了牢固的友谊的开始。在某些情况下，共同的利益和共同的活动是精神上的一致性的基础。科利亚和丹卡对物理很着迷，他们经常一起在"知识的源泉室"里长时间地研究有趣的实物模型，一起在"思想室"里读书。但是，与我的期望相反，创造性的爱好和活动的一致性很少成为友谊的基础。在大多数情况下，爱好不同类型创造性活动的少年反而成了朋友。爱好生物学和植物学的瓦尼亚与爱好数学和无线电技术的小谢尔盖成了好朋友。拉丽萨和托利亚的爱好看起来大相径庭（女孩喜欢艺术创作、绘画和写诗；男孩被公认是"干巴巴的数学家"），但他俩成了好朋友。我深信，少年时期，尤其是在十三四岁时友谊的基础，更多的是精神上的兴趣和需求，而不是各种课余爱好。我们教育者常常难以捉摸到的思想、精神情感、审美需求上的细微的一致性，更经常地成了友谊的基础。

无数的事实让我确信，人们关系中的审美和情感需求在少年时期起着多么巨大的作用：一个人因对共同感受的需求而被另一个人吸引。集体的精神生活越丰富和充实，把少年们连接起来的友谊关系的纽带就越细致和牢固。让我非常高兴的是，在绝大多数情况下，对书籍和一般的有智力和审美财富的爱好，成为少年精神上一致性的基础，这有助于互相深入了解对方的内在精神世界。对精神财富的共同兴趣逐渐加深和发展，就产生了对一个人的喜爱之情。数十年的少年教育工作使我深信，友谊正是培养对一个人的爱、相互尊重和感受另一个人身上细腻的精神活动的能力。

当一个人成长到男人和女人这样一个创造性的时期，友谊的高尚基础就非常重要。令我们教育工作者高兴的是，男孩和女孩成为朋友，在他们互有好感的深处蕴含着性的吸引。细腻而高尚的志趣相投使他们之间的好感充满着崇高精神。少年与成年人之间的友谊在确立对人的高度需求方面占有重要地位。绝大多数男孩和女孩的父母能够和他们成为朋友。父母需要为孩子这

第六章　道德的形成　公民的诞生

一时期的精神发展做多年的准备。我建议父母们："要以极大的智慧和尊重对待这些将会成长为男人和女人的孩子的个性。你们与少年之间的相互关系应该渗透着平等精神，同时要渗透着对长辈的生活智慧的尊重。要珍惜少年对独立的渴望，不要因不信任和怀疑而委屈他们，同时也要了解孩子的一切情况，不要用监视和纠缠不休的控制去了解他们。要教导他们成熟地判断和行事，要确立成熟的重要道德特征——对自己行为的责任感。"

　　绝大多数的父母与自己处于少年时期的孩子建立了良好的友谊。但托利亚、季娜和科利亚没有把自己的母亲当成朋友。萨什卡是在没有父母的情况下长大的。如果将要成为一个公民，同时成为男人或女人，与有智慧的生活经验的长辈没有精神上的亲密，那么这个人就无法生活。对于少年来说，他与成年人之间的友谊是必要的，这种友谊首先是自尊感的源泉。我认识一些少年，他们因为孤独而感到不幸福，成年人的世界对他们来说是望尘莫及和无法理解的，他们对成年人的概念只是在与要求过高、苛刻、挑剔的教育者交流的基础上形成的。要正确地将少年引入成人世界，需要极大的教学智慧。一些少年失去了享受父母智慧的幸福，于是我们老师就成了他们的朋友。季娜和科利亚上小学时就成了我的朋友，在与他们的交往中，我认识到了奇妙的少年世界中的很多东西。我意识到，当您轻轻地、细致地、温和地触摸并珍惜他对你的亲近时，少年的心似乎就对您敞开了。我越是把他们的喜怒哀乐放在心上，他们就越发信任地向我透露自己的秘密，越发经常地向我寻求建议。但是，您必须能够保守少年的秘密，不能对其表现出过分的兴趣，不要对他的内心刨根问底，企图把他的内心"翻个底朝天"，希望查出连他自己都羞于承认的东西是什么。过分干涉个性深处的东西，在教育上是明显缺乏素养的表现，它在少年和教育者之间筑起了一堵墙。少年吐露的秘密越多，您越明智地保守这些秘密，您在学生最敏感的心弦上的演奏技巧就越高超，学生对您人格的信任就越深刻和忠实，就越渴望在您的眼中变得更好。

与季娜和科利亚的友谊使我深信：在少年时期，有时会有一种对他人的强烈的需求感，以至于如果没有得到别人的支持、同情、安慰、帮助和赞同的时候，就有可能会导致不幸。有时，对他人的强烈需求是出于某种具体原因的，但经常也会发生这样的情况：人似乎突然毫无缘由地感到孤独，很想与一个能理解并体会自己感受的人待在一起。不止一次发生过这样的事：科利亚或季娜突然在课后或周日来找我。从他们忧郁的眼神中，从不易觉察的迹象中，我感觉到他们觉得很孤独。此刻，不可以问他们发生了什么事。我们去了花园，去了田野，这些地方都是排解心慌和忧伤的最佳场所。我讲了一些有趣的事情，尽量不让我的故事与少年的心情相联系。有时我的话语并没有引起少年的注意，他们根本不需要语言，只需要朋友待在他的身边，仅此而已。

科利亚和季娜经常向我吐露他们的秘密。与少年们的友谊帮助我了解了他们独特的道德观的许多细节。少年鄙视告密，有时同学希望他们改正错误的真诚愿望也会被他们视为告密。在教育工作中，必须考虑所有这一切。我们一直这样培养少年的自尊感：如果谁做了不体面的事，就让他自己鼓起勇气把所做的一切告诉老师或者集体。躲在同学背后就是胆小鬼和叛徒。我们教导孩子从小就要做心胸坦荡、光明磊落的人。谁在承认错误或保持沉默之间犹豫不定，他都会感觉到同学们的蔑视，而这是最可怕的惩罚。

与少年的友谊也帮助我们老师明白，要杜绝抄袭、提示和作弊行为，不能仅通过严厉的禁令和惩罚，而是要通过诉诸少年的自尊感，让少年们认为白白享受同学的劳动成果是一种耻辱。少年时期许多困难的实质在于相互之间的误解和不信任：成年人不理解少年的精神世界，而少年也不理解成年人，对他们抱有戒心和成见，他们认为成年人的一举一动都是为了限制他们的自主性。让少年正确理解自己的自主性与对他人的责任的统一性，我认为这是教育的一项重要任务。

第六章　道德的形成　公民的诞生

没有成年朋友，少年就无法理解这样一个道理：少年时期的独立有其合理的界限，没有责任和义务的自由是不可想象的。我永远不会忘记与科利亚和季娜的谈话：我毫不迁就地用成年人的语气与他们平等地谈论生活的复杂性和矛盾性。这些谈话的实质是谈论人的命运、成年人与成年人之间、成年人与孩子之间微妙而矛盾的关系。当我的学生意识到世界上最珍贵的东西是人，是他的幸福、他的快乐与周围人的快乐的和谐统一时，他们的心跳加速了。我深信，处在这个充满激情的、不轻松的年龄的每一个人都感到进行这种关于人的谈话是很有必要的。

把我们连接起来并使我们彼此亲近的还有书籍的世界。我经常给他们讲那些在人类的精神生活中留下永恒印迹的书籍，一直到深夜。这些讲述激发了年轻人想更多地了解这些人物的渴望，他们是斯巴达克和泰尔·乌连什皮格尔、威廉·退尔和拉赫美托夫、唐·吉诃德和皮丘林、保尔·柯察金和格里戈里·麦列霍夫、牛虻和卓娅·科斯莫捷米扬斯卡娅。

我的图书室的书架已经成了科利亚和季娜精神财富的源泉。过节和过生日的时候，他们都会收到一本好书作为礼物，这是他们生活中最快乐的时刻。如果没有与成年人建立起受到崇高理想所鼓舞的快乐的友谊，少年和青年时期的精神生活就不可能丰富。如果您的学生中有人失去了家庭的温暖和快乐，那么只有与成年人的友谊才能把他们培养成真正的人。但是，要想成为少年的朋友，您需要深入了解他的精神世界，用心去感受并对他最细微的想法、愿望和焦虑作出回应。

恋爱

马卡连柯在一次与老师们的对话中曾说过:"任何时代、任何民族的老师都痛恨爱情。"这句玩笑话里包含着一个道理:有的老师不明白,年龄大些的孩子已经是男人或女人了,性的吸引是符合规律的现象。他们也没有考虑到少年和青年的性吸引力的情感色彩与成年人的完全不同。在丰富而充实的精神生活氛围中,男孩和女孩之间亲密关系的本质被理想、纯洁而高尚的动机和相互接近的愿望所掩盖。他们相互吸引的客观基础是性本能,但是如果把这直接告诉他们,会把他们吓坏。

少年特别不能容忍成年人干涉其不可侵犯的情感。掌握尊重和理解少年恋爱(两个人的利己主义)的艺术是成年人(老师)和少年(学生)的精神世界和谐的非常重要的前提。这种尊重和理解的主要内容是什么?我认为,学校必须取消关于学生谈恋爱的不客气的、毫无必要的谈话,关于谁爱上谁的话,一句都不要提。不要有一丝一毫的迹象让一个十五岁的少年觉得像是用他所说的"铁手套触摸人心"。

爱情对于一个人来说,应该永远是一生中最令人愉悦、最隐秘和最不可侵犯的东西。我们老师和学生之间达成了一种默契:我们知道少年了解男人和女人之间的亲密关系,但是我们假装不知道;少年也知道我们成年人了解他们在这方面的知识,但他们也假装不知道。这是应该贯穿在成年人和少年关系中的对正派行为的基本要求,这不是在玩保密游戏,而是对人的深深尊重。要尽量回避爱情是什么,以及男女之间自然的亲密关系的结果是什么等问题的无必要谈论。我们认为男孩和女孩应该以深深的责任感对待他们的关系。

恋爱自由的前提是需要有最严厉的、最不容许有轻率行为的纪律和自制力。只有知道如何控制自己，能够用理智战胜本能的人，才能获得这种人类的巨大的幸福，只有在这些条件下，我们才能谈论恋爱自由。没有美好而崇高的情感自由，没有合理、美好、有纪律的和不容忍淫荡的自由，人类尊严的蓬勃发展是不可思议的，让少年坚决抵制侮辱人的低级情感也是不可思议的。

年轻人爱情的纯洁与高尚当然取决于对他们的教导、良好的祝愿和明智的话语，但更多地取决于学生的爱好，取决于他们的兴趣、要求和需要是什么，取决于我们社会最重要的道德观念，即人是最大的价值这一观念在学校集体中发展得如何。

在把自己的朋友作为女性爱恋之前，少年应该把她当作一个人来爱，对于在她身上发现的或者正在发现的一切充满钦佩和赞叹。形象地说，少年和青年的爱情是一扇明亮的窗户，一个人透过这扇窗户走进生活，看到了周围世界中最重要的东西——人。在得知男孩和女孩坐在一棵盛开着苹果花的苹果树下一直到深夜，我们并没有焦虑和担忧。我们确信：他们之间的一切都是纯净而高尚的，因为他们都能从对方身上发现些什么。

在几十年的教育工作中，我发现了一条真理：少年的爱情是建立在兴趣、要求、需求的基础之上的。它能够在人际关系中培养优雅、优美和精致的举止。爱美的人能感受到并理解人的美，他就会更敏锐地理解人。尊重少年的亲密世界是正确的情感教育最重要的条件之一（遗憾的是，这几乎也是教育领域中一块未碰触过的处女地）。干涉他人的爱情就像是做心脏手术。进入这个禁区，我始终感到担负着巨大的责任，觉得自己就像一名外科医生，打开胸膛并"直奔心脏"。我一直惧怕在一个人还不知道生活是什么的时候，对他的内心最深处的角落粗鲁的、没有分寸的、愚蠢的进行触碰，会永久地破坏他的感情，导致他不信任人际关系的纯洁性。对人动手的罪犯往往出现在人际关系的美好而崇高的观念被破坏、歪曲和玷污的地方。如果您想让学生理解并感受到崇高的道德观念和政治观念的美（对祖国的忠诚、责任、为共产主义而奋斗），请让他理解并珍惜亲密情感的美。没有亲密感的纯洁，公民感的纯洁便无从建立。

少先队员和共青团员的浪漫主义精神

共产主义思想不是要记住共产主义的真理，而是要首先燃起崇高的激情。没有蓬勃的情感生活，少先队组织可能会变得软弱无能、消极怠惰。当思想体现在内心的冲动、体现在斗争中、体现在遇到苦难和克服困难的过程中时，它就能够成为鼓舞少先队集体的动力。鲜明的情感使崇高的思想更高尚，少先队员和共青团员的那种浪漫主义的本质就在于此。遗憾的是，有时它被看成思想政治教育之外的东西。思想生活的丰富性就是一种浪漫主义。浪漫主义始于这样一个事实，即少年列宁主义者有着"成年人"的兴趣和志向，并感到自己被视为成年人。

用"乳汁思想"去"喂养"少年是绝不可取的：上课不要迟到，认真做家庭作业，等等。这些是学生的重大义务，但你无法在他们身上建立起丰富的思想关系，也无法鼓舞他们，因为对于形成思想信念的斗争和克服困难的领域来说，这些责任的领域是狭窄的，而形成这些信念需要丰富的思想关系。如果在少年期和青年早期，学生不负责任地对待学习，这就意味着他的生活中没有照亮他的日常劳动的火光，没有为了真正的、少年所说的"成年人"的事业而奋斗。

第六章　道德的形成　公民的诞生

在对集体进行教育时，我们力求使少先队员感到他们是为伟大、崇高的事业而奋斗的志同道合者。伟大和崇高是共产主义思想的本质。"成年人"的思想，首先是为社会而劳动，是对积极地参与为人们创造物质财富和精神价值的一种体验。在小学的时候，我就开始用列宁思想的故事让我的学生进入成年人的世界。我讲了列宁的生平和他为建立共产党所进行的斗争，讲了革命，讲了经济崩溃和内战的艰难岁月，社会主义建设，苏维埃人民反对法西斯侵略者的伟大的卫国战争。我郑重地号召学生："你们也要成为列宁那样的人！"为了使知识成为一种信念，必须发挥全部精神力量的巨大作用。如何生活和斗争？我的理想应该是什么？对这些问题进行越多的独立探索，道德思想的高尚性就越深刻。

通过讲述列宁和列宁思想的故事，我首先力求用为人民服务的思想激励少年们。个人最高的幸福，是为比个人利益更重要的事情而奋斗——鲜明的事实使男孩和女孩得出了这个结论，这个事实揭示了列宁思想的本质。我认为少先队员和共青团员的浪漫主义的实质，是要让男孩和女孩在做某件社会所需的事情时感到自己是幸福的。这是教育中一件最复杂的事情，这里隐藏着很多诸如冷漠或说空话的"暗礁"。我非常谨慎地对待责任和为实现既定目标而作出的保证。要作出承诺，需要达到能够为了责任而生活的很高的道德教育水平。只有在集体已经具备了思想的高尚性、为他人而劳动的内在准备以及体验到劳动的幸福时，一个人才能够承担起义务。只有在这些条件下，每个少年才能在对他人和自己的良心所承担的神圣的义务有关的工作中获得自豪感，当他一想到生活不仅是为自己而活，这种自豪感就会油然而生，成为个人的精神财富。在这一复杂问题的教育方法中，要使为人民服务这一崇高的列宁主义思想成为个人的愿望和动机，这一点非常重要。关于为了什么而劳动并克服困难、什么鼓舞了他等问题，要让他少说。就让这一切在他的心灵深处完成。

我们面前是一片被太阳炙烤得光秃秃的山坡。少年列宁主义者决定："我们将在这里为人们建起一座花园。"我们在山坡上挖坑种上了苹果树。漫长而艰巨的工作开始了，这项工作在少年精神生活的整个时期一直持续。夏天和秋天要给树浇水，不然树会枯死。为此，每次浇水都要提几千桶水。冬天少年们挡住积雪，保护树木免受野兔侵害。如果我们在困难面前退缩，如果我们放弃已经开始的工作，空虚和伪善就会钻进少年的心灵。这项工作开始一年后，少年队中队又开始了另一件事：开辟一个葡萄园。我们还开垦了一座被人遗忘的荒山，疏松土壤，挖了深坑，种上了娇嫩的幼苗，保护土壤免受侵蚀。葡萄比苹果树需要更多的工作和照料。少年在每棵葡萄树下培了很多肥沃的土。这不仅是劳动，还是一种战斗，我们感到自己是志趣相投的战士。

关于集体荣誉的话，我们说得很少，但正是集体荣誉激励我们克服了困难。每个人都感觉到自己要对集体负责。团结精神大概是可以用来形容每个青少年对集体事业态度的最准确的词语。嫩绿的幼苗让我们很高兴，对我们来说，它成了集体尊严的具体体现。两年后，当我的学生读完六年级时，一场自然灾害——干旱袭击了花园和葡萄园。大自然似乎在考验我们。土地被酷热烤得龟裂。"我们难道要退缩吗？"这句话是在炎热的六月的一天，当我们来到花园，看到树叶因高温而褪色时说的。"不，我们绝不退缩！"少年列宁主义者这样对自己说。那天晚上，少年们决定给他们的集体起一个响亮的、富有表现力的名字——无敌队。这是一种独特的浪漫主义的誓言："永远不向大自然这个对手屈服，绝不容忍自己的懒惰和不愿劳动。"

在这六月的璀璨星空下，关于思想的坚定性，大家只字未提。这并不是因为每个人在内心深处都认为自己配不上这些高尚的词语。不，少先队员的浪漫主义体现在更细腻复杂的情感和体验中：无论取得什么样的成就，理想就在前方，我们正朝着理想前进。鼓舞着我们克服困难的动力是这种高尚性的本质所在，没有它，就谈不上少先队员的浪漫主义精神。男孩和女孩们的心灵对激情和进步是很敏感的。如果您希望高尚的火花不会在少年的眼中熄灭,那么永远都不要安于现状或松懈自满:我们已经实现了目标,可以休息了。在思想生活中喘口气,就像全体战士在战场上打个盹一样,是不可思议的。

几周后,少年们定下了他们"无敌队"的座右铭:永远战斗,永不退缩!这句话感召、激励、鼓舞了每个人去审视自己,通过集体的眼光看自己。除了座右铭,"无敌队"还有一个象征,这是一幅生动地体现了我们的奋斗内容和目标的图画:在蓝天、烈日下的一串葡萄和一片绿叶。它的意思是:无论如何我们将实现生命的胜利,要开花,要美丽!我们要给人们带来幸福!

在山坡上的花园中,即在我们的"梦之角"所在的冲沟附近,我们搭了一个草棚。每天有两名少先队员在这里值班,在傍晚和夜里(有时是在清晨)为树和葡萄浇水。我讲的那些关于人崇高的道德美的故事使鼓舞少年的火花保持不灭。我不敢用直截了当的方式,觉得它不适合少年进行的这种精神斗争。如果在每次紧张的劳动之前都要专门对少年们讲一些鼓舞之类的话,这会贬低高尚的思想,也是对少年心灵的不信任。少年觉察到这种直截了当,就会认为这是一种不信任。我讲的故事在某种程度上与劳动无关。而且,我越是能巧妙地找到这种无关的形式,就越是能够使少年的精神生活与劳动之间建立起有机的联系。这种联系处于心灵深处:每个人都以自己的方式被道德之美吸引,为之兴奋。而由于崇高的思想鼓舞着所有人,整个集体都感受到被鼓舞的状态,少先队员们感到彼此是思想上志同道合的人。

两年后,我们看到了首批劳动成果:葡萄藤上硕果累累。每个人都感受到了成功带来的喜悦。我们将劳动果实分发给学龄前儿童、老人和病人。我们把第一串葡萄送给了母亲们,她们的儿子在伟大的卫国战争中牺牲了;我们还把第一串葡萄送给了受到全村人尊敬的爷爷奶奶们,他们在这片土地上辛勤劳作了几十年。我坚信,少先队员的思想教育的全部逻辑和哲学在于这样一个明智的真理：一个人在为人民服务的劳动中出力越多，他在这种劳动中表现得越出色，他的心中想要变得更好的愿望就越深刻，他的愿望、追求和激情就越纯洁和高尚。少先队员的浪漫主义的本质就在于它在物质上的体现，即确定一个人的内在精神力量：人在他创造的东西中看到了自己的美、同学的美、集体的美。

在与葡萄园同时开辟的苗圃里长出了几百棵葡萄苗，我们开始将幼苗分发给人们。于是，村里出现了几十个葡萄园。在秋天和冬天的夜晚，少先队员们到集体农户的农舍去串门，人们聚集在一起，听我们讲自然、科学、人类、社会、遥远的国家、人民与剥削和战争做斗争的故事。我们证明了如果用正确的方法耕作，我们的土地可以增加几倍的收成。我们希望葡萄在我们村能成为像面包一样平常的食品，因为吃葡萄的人能长寿。

我们越是为自己的双手所创造出的好东西而高兴，就越能看清楚什么是不好的东西。我们发现在甜菜种植园工作的集体农庄的农民午休时间在阳光的灼晒下休息。于是，我们在田间开辟了三片丁香园，大人们也给我们帮了忙，两年后人们不仅能在阴凉处休息，还可以在春天赏花。和自然战斗的天地处处为我们敞开。庄稼地里有一条不容易看出来的小沟，这是可怕的侵蚀迹象，这里会形成一条冲沟。我们进入了战斗，种上了树，建造了侵蚀防护工事。

劳动和游戏是结合在一起的，这种游戏的本质在于为了美、为了人类、为了友谊而进行的斗争的审美和情感的表现，以及对精神上的统一的一种愉悦的体验。少先队员的浪漫主义精神中不可能没有游戏。

有一栋教学楼上有个阳台。少年不知怎么发现了阳台上长着洋甘菊。于是心生一计：再在这里建一个"美丽角"。他们想保守这个秘密，于是孩子们晚上去学校，把腐殖土带到阳台上去。春天他们移栽了一丛玫瑰，背着其他同学浇水。玫瑰开始开花了。在宁静的夏夜，少年们聚集在这里，读着一本

第六章　道德的形成 公民的诞生

有趣的书，幻想着未知事物的奥秘。

少年对童话的兴趣还未消失，许多游戏都是根据童话故事编排的。五年级、六年级和七年级结束后，我们集体进行了几天的远足。那是一段激动人心的童话之旅。在第聂伯河众多的支流中，我们发现了一个似乎从没有人涉足过的地方。这里有一个静静的、仿佛在沉睡中的湖泊，有一座长满树木的小岛，岛上有野猪，我们在树林里看到了驼鹿。少年把这个角落称为"神秘世界"，我们发誓要保护它。

每年夏天我们在树下安排两个住处：一个在第聂伯河河边，给男孩住；另一个在小岛深处，给女孩住。我们想出了"夜渡湖泊"和"扎木筏"这些有趣的游戏。对于男孩们来说，最有趣的是"游击队之路"游戏。他们把草晒干，为山羊和驼鹿储备过冬的草料。为了从"好奇"的猎人手中保护我们的"神秘世界"，我们在通往小岛的路上设置了一些障碍，堆放了一些树桩和石头，严严实实地遮住了外来人的视线，使他们发现不了冬天通往小岛的路。放假的时候我们小心翼翼地潜入神秘世界。我们找到一个洞穴，搭起冬季伙房，边煮吃的边围在炉边取暖。我们把干草从雪下挖出来。驼鹿在冬天变得特别温顺。

有一次我们被暴风雪困在了岛上。在狂风的呼啸声中我们听到了某种神秘的声音。我们在这里读完了杰克·伦敦的《北奥德赛》和游击队指挥官斯·阿·科夫帕克关于从普蒂夫尔到喀尔巴阡山脉的英勇征战的书。

在那些难忘的日子里，我们玩起了打仗的游戏：我们攻打"敌人"的防御工事，冲上了难以攀登的山顶。

在夏天的一次旅行中，我们发现了一个长满树木和灌木的沟壑，在沟壑的深处，我们找到了一个清澈的小湖，湖里有鱼，它是怎么来到这里的呢？也许是春汛期间冲到这里的？但是即使在洪水最大的时候湖水也流不到这里，因此小湖里的鱼依然很神秘。离小湖不远的地方有一棵挺拔又美丽的椴树，它的下面有二十几棵小椴树。深秋时我们到沟壑去挖小椴树。现在是七年级临近结束，还在读五年级的时候，孩子们种下了友谊树。每棵树都是由一对朋友种的。栽树的地点是保密的，因为友谊完全是个人的事。我希望建立一种精神上的一致性，这种一致性是不可侵犯的，并且应该作为某种最宝贵和最亲密的东西保留下来。如果您希望集体精神生活丰富而充实，那就创建一种充满纯洁和高尚感的个人生活，一种可以赋予个人幸福的生活，一种不受任何人干扰的生活。这是教育中一个非常细致的方面。

  朋友们找到一个只有他们两个人知道的角落，栽上在沟壑里挖的小椴树。没有什么能比纯洁友谊所展现的浪漫主义精神更能使少年的心灵高尚了。如果没有对友谊之美和人的奉献之美的体验，少年的心就会对忠于责任、忠于祖国的崇高的道德思想置若罔闻。如果没有对人的这一高尚需求，就没有对思想的忠诚。我力求使友谊的浪漫主义精神在儿童时期和少年时期就在孩子们的心中扎下根。忠于人民的崇高思想通过对人的需求感进入了少年的心灵。在体验友情的同时，少年们认识到了人民、人民的理想、工作和创造的美。

  在我的学生读五年级的时候，我们学校开始与戈梅利州科尔缅斯克中学结成友好学校。我们的少先队员每年都会去拜访他们的朋友，白俄罗斯的客人也会来拜访我们。在白俄罗斯的树林和我们的树林里举行少先队篝火晚会已经成了一个传统。在客人的第一次访问中，我们建了一个友谊园，我们和白俄罗斯的少年队员在园中种下了苹果树、樱桃树、李子树和杏树。尊贵的客人每次来的时候都会为友谊园增添树木。在少年的生活中，从来没有任何一种劳动能像在友谊园中照料树木那样，生动地体现崇高的公民感和深厚的亲切感。每个人都对这项劳动投入了自己心中最真挚的热情。我们老师深信，与兄弟民族的孩子们的友情，是一种能够使少年的灵魂变得高尚的强大精神力量。在这种友情的影响下，少年的心灵简直发生了大转变：无动于衷和冷漠变成了敏感和关心，利己主义者对人们的责任感被唤醒了。

第六章　　　道德的形成　公民的诞生

　　托利亚、彼特里克、科利亚和季娜的家庭氛围使他们的心变得冷漠，他们多次去拜访了白俄罗斯朋友。我永远不会忘记托利亚是怎样同与他成为终身兄弟的同龄人哭着告别的，而且他并不为自己的眼泪感到害臊。这是他人生中第一次流泪，第一次因体验到了一种高尚的需求（对人的需求）之美而激动。我欣喜地看到了托利亚的性格是如何变化的：这个男孩变得对语言敏感、容易受感动。似乎从前不理解的东西现在开始使他担心和不安，并促使他干预周围的生活。从白俄罗斯朋友那里回来后，托利亚突然发现他家附近住着一个残疾的学龄前儿童彼得里克。这个卧床不起的小孩的痛苦震撼了托利亚。有一天，彼特里克对托利亚说："你能在地上走，多幸福啊，你可以走到池塘边的柳树下……"这些话深深地刻进了这个十二岁少年的心中。他来找我，给我描述了他的小朋友的眼神。他在彼特里克的目光中看出了恳求：带我一起到树林、到田野去吧，哪怕就一次！托利亚与这个小孩的友谊就这样开始了。这种友谊在少年的情感教育中起到了很大作用。

　　有一次，白俄罗斯朋友带来了我们地区的稀有树木——枞树和花楸树的树苗，大家一起开辟了一条友谊之路。而我们给白俄罗斯朋友带去了苹果树的树苗，于是在白俄罗斯的土地上也有了绿色的友谊园。少年们挖起我们乌克兰的普通土壤，把它装箱运往白俄罗斯去，把土壤撒在苹果树下，让苹果树长得更健壮。他们在这些独特的时刻体验到了一种深刻而细腻的情感。在白俄罗斯的土地上打开这些箱子并种下苹果树时，我在托利亚、彼特里克、科利亚和季娜的眼中看到了人的高尚的光芒。此刻，一个人正在攀登道德美的顶峰，他感觉到自己在精神上是富足的，体验到对神圣的人民理想的参与感。我发誓要引领我的所有学生都经历这一过程，与他们一起登上道德美的顶峰。

　　生活证明，思想教育是培养一种用智慧和心灵认识世界的精细的能力。少年的道德情感和审美情感越细腻，他们对老师的话就越敏感，我用语言创造的形象和画面对他们意识的影响就越微妙。与白俄罗斯朋友见面给少年们留下了深刻的印象，因此他们对我所讲述的关于列宁主义思想的故事特别敏感。细腻的感受、用心深入他人的精神世界、对人的强烈需求——所有这些都确立了革命的浪漫主义精神的敏感性，这种浪漫主义精神就是为了人民的幸福、为了红旗和少先队员的红领巾而建立功勋。在给少年列宁主义者们讲述关于忠于少先队誓言的故事时，在讲述为革命的红旗而献出生命的英雄的丰功伟绩时，我看到少年眼中燃起了高尚情操的火花。那一刻，我回想起许多学校老师的抱怨："为什么少先队员有时会漠视红领巾？为什么有时他们甚至羞于戴红领巾？"这是因为他们常常缺乏用于进行思想教育的牢固的情感基础。只有当思想与美感和人的高尚情操不可分割时，它才能够成为个人的收获和心灵财富。如果一个人珍惜道德美，他就不能摒弃这种思想，就像不能扔掉自己的心一样。

八年级时，我们班建立了共青团组织。少年们怀着激动的心情筹备这件事。少先队中队的全部精神生活，实际上是为加入共青团组织而做的准备，少年把共青团组织看作是成年人的组织。首先要让每个人都以自己的方式进入共青团组织，使每个人都可以在个人成熟后被引领进该组织。不能认为告诉了八年级的少先队员："你们现在已经是少先队员了"，并在一种庄严的气氛中授予他们共青团证，就能使他们成为成年人。老师们如果天真地相信共青团证的魔力，常常会导致意想不到的后果：如果少年觉得在庄严的仪式结束后他被忘却了，他就会变得冷漠。他甚至开始想：所谓的一切高尚的、崇高的东西都是虚伪的。我们关心的是，要使每个少年在内在公民感、社会政治方面都成熟的基础上加入共青团。个人的社会工作经验将在此发挥着重要作用。我力争让班上的每个少年都体验到被他人需要的感觉，体验到个人为集体而劳动的快乐。一个人不仅要认真执行交给他的工作，还要成为重要社会事务的组织者和发起者。只有在这种条件下，他才能为加入共青团做准备。

第六章　道德的形成 公民的诞生

每个人都必须找到自己喜欢的事。七年级时，瓦尼亚已经成了少先队探索大自然小组的负责人，并且有自己的学生（三年级和四年级的学生）。暑假期间，瓦尼亚带领他的孩子们一起去旅行：少年育种家正在寻找最抗寒的小麦品种。他关心小同学，将他们的成功和失败都记在心里。我们全体老师十分关心的是，要使每个少年的社会活动中都贯穿着他们与小同学之间细腻的、多种多样的关系。

尤尔科在六年级时就已经成了一名机械师，学校的技术设备（拖拉机、汽车、修理机械）都归机械师管理。在他的周围逐渐形成了一个研究内燃机的少年机械师小组（三到五年级的少先队员）。这种社会活动的教育力量在于，少年首先看到的不是机器和机械，而是活生生的人。七年级时，许多少年走出了学校的围墙，村庄和集体农场成了他们进行社会活动的场所。一些孩子表现突出，他们爱上了一项有趣的工作：在文化中心向居民传播科学知识。村里成立了书迷协会，少年们也参与了这个协会的工作。秋天和冬天的傍晚，在村边，彼特里克、塔尼亚、柳达和柳芭都给集体农庄的农民朗读了艺术作品，他们因此交到了成年朋友。我们建议少年："你们要想一想，衡量一下自己的力量，检查自己是否已经为加入少年共产党员组织做好了准备，不必着急，但也不可浪费时间，哪怕是一小时。"

我们希望少年的精神生活充满许许多多的思想、情感和体验。我们力求营造一种有利于这个年龄的孩子独自一人阅读和思考的气氛和条件。明智的做法是，在此期间需要老师和学生有共同的兴趣，以便正好在此时向每个少年单独推荐不同的书籍。

瓦莉娅、拉丽萨、科斯加、科利亚、加利亚、柳芭和瓦尼亚是最早申请并加入共青团的人。曾经参加过伟大的社会主义十月革命和伟大的卫国战争的人参加了吸收他们入团的会议。我们村的第一位党员，参加过国内战争的瓦西里·姆西耶维奇对新入团的人做了指示。在此之前，为培养少年的社积极性所做的一切，实质上是为接受老一辈指示的思想而做的准备。我们对指示的内容和形式赋予了很重要的意义。接受共产党员的指示已成为共青团的一个传统。

道德的坚定性

　　季娜的命运坎坷。她的母亲本来不想生下她，曾经想尽办法想让季娜早产或成为死胎。这个女孩出生的时候很健康，但面部有缺陷（前额是扁平的）。孩子出生后，母亲还是想摆脱她：把她独自留在房间里，长时间不给她喂奶。幸亏一件偶然发生的事情救了她的命。在这之后，母亲对女儿的爱苏醒了，一个想法折磨着她：她觉得自己给孩子带来了灾难。母亲经常趴在孩子身边哭泣，为孩子的健康担心，而小女孩长得很健壮。

　　季娜上学后，很少有人注意她扁平的额头。女孩戴上头巾，这个缺陷就看不出来了。"蓝蓝的眼睛，浅色的辫子，长大后是个真正的美人。"我们老师都这么认为。季娜是个聪明、好学的姑娘，她发自内心的敏锐、善良和对人的信任让她在集体中显得很突出。她把同学们的快乐和忧伤都放在心上。有人生病了，没有去上学，她就很着急和担心，过去看望病人。对情感的敏感性、感受力——这些心理特征既能够使教育工作轻松些，又使教育工作的难度加大。道德真理一旦被理解，就会在她敏感的心灵中留下深刻的痕迹，思想很快会成为敏感的心灵的信念。但与此同时，敏感而易受感动的心倾向于对真理的敏锐体验，为此需要一定的生活经验。

　　季娜 10 岁的时候，她敏感的心第一次使她想起了自己童年的不幸。一天早晨，离上课时间还很早，季娜的妈妈惊惶不安地哭着来找我："怎么办？季娜一晚上没睡，从昨天开始就心事重重的，一直睁着眼躺着。我都睡着了，她的哭声又把我吵醒了。她一直不说话，这是怎么回事啊？然后她说：'妈妈，难道我们都会死吗？您，我，所有人？'我该怎么给她说？我尽力安慰她，但她还是哭，后来她好些了，但是一刻也没睡。"根据经验，我知道不可避免会死去的念头使这颗对情感很敏感的、感受力很强的心受到震撼。但是我从未遇到过像季娜这样深刻的感受。小姑娘开始变得沉默寡言和孤僻。周围发生的事情似乎都与她无关。她深深地陷在自己的沉思中。有时，在听着老师讲课时，起初她似乎正在认真思考学习的内容，然后她的目光会凝视某个地方，眼里含着泪水。如果跟她说话，她会猛地一惊，像从熟睡中醒来一样。高尔基写道，对死亡的恐惧将人驱赶进信仰的牢狱。这种恐惧会束缚一个人的精神力量，并会在道德面貌和道德思想上打下终身的烙印。

我们花了很大力气使季娜体验和感受到生活的乐趣，使乐观的世界观成为一面三棱镜，让她能够通过它看到大自然、人们和她自己。幸福首先是一种乐观态度，是一种对美好未来的信念，一种富有创造力的劳动，一种对满足人类最高需求（对人的需求）的愉快体验。少年还不知道如何梦想未来。他的幸福就是快乐的今天、充实的精神生活、为今天的人们创造快乐而贡献体力和精神力量。我尽力使季娜的生活充满今天的幸福。令人不安的关于死亡的念头在她的意识中逐渐消失，季娜变得像从前一样开朗。

但是又出现了新的危机，这是我既惧怕，但又是在意料之中的——女性意识觉醒的时期到来了。女孩觉得自己的美是残缺的。这个想法给她带来了痛苦。季娜对自己的自卑感不知所措。母亲用心去感受到了女儿灵魂中正在发生的事情，但是关于此事她一句话都不敢提，生怕加深季娜的痛苦。季娜对同学们的每句话都很敏感，极其敏感。她在女友们的耳语中捕捉到有关她容貌的话，这让她更加痛苦。如何治愈这敏感的心灵中的创伤？不可以直接与她谈论痛苦的原因，这会让她更加郁郁寡欢。但是，无论我们多么想避开这些刺耳的话，都不得不在与女孩的交谈中把这些话说出来，除非她自己准备好了分享她的痛苦。需要耐心等待这个坦率的时刻，但是还需要做些什么来鼓励她。当我正在考虑所有这些时，意想不到的事发生了。

在一个温暖的春天的夜晚，季娜去了河边，她坐在石头上，默默地注视着水面。有一天，天已经黑了，女孩感觉到有人站在她身后。她回过身去，看到一个穿着节日盛装的美丽的中年妇女。她和蔼可亲地看着季娜，她的目光让季娜感到愉快。季娜认出来了，站在她面前的是玛丽亚，她是基督教福音会浸礼会教派一个牧师的妻子。这次会面之后发生的一切，我是在季娜面临着巨大的危险时才知道的。我没法一字不漏地讲她的故事，这将是一部完整的中篇小说，我只能简要讲述季娜所经历的事和她所感受到的恐慌。所有这些对我们老师来说都是严厉的教训：个人的幸福，个人幸福的精神上的充实是一颗珍贵的宝石，它折射出共产主义理想的所有的东西：科学唯物主义真理、伟大的社会目标、社会的美好和安宁，在宝石璀璨的光芒中这些成为一个人最宝贵的东西。没有个人的幸福，没有深刻的个人快乐，就不可能有完整的世界观。幸福、理想和世界观是一个重大的哲学问题，这不是书本上研究的哲学，而是心灵的剧烈震颤，是一个活生生的人的激情。

第二天傍晚，季娜又去了河边，玛丽亚也在同一时间来到。现在她向女孩走得近了一些，坐在她旁边，用手抚摸着她的肩膀，还像昨天一样和蔼地注视着她的眼睛。

"我看出来你不幸福。"玛丽亚说："你是如此不幸福，以至于很想离开这个世界……"季娜想反驳她，但玛丽亚继续亲切地低声说："什么都不必说，上帝已经知道了你想说的话：'这不关您的事，阿姨。'你错了，女孩。这是我的事，我们都是耶和华的儿女，都是兄弟姐妹。我们都会死，我们都是这个世界上的朝圣者，我们的永久家园就在天堂。但是上帝不允许你在他召唤你之前去找他。他知道你的时刻何时到来，他会召唤你、我，以及徘徊在这个世上的每一个人。在那里生命是永恒的,女孩。你的灵魂就像那朵云彩一样纯洁。你的灵魂很美,而身体只是罪恶的激情和诱惑的暂时居所。不要被关于美的念头所困扰,这只是昙花一现。来找我们吧,我们是真实的人,听一听我们在说什么,我们热爱歌曲和音乐。在这里,您会找到您所等待的真正的善良、真理和安宁。"

季娜听着她的话,深思着玛丽亚对她说的每一句话。她不止一次听到和读到过宗教神话是一种欺骗,但现在这一切都已被遗忘。她面前有一个活生生的人,这个人的眼中燃烧着坚定信念的火花。也许这个女人曾经幸福过,现在也是幸福的,这也许就是因为她相信她所说的那种真理。难道一个真诚地、全心全意地希望你好的人会是个坏人吗?玛丽亚的话之所以使季娜激动,还因为这些话对季娜怀疑的事作出了回答,而这正是她想要的答案,是她内心深处所等待的东西。是的,她真的想过要结束生命。她想不出比自己的自卑更可怕的事情,于是她很想死。当她从这个女人的口中听到关于永生而美丽的灵魂的话时,这些话对她来说就不再是宗教神话了。也许在季娜灵魂深处的某个地方隐藏着这样一种思想:这是骗人的,但在绝望的一刻,她希望它是真的。人在艰难的时刻会制造关于真理的幻想,他愿意相信自己的想象所编造出来的东西,人大概就是在自己的想象中创造出了上帝。

季娜去了"真正的人"那里。那天,教徒们聚集在一起,为他们的教会中幸福的事祷告:一个二十岁的女孩嫁给了一个四十岁的鳏夫。这给季娜留下深刻的印象并令她震惊。她惊叹于教徒们出色的合唱团。令她更为惊讶的是,"圣歌"是用季娜熟悉的乌克兰民歌俗世的曲调演唱的。亲切的旋律使她激动,扣人心弦,赋予了歌词特别的含义。玛丽亚送季娜回家,提醒她两天后有礼拜六的祷告。周六季娜又去了"神圣的教堂"——教徒们这样称呼一所普通的房子。这次她认真聆听了神甫的布道。他用平静、亲切、父亲般的口吻讲道:"我们都在主的手中,我们谁都不知道明天会发生什么,下一分钟会发生什么。只有上帝知道，所以请相信上帝的万能吧。"

神甫说，现在由他们教会的骄傲——牧师讲话。他的话很吸引季娜，他的话中有太多崇高的灵感和真诚的信念，使女孩感到自己的心跳加快了。但随后在她的意识深处产生了一个疑问：为什么玛丽亚、牧师和神甫都强调一件事——要不加思索地去信仰，用心去信仰，而不是用理智，不对你的心告诉你的东西进行理智的判断；上帝是看不见的，也不能用思维去理解和认识他。凡人只能用心去感受上帝，去信仰、信仰、信仰吧……这里所说的包含与玛丽亚的话一样的顽固的思想：我们在周围看到的只是一个梦，我们是这个世界的过客，我们真正的归属在那里，在永生的法官旁边。你工作、吃饭、睡觉、享受阳光和生儿育女，但你每一刻都要准备着结束你在这个世界上的短暂旅程。上帝越早召唤你，你就会越幸福。

季娜感到身体僵硬、一头雾水。难道这就是她所寻找的东西吗？一瞬间，在她面前，像一道耀眼的闪电一样，闪耀出关于灵魂的永恒的美的念头，而结果是不能去思考，也不能在自己的想象中描绘出什么是永恒的美，什么是灵魂。关于这些疑问，她低声问了玛丽亚，而玛丽亚严厉而愤怒地看了她一眼，以至于让女孩大吃一惊：这真的是那个美丽又亲切的女人吗？玛丽亚推了推她，生气地低声说道："要用心去信仰，用心，而不是用思想去判断。除了天堂，还有地狱的苦难。上帝会惩罚卖弄聪明的人。"

季娜后来说："那一刻，似乎一切都在我眼前暗淡下来了。我几乎失去了知觉。玛丽亚把我带出房间，送我回家，她说了些什么，但我完全没听懂。"

季娜生了重病。惊慌失措的母亲来到了学校，她把季娜告诉她的一切告诉了我，关于与玛丽亚的对话，还有女儿去祷告的事。"她现在正在说胡话，在胡话中叫着您，请您过来吧。"

我们在病床前见到了玛丽亚。在季娜恢复意识的那一刻，她一看到玛丽亚就突然大叫起来："走开！……"

三周后女孩好些了。她说出了一切。教会的要求令她很震惊：什么都不要想。怎么会这样呢？灵魂是什么？灵魂的美是什么？难道可以不假思索地去相信什么吗？这些都使女孩感到深深的震惊。女孩坦率地说出了自己的悲痛：她为什么去教会，在这之前她的想法和感受，她如何想用自杀来结束生命。现在，既然季娜打开了心扉，那就可以小心地触碰她内心的创伤了。

我对季娜说："姑娘，你很美。你不仅心灵美，而且外表也很美。你有美丽的眼睛和漂亮的辫子，有美丽的脸庞和身材。你的美还在于你的自尊心，在于你对自尊的体验。你会找到自己的幸福。你已经确信真正的幸福在于不要做一只毫无怨言的、唯命是从的羔羊，而是要相信理智的力量，去创造幸福。快点好起来吧，朋友们在等着你。离这些虚伪的人越远越好……"

我还没说完，季娜打断了我："不，我还要去那里一趟，对他们说……"

她又去了他们那里，对他们说了真实的、热情的话。当牧师再一次开始说必须用心，而不是用理智去信仰时，季娜站起来用响亮的声音问道："难道理智不是灵魂吗？"

牧师吃了一惊，猜不透女孩在想什么，他回答道："是的，理智也是灵魂。只有人才有理智。"

"我想知道，如果像您教诲的那样不能思考，那么灵魂中还能剩下什么呢？我想知道你说过那么多次的永恒是什么。我想知道天国到底是什么样的。我想知道为什么我必须每时每刻都要为死亡做准备。我想相信这一切。但让我非常惊讶的是，为什么我不能思考这一切？那么，如何相信不能去思考的东西呢？"

牧师沉默了。一个14岁女孩的简单而明智的论证令他困惑。然后他又兴奋地开始说同样的话："必须用心信仰，因为是上帝要求这么做的。"

"但是人的心也是理智。"季娜说，"没有理智就没有人的心。动物也有心，但是没有理智，心就不能成为灵魂。您多次说到了灵魂，而您自己又给灵魂拴上了链子。您把灵魂变成了奴隶。您夺走了人们活生生的灵魂，把它变成了木乃伊。而我想活着，我不想去想什么死亡，我想去思考蓝天和花朵。"

也许读者会认为，一个 14 岁的小女孩能表达出如此深刻的思想，真是令人难以置信。如果这个美丽的灵魂没有进入我的生活，如果不是她说的关于生活、真理、美、幸福和理想的鲜明的、充满智慧和灵感的话语多次深深打动过我的心，我也不会相信。

我并不是在夸大季娜对教徒的影响：他们在听了季娜愤怒和真实的话后并没有成为无神论者。但是这些话震惊了一些人，尤其是年轻人，他们被话里所包含的真理、真诚，对恶行和对人施暴的毫不屈服的精神强烈地震撼了。

在遇到异己思想影响后，季娜投入了争取自己精神自由的斗争，并取得了胜利。在那些日子里，当女孩被死亡的必然性的想法、被自卑和无法获得真正幸福的想法所困扰时，如果她没有得到帮助，如果在学校里季娜周围的生活没有渗透着乐观主义的世界观，她就会屈从于宗教世界观的影响。对异己思想的影响的抵抗力是由集体的精神生活的整体结构发展而来的。在一个人与思想上的对手正面遭遇情况下，这种品质才能明显地体现出来。

个人的道德财富的特点是思想、情感、体验和活动的统一。在为整个少年时期中一年或几年的教育工作做准备之前，首先要确定在此期间少年将要了解哪些关于周围世界以及他本人的知识，以及这一认知过程将如何在精神生活，特别是在具体活动中得到体现。从本质上讲，少年时期要求的一定程度的积极性，要在少年与他人的道德关系中深刻理解、认识和体验需要成为个人财富的思想。

要注意的是，少年对于思想和真理的认识（这些思想和认识激发着我国人民和全人类）不要脱离实际。要逐渐扩大少年的思想、情感和体验的世界——把眼光从自己的村庄、城市和州，扩大到祖国的现在和未来。如果少年思考与祖国命运有关的问题，他所关心的事就不会仅限于满足日常需要。应该努力使那些似乎与个人利益无关的具体的事情成为对于少年来说非常个人化的事情。当一个人的个人利益（包括许多人的利益）范围扩大时，他就成为一个公民了。应该使个人与他人之间的道德关系表现为：把他人的利益也看作少年的个人利益。由此，我们进入了个性教育的细腻而复杂的领域——情感和审美教育的领域。

第七章

情感与审美教育

第七章　情感与审美教育

道德与道德教育的统一

用不偏不倚和漠不关心的态度去解释和理解世界，是不可能认识周围的世界的。在人的活动中没有高度的情感素养，没有具有高度思想性的情感取向，是不可能对共产主义理想产生信仰和忠诚的。我们国家的社会政治发展、社会每个成员面临的新任务，扩大了我们对周围世界的干预范围。

对老一辈创造的物质财富和精神财富的公民责任感和承担的个人责任，是道德财富、个性的全面发展和人的思想积极性的重要源泉之一。少年对我们的人民所创造的一切承担着个人责任，只有在人的灵魂中牢固树立对这一观念的个人态度时，这个观念才能成为每个少年的道德收获，而如果缺乏对社会的细致的责任感，就不可能形成这种态度。

在我们这个时代，当一个人还坐在课桌旁学习时，他就已经在思考社会发展以及他自己的精神生活的复杂规律了。人与社会、人与祖国、人与集体、人与自然、人与未来——这些问题正日益成为人们的关注对象。一个人在日常生活中的工作态度和行为越来越多地反映在他人的命运中。平安和幸福取决于每个人对他周围人的感觉如何，他如何协调自己的行为与集体和社会的利益。集体主义、友谊、友善，尊重他人的内在精神世界等情感的培养和发展越来越受到社会的重视。

对待他人缺乏情感上的素养会导致利己主义，这是冷漠、反社会行为和犯罪的主要根源。有些人不懂得什么是"人剥削人"，他们的不道德行为的根源在于情感和道德上的无知，而这种无知是与普遍的精神世界的贫乏联系在一起的。年轻人可以支配的从长辈那里获得的物质财富和精神财富越多，他个人对社会的责任感就越强、越深刻。我强调一下，不仅要懂得社会对我的个人幸福是毫不吝啬的，而且要从情感上、态度上正确对待我们国家的社会关系的这一因素。在少年的教育中，使少年体验对长辈的个人责任感，这一点尤为重要。

要庄严地向少年揭示这样一个思想：人高于一切，我们社会中的一切都是为了人的幸福。如果对这个真理的认识没有伴随着高尚的情感素养，那么以培养人的自尊为目的的宏伟思想就不可能达到预期的结果。

狭隘实用主义情绪正是以下事实的结果：个别少年没有体验到对自己的行为举止、对待他人态度的道德之美的渴望。个性的自由（包括情感自由）是我们社会的一大幸福。但是，如果人与人之间的关系没有浸润在一种最纯洁和高尚的情感（即人的情感，以及感到我身边的人们的兴趣和愿望可能与我的不一致）中，那么这种幸福就会变成一件坏事。只有当情感自由是源于情感上的自我约束时，它才能够带来具有普遍意义的好处。在这里，应该比其他任何精神生活领域都能更多地培养一个人对他人的责任感。必须通过情感的约束、自我教育和自我约束，将少年引向"情感自由"的概念。道德、智力、审美情感的培养在这三者之间的紧密联系中具有实用的针对性：教导年轻人控制自己的欲望，自觉地限制欲望，成为欲望的主人，培养自己对人的高尚需求。

帕甫洛夫将情感称为黑暗力量。情感的生理基础隐藏在人的动物性本能中。人类之所以高于动物，正是因为其特殊的素养、人的认知、劳动和社会关系使他的情感变得高尚。创造生产资料的手的最初有意识的活动、人类思想的第一个火花，同时也是人类发现世界之美的第一步。当一个人看到傍晚的霞光和蔚蓝的天空中飘浮的云朵，听到夜莺的歌声，并对自然之美产生钦

第七章　情感与审美教育

佩之情时，他就成了一个人。从那时起，思想也同时得到了发展。但是，培养高尚的情感需要大量的教育力量。

情感教育与审美教育的统一在少年时期具有特殊意义。从本质上讲，思维的新阶段促进了一个事实，即用思想和情感去认识、掌握的不仅是事物、事实和现象，还有观念和原则。一个人对社会、对社会观念的情感和审美的个人态度越鲜明，道德情感就越深刻。在少年时期个人对周围世界的审美情感评价特别鲜明，这一点可以通过以下事实来解释：一个人似乎第一次通过思想和原则的棱镜发现和看待世界。全新的世界观、对许多新事物的发现启发了人们对思想和原则的个人态度：少年受到善良的鼓舞并为之赞叹，同时为邪恶而愤慨。这是发展道德情感过程的一个重要方面。少年的道德素养在很大程度上取决于他在深刻理解社会生活和人际关系等复杂现象的本质时，对高尚情感的体验程度。

一个人如何细腻、热忱、真诚地对待他人和集体，如何对待他人的苦和乐，取决于他在少年时期所认识到的思想和原则的情感色彩是否鲜明，取决于他的思想观念所涵盖的事实的范围是否宽广，取决于他对周围世界作出的情感评价和道德评价如何有机地融合和结合，还取决于他所学到的思想是否深刻反映在他的个人活动和斗争中。要激发少年在认知过程中为崇高的理想而奋斗，感到自己与人们是志同道合的人（由于这些人具有思想上的勇敢精神，他们的形象已进入人类的精神宝库）——这一过程体现了一种高水平的教育技巧。

必须对少年们进行细致的、明智的情感教育，它取决于知识、教育和智力发展在少年的精神生活中的作用。世上没有比儿童时期、少年时期和青年早期的教育工作更困难、更紧张的工作了。只有当人们在了解、掌握知识的同时还具备了很高的情感素养时，这项工作才能达到预期的目标并能够丰富精神世界。缺乏情感教育和对世界的认识之间的统一，是造成对知识漠不关心和最终导致不愿学习的最顽固和最危险的源头之一。智力劳动的情感素养及掌握知识的过程通常是学校生活中智力财富的一个重要方面。

感觉素养和知觉素养

情感和审美教育始于感觉素养和知觉素养的发展。至于劳动技能的培养，必须进行长期的手部训练以发展智力。因此，培养精神素养、道德素养、情感素养和审美素养需要进行长期的感观训练，首先是视觉和听觉的训练。

对周围世界和对自己的感觉、体验，以及审美情感态度是否细腻，都取决于感觉和知觉素养。感觉和知觉越细腻，一个人在周围的世界中看到和听到的色调、语气和音调越多，他对事实、物体、现象和事件的个人情感评价表达得越深刻，表达其精神素养的情感范围就越宽阔。作为思想教育的最重要因素，对思想、原则的情感和审美评价，取决于一个人在认识世界的过程中所产生的这些情感的体验是否深刻，例如喜悦、钦佩、惊讶、悲伤、焦虑、羞愧、愤怒、惊慌，以及良心的谴责等。我力求使学生早在童年时期就能受益于细腻的情感，这些情感及其各种各样的情感色彩始终伴随着一个人对大自然的景象和现象的认识过程。在少年时期，这种教育目的性更是得以加强。每个孩子都必须经过长期的感觉和知觉的训练，这种训练能发展每个人身上的各种各样的感觉，这些感觉始终伴随着认识，并在认识过程中产生和发展。

我们在能够揭示知觉的丰富性的时间和地点，完成了在自然界的旅行。从春天到来时起，我们每天都去村边，爬上草原的丘岗，从那里望去，开阔的山谷和远处的草原都一览无余。每一次我们都能看到春天新的色彩。我们发现树木从冬天的灰色到被绿色所装点的细微变化。灌木丛生的坡地呈现

第七章　情感与审美教育

出柔和的棕绿色，这种色调每天都在发生着变化。根据不同的天气，尤其是根据春天阳光的变幻，绿色的色调也在发生着变化：从淡绿色到紫绿色，从蓝绿色到淡紫色。我们发现春天的绿色有二十多种色调。草地上的绿色色调的变换尤为丰富。少年们从中体验到了快乐、惊喜和惊叹的情感。知觉的细腻孕育了情感的细腻，发展了人对体验这些情感的高尚需求。

当秋天打开它色彩丰富的调色板时，在森林中的旅行是培养感觉和知觉的奇妙课堂。很难找到语言去表达在初秋宁静的日子里，尤其是在雨后或露水大的夜晚之后，在阳光明媚的早晨，清新的空气仿佛展示出森林、花园和草原的新的秋色。一些少年发现了七十多种颜色和色调的变化，从红色变成黄色，从黄色变成绿色，从绿色变成蓝色，还有一些人发现了八十多种色调的变化。瓦莉娅和柳达说她们在一片槭树叶上发现了九种色彩的变化。米什科、柳芭和科斯加看到了冬小麦的绿色的七种色调。晴天放学后，少年们很想去田野、森林和池塘边，欣赏美景和愉悦身心。一种崭新的令人惊叹的周围世界的空间之美展现在我们眼前。我们开始仔细地观察和审视，并发现每到早晨和傍晚，有些颜色的色调发生之所以变化正是因为空间的变化。

初秋的一个周日，我们到田野去观察少年们所说的草原的远方。当太阳升到天空的最高点时，我们爬上了斯基泰人高高的陵墓。一幅令人惊叹的画面展现在我们眼前。少年们不由地欣喜若狂地观看着这幅画面。我们久久地沉默，好像害怕破坏了这迷人的画面和我们在这一刻所体验到的由此产生的幸福感。我们面前的田野像风平浪静的大海，森林像绿色的小岛一样屹立着。密密麻麻的山谷，连绵不绝的丘陵，此起彼伏的波涛，星罗棋布的陵墓，郁郁葱葱的森林，这一切都绵延到了远方，仿佛一个神奇的海洋王国迷人的深底一样。而辽阔的空间，笼罩在田野上方的微颤的雾气，就像被阳光照射的透明的水底一样。我们看到了这个空间是如何给庄稼地、草地、丘陵、山岗、小灌木林，散布在山谷中仿佛在柔和的秋日阳光下打盹的村庄、深绿色的樱桃园，以及被绿色柳树环抱的静静的蓝色池塘（少年们称之为"落在地上的蓝天的碎片"）涂抹上了几十种色彩。我们欣赏着色彩的最细微的变化——从浅绿色到深紫色，从浅蓝色到深蓝色，空间的颜色和色调展现在了我们眼前。笼罩在地平线上的森林的紫色雾霭，将我们引向远方。下一个星期日，我们去了那儿，于是一个新的远方展现在我们面前：第聂伯河、村庄和田野、第聂伯河两岸一排排挺拔的杨树和枝条弯曲的柳树。看到和体验到周围世界的美，是理解和体验生活的乐趣和美的一个重要的源泉，它使我们产生一种独特的思想：在永恒的世界、大自然和美中，我只能生活在大自然分配给我的一段时间内。要让每个人在少年时期都思考自己该如何度过一生，这一点非常重要。我们必须教导一个人珍视生命——珍惜人、爱护人和珍惜生命。

我永远不会忘记在森林边宁静的夏日早晨，我们是如何观察一天的开始和日出的。孩子们仿佛着魔一样站着不动，目不转睛地盯着朝霞的色彩变化：天空中色彩的变化，镜子一般的池塘深处的色彩变化所映出的清晨的美，这一切把他们吸引住了。在安静而柔和的秋日里，我们学会了辨别万里无云的晴朗天空的十四种色调。塔尼亚将其中一些色调称为"冰冷的、令人不安的天空"；丹科将其中一种色调称为"平静的天空"；费加找到了"深沉而凝滞的"一词来形容天空的色调。

在大自然中的旅行也丰富了我们的听觉感知。和童年时期一样，在少年时期倾听大自然的音乐也带给了我们很多快乐、赞叹和惊讶。在我的学生们心中，春天的草地上奏出的乐曲给他们留下了终生难忘的印象。这是他们从小就熟悉的乐曲，而现在他们能够更加细腻地感知和体验它了。在阳光明媚的春日里，当草地刚刚被第一抹嫩绿覆盖，而树木被淡淡的紫绿色覆盖时，我们来到池塘边，坐在那棵老柳树旁，聆听着来自春天的草地的遥远的声音（这是少年们创造的艺术形象）。世界为我们发出了最微妙的音色的变化。从温暖的地区飞回来的鸟儿在欢乐而喧闹的天空中（这是卡佳的话）歌唱；波涛轻轻拍打着海岸，柔软的枝条在我们的头顶微颤，草地上的某个地方不时地响起一种轻轻的声音，似乎天空的蓝色苍穹在发出叮叮当当的声音。这是音乐唤醒了人们心中对世界的愉悦的感知。一个人体验到与大自然进行交流的乐趣，于是他很想变得更美、更好。着了迷的丽达说："生活多美好啊！"

我们还去听了森林的喧闹声。在宁静的夏日，少年们头顶烈日，在阳光明媚的早晨，然后就该是闪闪发光的白天（舒拉的话）和警觉的傍晚（托利亚的话），当通红的霞光预告着起风的凉爽的日子即将到来时，少年们捕捉到了森林的乐曲中极其微妙的音调（加利的话）。

夏天的田野的乐曲也带给了我们极大的乐趣。正午时分，我们走进田野，躺在麦穗下，仰望着炙热的天空（拉丽萨的话），倾听着麦穗的低声耳语、鹌鹑扑棱翅膀的声音和百灵鸟银铃般的歌声。百灵鸟的歌声是这首交响乐的主旋律。我们的女诗人瓦莉娅说："仿佛整个世界都在发出银铃般的声音。"在灌木丛生的山沟里，我们还发现了（科利亚的话）另一种大自然的令人惊叹的旋律——森林小溪的乐曲。小溪的涓涓细流从泉眼中涌出，潺潺地流淌（女诗人丽达的话）。在寒冷的冬日，我们去了"梦想角"，在秘密山洞里生起了火。这几天，暴风雪来调皮捣蛋（米什卡的话）或寒风来敲门（斯拉夫卡的话）时，对我们来说那是一种真正的幸福。

小时候，在离村子不远的草原上度过的欢乐时光，深深地留在了我的学生的记忆中：我们观察着白天的消失和夜晚的降临，倾听傍晚的田野奏出的乐曲。到了少年时期，这些时刻特别令人愉悦和向往。我们坐在一棵高高的白蜡树下，看着黄昏的暮色笼罩着（谢尔盖依卡的话）田野和村庄，聆听着白天的喧闹如何安静下来，新的乐曲——夏夜之曲如何奏响。

在对周围世界最细微音调感知的影响下激发出的情感，使少年们的视觉更细致、心灵更敏感、感受力更强。每次我们从森林、田野、池塘边返回时，我都看到，形象地说，孩子们不仅对大自然的美看得更清楚，还对所有人与人之间的事情也观察得更清楚了。他们不仅对彼此的精神状态更加敏感，而且还关心其他"外人"。在听了森林小溪的音乐后，在回家的路上，我们看到路边有一棵小树被汽车撞断了。孩子们走到树跟前，若有所思地、难过地久久站着。虽然他们一言不发，但仍然能够感到，此刻少年的精神生活正在发生着一些复杂的活动。

　　这些年，少年们种植了"人民的花园"和"人民的葡萄园"。艰巨的劳动已成为孩子们的一种精神需求。培养感觉素养和知觉素养，对于少年，特别是其家庭环境中隐藏着使心灵变得冷漠无情的危险的少年，具有特别重要的意义。有时，只要科利亚和托利亚在家里待上两三天，不与学校集体进行交流，他们的心就像被套上了冷酷无情的铠甲，他们变得粗鲁和易怒，尤其是托利亚（产生这些这种缺点的原因，通常是由于少年身边的家人粗鲁、冷漠和无情）。可以通过激发他对大自然的美的敏感性、思想和原则的美的敏感性，以及对他人精神世界的敏感性，去消除这个铠甲。我把激动、戒备、警觉的托利亚带到花园或草地，试图让他在这种状态下感觉到周围的美，以使他的面前能够展现出人性和真诚的新的一面。我深信，少年在激动、戒备和发脾气那一刻，他从老师那里领会到的东西非常重要。我给托利亚讲了那些为他人创造美和欢乐的人的事情。要让一个心中种下了冷漠、易怒和无情的种子的人，看到并感觉到某种人道的东西，这是多么重要啊！

　　我看到少年的心中的冰是如何逐渐融化，他的目光是如何变得温暖。我们深入密林深处或远处的草地，世界的美在我们面前展现。我力争使少年在这些时刻感知到最细微的美，这对于培养少年的心对语言的敏感性是十分必要的。

第七章　情感与审美教育

人的语言和情感素养

　　现在我们进入了教育工作中一个鲜被探索的、神秘的领域。为什么一个老师说的话是一种强有力的教育手段,而另一个老师的话对学生来说却是一种地狱般的折磨?无论如何都不能赞同"不能用语言去教育人"这个论点。"用语言进行教育是一种片面的教育"这一"理论"正在带来很多危害。有些老师坚信应尽可能少地使用语言作为一种教育手段,而主要使用制度、劳动和监督这些手段。这些观点和论点反映了对教育过程的肤浅认识。在教育中不存在一种唯一的、万能的、可以用来影响一个人的精神世界的手段。劳动是一种强大的教育力量,这是一个基本的真理。但如果不能用人的教育中最精细的工具——语言去触及人的心中最敏感的角落,这种力量就是一个沉睡的大力士。

　　不尊重语言、不相信语言,会导致教育上的无知和肤浅。一些老师认为:"如果'语言教育'这个概念本身有什么不体面的含义,那为什么还要在这件事上费力地进行探索和创造呢?"我称许多学校的老师与学生之间的精神交流为教育上的笨嘴拙舌。最糟糕的是,老师不善于从语言库中准确筛选出那些必要的词语,以找到那条通往人心(人心是唯一的,每个人的心都不同)的路。随口说出的话像把豌豆扔到墙上又弹回来一样,被学生的意识反弹回去。学生听不进老师的话,就像对牛弹琴。

　　从某种意义上说,语言是唯一的教育手段。这个手段尤其适用于少年时期,这是一个认识观念、原则和普遍的真理的时期。想要掌握复杂的现象和关系,需要对语言及其色彩具有很高的敏感性。如果不去发展少年对人的思想和情感的感知能力，就很难对少年进行道德、情感和审美教育。当一个人理解并感觉到语言的变化，即理解和感觉到语言的丰富内在含义和情感色彩，就会产生对语言的敏感性。培养对语言及其色彩的敏感性是个人和谐发展的一个前提。从语言素养到情感素养，从情感素养到道德情感素养和道德关系素养——这是一条通向知识与道德和谐的路。我认为语言老师和班主任的工作相结合，是创造这种和谐的有利条件。高度的感觉和知觉素养，是培养对情感色彩和词语变化的敏感性的一种手段。我不是随便地举了前述那些定语作为例子（少年们赋予了这些定语色彩和音调）。少年在他的本族语言库中找到的每一个词语都必须发挥其巨大的智力和情感上的力量。语言反映了少年在情感的自我教育中所做的大量的内在工作。人的智力进入周围的世界，需要很高的情感素养，这种情感素养的物质载体只能是语言。为了用语言进行教育，必须让语言存在于学生的灵魂中。

我给学生讲了共产主义思想的美，讲了为了祖国的独立和自由而进行的斗争，还讲了人的精神力量。如果我没有在学生的灵魂中培养出他们对语言的细腻的敏感性，如果我的每句话都没有唤醒他们内心的情感反应，那么我的话就是空话。

要使用语言进行教育，必须在少年心中创造语言的精神财富。如果没有这种精神财富，就会出现教育上的笨嘴拙舌了。我坚信，在少年教育方面隐藏着许多困难是因为，智力进入少年的精神世界时并没有伴随着老师为发展情感和审美素养，以及对语言的敏感性而进行的细致工作。在少年时期，我们继续着向思想和语言的源头进发的旅程，但目标已不仅是将新词语引入活跃的词汇库，并揭示其情感和审美色彩，还在于给这些词语赋予情感素养，以使少年在个人创造力和精神上的关系中表达自己的情感。

思想和语言的源头之旅，揭示了语言的微妙及其审美情感色彩，我力求使语言开始存在于少年的灵魂中。在这里，我们欣赏着开花的荞麦地，聆听蜜蜂那竖琴般的独特声音，我们渗透到词语的微妙中。在这种情况下，低年级的孩子就立刻开始集体创作，孩子们写作文、写诗。现在，美的灵感具有了更加个人化和个性化的特点。孩子们似乎很不好意思在集体面前表达自己的感情，于是他们开始了个人创作。每个学生都创作了自己的小故事和歌颂大自然的诗。在少年时期，几乎每个人都对诗歌着了迷。这是形成审美情感素养的重要阶段。我们不时举办诗歌创作晚会。少年们想与同学分享他们在灵感迸发的时刻创作的诗歌。诗歌牢牢地保留在少年们的记忆中，这证明了语言已经留存在了学生的精神世界中。

几乎所有的诗歌都是自由体。在某种程度上，这表明了我的影响力：我经常创作这样的诗歌，孩子们不仅沿用了我的风格，也继承了我的思维精髓，以及我感知周围世界的特点。我记下了孩子们创作的几十首诗歌。这是我们的女诗人瓦莉娅的一首诗：

百灵鸟之歌

黎明时分，
雨水洗刷了蓝天，
蓝色的苍穹就像一首歌，
喧闹而快乐。
雨点洒落在麦穗上，
每一滴里都包裹着一个小小的太阳，
草原上静悄悄，
麦穗弯下腰，雨滴落进泥土里。
我在草地上行走，生怕打扰了田野的宁静。
我来到古老的斯基泰人的陵墓前，
把双手举过头顶，呼吸着雨后的空气，

我站着，倾听着这寂静，
突然，从太阳那边，
从黎明时被雨水洗刷过的穹苍深处，
传来了钟声，这钟声仿佛是用蓝色玻璃钟敲响的，
钟声静静地、轻轻地回荡着，
好像有人在将金色的种子洒向透明的大钟——蔚蓝的苍穹，
大钟震颤着，歌唱着，摇曳着。
我仰望蔚蓝的天空，
看见一个灰色的小点在跳动，
这是百灵鸟正在迎接太阳。
有一个关于春鸟的神话传说：
太阳的火花溅落到黑色的土地上，
大地上的万物顿时生机勃发，
鸟儿飞上天空……
百灵鸟歌颂着大地母亲，
歌颂着灿烂的太阳，
歌颂着自己的孩子们。
在一片麦田的小窝中，
鸟宝宝们正在甜睡。

当一个人爱上了语言的美，他就会对自己周围的审美和道德生活变得更加敏感、要求更严格。对语言、对语言情感色彩的丰富性越敏感，少年的心灵对道德训诫的感受就越深刻，对影响少年的精神世界的最细致的手段——老师的话，以及人类万物的美就越敏感。进入观念世界对于培养这种感受力具有非常重要的意义：讨论精神力量、思想上的勇气、对邪恶毫不妥协、不

第七章　情感与审美教育

屈不挠地克服困难，一个人忠于崇高的思想而表现出的伟大和美——这些谈话的特征之一就是，似乎摆脱了具体的事实、事件和现象，转而去追求概括性的真理和原则。少年们感到非常需要这样的思维讨论：他们很希望进行推理。认识观念世界是少年时期的特征。而要使观念发挥教育作用，少年必须感受、体验观念的美丽。这使人得到升华，使人变得高尚。

我以一个关于现象和事件的故事开始了进入观念世界的旅程，这个事件揭示了人的精神生活。在一个安静的冬夜，少年们来到了"故事室"。我给他们讲了亚历山大·乌里扬诺夫的故事。孩子们被他的勇敢和对信仰的忠诚深深地吸引。当我讲述亚历山大·乌里扬诺夫如何愤慨地拒绝律师让他向人民的刽子手乞求宽恕的提议时，我的学生们的眼中燃起了为一个真正的人而自豪的火花。激动人心的讨论开始了。孩子们似乎摆脱了具体的历史事件和具体的壮举，对思想的坚定性、忠于信仰和荣誉这些问题，表达了自己的想法。这些概念的真正含义在我们面前揭示了出来。少年们坚信，成为一个真正的人，珍惜自己的荣誉，矢志不渝地忠于崇高的理想，比为人要正派这一基本要求要高尚得多。

通过讲述谢尔盖·拉佐的英勇壮举，讲述列夫·托尔斯泰和康斯坦丁·齐奥尔科夫斯基、伊利亚·列宾和伊戈尔·库尔恰托夫的伟大作品，我力求避免在少年的思想和心灵中抹杀"荣誉""壮举""勇敢""英雄主义"等高尚的词语的真正含义，以使他们郑重地看待这些格言："人生处处可以建立功勋""人人都能建立功勋"。少年们深信，在高尚的行为与壮举之间，在基本的正直和共产主义信念之间，在实施纪律的要求和勇敢精神之间，在日常生活中的诚实与崇高的公民荣誉之间，存在着巨大的差别。

对思想的认识

理解了真理后,人的全部精神力量都集中到记忆、背诵、了解、回答,并将自己的知识"和盘托出"给老师。这时他的心中对理智所思考的东西仍然漠不关心。在有些老师的课堂上,道德真理、政治真理、社会真理和审美真理的教育力量被削弱,这是因为在揭示了这些真理真正含义的课堂上,老师过多地使用了以记忆和对事实进行逻辑分类等为目的的智力劳动这一方法。

我认识一位历史老师,他非常喜欢各种表格和图表。他给少年们讲述我们的人民在1812年的卫国战争中的伟大壮举。孩子们屏住呼吸倾听全体人民反抗侵略者的斗争故事。但这位老师突然匆匆结束了他的讲述,并让学生们画一个逻辑图,并"逐条列出"我们取得胜利的原因。于是崇高精神消失了,"剖析事实"把鲜活的思想变成了一张静止的图表。思想似乎只是掠过了意识的表面,并没有触及内心。当您深入学生的内在精神世界时,才开始真正地认识思想(用理智和心灵去认识,形成对道德真理和原则的个人态度)。如果学生已经理解了教材,老师不要急于进入下一章或下一个主题,而是找到那些鼓励学生思考的话语。让学生有机会以自己的眼光看待事物,使他们尽可能成为事件的参与者和判断者,这一点在少年时期非常重要。实际上,情感和审美认知就是从这里开始的,信念也是这样形成的。

少年对善与恶,正义与非正义,荣誉与耻辱是非常敏感的。因此,对社会生活和人的精神世界的规律的认识应该同时也是他们对善与恶的情感和审美的认识。要找到这样的词语来深入学生的思想、心灵和良心,使他们不仅了解善与恶的本质,而且清楚地确立自己的道德和思想立场。要找到一些能

第七章　情感与审美教育

够鼓舞学生去体验对社会邪恶毫不妥协的情感的词语。对思想上的敌人不屈不挠的情感体验，是一种重要的精神状态，没有它，道德信念难以形成。

当我谈起乔尔丹诺·布鲁诺时，少年们的眼中迸发着对宗教法庭的审问官的仇恨之火。他们残忍地对待那些让人类的眼睛去重新认识世界的最优秀的人。在揭示理智与愚昧、自由思想与宗教之间的斗争的思想时，我眼前看到的不是一个大脑中正在"处理"我的话语的抽象的学生，而是活生生的、内心敏感的托利亚和科利亚、斯拉夫卡和妮娜。

学生相信善良、正义、一切光明和诚实的东西必胜，这种信念决定了他们将如何对待善与恶的现实载体。我认为我的教育工作的一大成功，是让一些英勇人物的形象深深地铭刻在少年们的心中，使他们在自己生活的周围不仅看到了善，还看到了恶。对于那些英勇的人物而言，拒绝真理是莫大的耻辱，为宣扬真理而死是一种荣誉。在讲述法西斯分子在我们苏维埃土地上的暴行时，在讲述基辅的迈达涅克和巴比亚尔的地狱般的焚尸炉时，我力图在少年的心中确立起与如今仍在准备燃起世界大战的战火的邪恶力量做斗争的精神。

在文学课和历史课上，在少年的意识和心灵面前展示的是一部道德史。我向孩子们展示了在人类社会中道德素养的基本规范是如何形成的。劳动者是怎样爱惜他们为了幸福的生活通过共同的劳动和斗争而获得和创造的一切最美好的事物，并将它们代代相传。祖国观念和情感的形成在关于道德史的谈论中占据了特殊的位置。对这一观念的情感态度决定了公民的道德面貌。在人的一生中应该有一些最重要的东西，它高于日常的担心、忧虑和激情。两个人可能会彼此不友好，但在谈到一件伟大和神圣的事情——祖国时，他们就会成为志同道合的人，成为战友和朋友。把祖国看成是最神圣和最宝贵的这种观念使人的所有情感变得高尚，使人和人之间互相靠近，互相亲近，涤荡人的心灵中一切贬低其尊严的东西。

要在每个少年公民的心中确立一种神圣的、不可侵犯的观念，就需要对人类历史进行认真而周密的了解。我已经指出过，祖国的情感是如何提升一个人，并激发他去建立丰功伟绩的。

我好几次给孩子们讲过我们的同乡——苏联英雄、黑海水手阿列克谢·卡柳日尼的不朽壮举。他在保卫塞瓦斯托波尔的战斗中受了致命的重伤，临死前他给父母、年轻人和后代写了一封信。我读了刻在英雄墓碑上的这封信，呼吁孩子们深度思考自己的命运和祖国的命运。这个故事总是引起孩子们的浓厚兴趣，并激发他们交流思想的愿望。

孩子们以同样的兴趣倾听关于亚历山大·马特罗索夫、尼古拉·加斯特洛以及那些和他们建立了同样的丰功伟绩的人物的故事。

我永远不会忘记，在讲述了亚历山大·马特罗索夫的壮举之后，托利亚说："没有了祖国，一个人连一天都无法生活。祖国使我们每个人都成为一个真正的人。"

"为什么会这样？"瓦尼亚问道。

"我们常常会忘记最宝贵的东西。在我们面前的这片广阔土地上，麦子正在成熟。我们想的是：会有一个好收成。而为什么我们忘记了这是我们的祖国？也许是因为一个人会忘记他当下已经拥有的东西。我听过关于一个在伟大的卫国战争中的残疾人的故事。他被法西斯分子俘虏。他的口袋里不知怎么保存了一块灰色的小石头，这块小石头是他在法西斯匪徒驱赶战俘西下时捡的。这块石头温暖着他的心灵，让他想起祖国，支持了他对胜利的信念，因为小石头提醒他，故土犹在。"

科利亚说道："我仰望着高高的草原陵墓，心想：'要知道，在这里，在我们的土地上，我们的先祖打败了鞑靼入侵者。当瑞典人从波尔塔瓦逃往土耳其时，我们的先祖还打败了瑞典人。他们还打败了白卫军和法西斯分子。这些已经是我们的祖父和父辈时候的事了。这就是解放者，苏联红军来到我们村庄的路。这就是祖国。'"

这些看似是说了很多遍的很平常的话语，对于少年来说并不平常，这些话对于他们是一种启示。在这些话语中包含着祖国观念，因为它扎根在孩子们的心中。

少年精神生活中的情感动因

在学校工作的这些年，关于情感状态与思想、道德、智力发展和信念的形成之间的相互联系和依从关系的问题，一直困扰着我。

通过对同一批学生的精神生活、劳动和学习方面进行长期的观察，直接参与集体的精神生活和劳动，与一些学生建立长年的友谊——所有这些能够使我得出结论——与个人生活活动的所有领域有关的和谐是其中的关键。

形象地讲，情感状态是乐队的指挥，在其神奇的指挥棒的挥动下，各种分散的声音变成了旋律优美的和声。如果在童年时期，情感能迅速地占据一个人的精神世界，并且同样迅速地发生变化，那么在少年时期，情感的稳定状态就会占优势。要使理智与情感之间、情感与道德意识之间、对周围世界的情感态度与现实之间的情感联系变得细腻而敏感。

少年思维的内容、性质和倾向性深刻地反映在他的情感状态中，不仅产生了智力情感，而且在他的整个精神生活中留下了烙印，形成了一种情感，我称之为精神生活的充实感。老师的任务在于，要使智力劳动（在少年的生活中智力劳动是决定性因素）成为一种活动，表现出心灵的积极力量，成为人的自我肯定和自我认识。

老师（教育者）的真正技能在于，在他的指导下，少年在学习过程中表现出了自己。少年在复杂、多面的周围世界中对自己的态度、如何看待自己，对少年的情感状态起着决定性作用。表达自我是教育和自我教育的一个非常困难和复杂的领域，它不仅限于课堂。学习、获取知识是一项多面的智力活动、对社会有益的劳动。我们力求将这种活动与少年复杂多样的智力生活联系起来，与他在劳动和思想上的自我肯定发生千丝万缕的联系。

少年越深入知识和劳动的世界，就越会觉得自己是一个有创造力的人。我们关心的是，要使获得知识与创造性地运用知识相联系，不要让知识成为死的东西。针对那些学习困难的少年实现这项教育任务，是十分可行的。彼特里克、妮娜、斯拉夫卡的努力和勤奋就是依靠情感刺激这条纤细的线支撑的，一旦这条线断掉，就什么都没有了，学习对他们来说就变成了繁重而力所不及的苦差事。要让这条细线牢固而可靠，这样一个人就不会受到失望的威胁，这是多么重要啊！

于是我们得出这样的结论：一个少年，无论他的能力水平如何一般，他都应该在一件事上取得成就，体验到巨大的成就感，感觉自己在某一方面是个真正的创造者和知识的掌握者。这正是将人与学校、与智力生活世界以及人的素养联系起来的坚实基础。

斯拉夫卡学习科学定律非常吃力，他搞不懂什么是概括性真理。在数学上他弄不明白具体的事物和事实是如何向抽象的规律转化的：代数公式或定理对他来说是个百思不解的谜。在智力劳动和智力生活中，必须找到一个让少年感觉自己是一个真正的创造者的领域。

我们找到了两个领域。第一个领域是阅读有关世界各国和人民的科普书籍。斯拉夫卡对这些书籍着了迷。逐渐地，他收集了很多书，成了集体中的地理学和民族学专家。他可以连续好几个小时给同学们讲印度尼西亚、印度洋和非洲诸岛，以及他们的文化、生活和传统。第二个领域是制作几何模型。老师教斯拉夫卡通过塑料和玻璃制成的模型表达与定理相联系的体积概念和空间概念。在对这项工作入迷后,这个少年就开始理解抽象真理的实质。通过刻苦努力地学习课本,几何成了他喜爱的一门学科。将斯拉夫卡与智力劳动和学校联系起来的那条线一年比一年结实了。他充分感觉到了自己的价值,在困难面前不再不知所措。

彼特里克在理解语法规则方面有很大的困难,他常犯严重的语法错误。长期以来,文学课的写作对他来说是个大难题。我们多次和他一起去了田野、池塘、森林观察颜色和色彩,倾听大自然的音乐。渐渐地,这个男孩开始发现语言的微妙。我很高兴地发现,淡漠的神情从男孩的眼中消失了。他对创作的兴趣被激发出来了。我给他读了一些我在大自然中构思的小作文,男孩心中燃起了强烈的愿望,想用自己的语言表达出启发我的灵感的景象和现象,我的灵感传递给了他。

知识反映在情感中——这是知识转化为信念的重要条件,是形成信念和世界观的条件。情感状态对少年的大脑和整个智力生活具有巨大的长久的影响力。在少年时期,大脑对情感状态尤其敏感。无数事实使我深信,乐观的世界观,对事物、现象和真理的掌控感和自信心唤醒了记忆、思维和领会力的新的源泉。精神生活的充实是一个广泛而多元的概念。创造性劳动把动手能力与知识有机地融合在一起,它对于少年精神生活的充实是一个很有益的源泉,遗憾的是,目前对它的研究还不充足。

我们在"活动"这一概念中注入的正是大脑和手部的创造力的融合,精神生活的充实就是在这种融合中产生的。我们做到了使每个少年都有自己喜欢的、有趣的、令他们兴奋的工作;让这项工作中孕育的情感能够转移到学习上,转移到集体中的道德关系上。这种转移的条件不一定是工作和课堂上正在研究的理论材料之间的直接联系。工作丰富了少年的智力生活,并增强了他们的学习兴趣,这与智力生活和教学大纲、教学程序之间的联系无关。相反,要让双手的创造性工作有助于扩大认识的领域,这一点十分重要。

对世界观和道德观念、原则和真理的情感敏感性

高尔基在谈到自己苦难的童年,谈到祖父卡西林的沉重手腕时写道:"从那时起,我身上出现了对人的不安的关注,仿佛我的心被剥去了一层皮,它对我自己和别人所遭受的任何委屈和痛苦都变得不可忍受的敏感。"培养对人的不安的关注和不可忍受的敏感是学校最重要的任务之一。在残酷的时间和环境中,被"剥去一层皮"的心变得对情感更有感受力,这是一种极大的幸福。在绝大多数情况下常常出现另一种情况:委屈和残忍使人的心肠变得更硬。然而,培养情感的感受力并非要让一个人去经受委屈和屈辱的考验。培养情感的敏感性的最重要的方法,是教育者的言语和学生的活动统一,这在所有人类素质的发展中都起着特殊的作用。

形象地说,对具有世界观意义的真理、思想、原则和规律的情感敏感性,就是一束火焰,它发出了人对信念、原则和忠于信仰的光芒。一个人只有经历、体验和感受过思想、原则和真理的深刻性时,才会把它视为神圣和不可动摇的东西去珍惜。共产主义信念的形成是由于对具有世界观意义的观念的逻辑认识和情感的认识的统一:在理解具有世界观的真理和观念的本质时,学生会感到钦佩和惊讶,为人的伟大、智慧和美而感到骄傲。这不是通过什么特殊方法实现的,也不是通过说大话或假装慷慨激昂来实现的,而是要对真理、观念和原则做出深刻的唯物主义解释,这种解释强调了人的理智、创造力,以及在思想上对邪恶和黑暗毫不妥协的精神的威力。情感认识不要求少年用任何特殊的方式表达情感。情感应该反映在灵魂的深处,它的力量恰恰就在于此。

第七章　情感与审美教育

　　通过体验世界观的思想、真理和原则的伟大、英明和美，对世界观的思想、真理和原则的感受性才刚刚开始。在少年时期，积极表达观点和信念在一个人的精神生活中的作用尤其重要，如精神生活的充实、乐观的世界观、以及自信的形成，重要的是，要让少年感觉到他的观点和信念似乎与某些对立的观点发生冲突。实际上，这种对立就像激发新的情感的燃料，为对真理、正义、伟大和美丽的具有世界观意义的真理做出最鲜明的个人评价提供了动力。我们始终关心少年劳动的世界观性质，努力使劳动对少年来说不仅是义务，而且是表达对待真理的观点和态度的形式和手段。为了表现自己而必须去克服的困难和障碍就是一种反抗力。例如，少年知道，板结的黏土可以在一年之内变成能结果实的肥沃土壤，为此需要创造一个促进有益微生物活动的环境。在执行这项工作时，他不仅对科学知识的正确性深信不疑，而且确立了对科学、对人的认识以及对自己的自豪感。这就是一种精神斗争，人的道德力量在其中得到了锻炼。

　　没有情感的培养就不可能有真正的道德教育。道德观念和政治观念思想概括了成千上万的现象、事件和人的激情。从本质上讲，道德观念和政治观念具有强大的情感的根，通过适当的教育，它可以长出诸如人的行为、担忧和焦虑这些生动的枝条。但这个根需要一定的环境。为了使它活下去并发芽，就必须体验和感受观念，这就是说要与自己做比较。

　　只有在生活中具有对人的个人态度时，少年才会产生对观念的情感态度，并巩固和发展它：为了理解道德，必须去爱人，同时还应该会仇恨一切贬低人的东西。当少年认识世界并以积极、有效的原则进入世界时，才能实现对道德真理、观念和原则的情感感染。用智慧和心灵来认识我们周围的世界，这意味着要在真实、具体的表现中，即在与活生生的人的关系中、在癖好和行为中，以及在观点和命运的冲突中去理解它们。

　　少年时期道德面貌的形成主要由以下观念决定：有助于共产主义斗争的

一切都是道德的。将这种伟大的道德观念和政治观念同时灌输到人的内心，即把少年引领到公民生活的世界中，使他感受到为祖国和社会服务的公民的愉悦感。

要让少年的精神生活中的公民情感，即愉悦、自豪感和责任感，成为起主导作用的、最强烈的情感，我们始终把这作为学校的最高教育使命。这些情感和谐地融合在一起，少年就能够在他的活动中看到公民的目标。

我们还非常重视对另一个观念的认识：要为他人做好事，要理解并感受生活在你身边的人的快乐和悲伤，要将自己灵魂的一小部分灌注到他人的内心中，要对冷漠毫不屈服，要痛恨一切侮辱人格的东西——这样你就会成为一个真正的人。培养对这一观念的情感感受力，并不意味着为了在意识和记忆中巩固它而去没完没了地重复。一个人可能甚至不知道这个观念是合乎逻辑的判断，但是如果他为别人做好事，同时又体验到高尚的情感，那么他就会用自己的智慧和内心去理解道德观念。

少年具有一个非常重要的特征：他越是在意周围发生的一切，他对周围世界的现象就越感兴趣，他的内心对老师的话、对道德教诲、对口头表达的道德观念就越敏感，感受力就越细腻。用智慧和心灵感知周围世界，是形成道德素养最重要的前提。道德上冷漠的根源是情感上的冷漠。培养情感并不意味着谈论感情或教学生去体验情感。斯坦尼斯拉夫斯基不止一次地表示："感情是不能受到惩罚的。"在教育工作中一般是不允许人为和刻意的，对于情感素养的培养，它们是尤其有害的。

老师对教育力量及其效果的信念的路径是：理解我告诉你的内容，要感觉到我想在你心里确立什么，然后你就会成为一个好人。这将导致一个事实，即高尚的话语在少年心中可能会变得一文不值，从而失去意义。情感需要引导，为了形成道德素养和情感素养，必须唤起和激发情感，为此需要有情感情境。在人与人之间的关系中利用无限丰富的生活情境，为培养情感素养而

第七章　情感与审美教育

刻意创造情境，这是最细致的教学技巧，也是教育素养的精髓。

如果一个人不能对周围世界进行细致的情感和审美观察，他就不能当老师。在儿童、少年、小伙子和姑娘身边发生的很多事情，对于道德和情感教育都是不可挽回的损失，而这些损失的原因是老师自己也没有养成和发展出对世界的情感和审美观察能力。这不是什么先天的精神品质，只有通过生活才能获得、理解、养成、完善这种能力并让它更明智。如果谈起教育经验，谈到取得这些经验所需的工作年限，那么我首先会把对世界，尤其是对人的情感和审美观察的细腻之处包括在这个概念中。老师之所以能成为儿童和少年的导师，是因为他能用头脑和心去细致而敏感地认识世界。在少年的成长过程中，这种品质具有特殊的意义。少年的视野在不可抑制地扩大，他的头脑获得了认知能力，可以对概括性的真理进行逻辑分析。这个年龄的人看到的是离他很远的东西，而常常注意不到近在咫尺的东西。因此在发展和完善少年时期的本质和少年的社会地位所要求的一切时，老师必须同时发展他身上的一种能力，即让少年用自己的头脑和心去观察身边的事物和现象。

情感和公民的尊严

培养个人的公民尊严是影响少年精神世界的最微妙的领域之一。老师必须竭尽所能力使学生感觉自己是能够影响社会发展的积极力量。公民情感是最高尚、最崇高的心灵活动，它提升了人的素养，并在他身上确立了社会意识、荣誉和自豪感。公民情感是道德纯洁性的主要源泉。一个有着深厚的公民尊严感的人对世界有自己的看法，他通过社会意义这面棱镜审视着周围所发生的一切，于是那些看起来似乎与己无关的事，也被他当作个人的事装进心里。

公民的荣誉感和自豪感始于对高尚道德行为的了解。这种情感在童年时期就已经为人所用，而在少年时期因意识和理解了道德的高尚性的思想实质，使这种情感大放光彩。

道德美的审美体验是一个人认识社会伟大性的重要条件，它对少年精神世界的微妙影响在于，要让道德美的审美乐趣与人的认识融合在一起。在谈起高尚的道德行为时，我力图直接诉诸少年的精神世界。少年对这种做法非常敏感，便向老师敞开了心扉，他心中最隐秘的角落开始变得敏感、充满感受力。我给少年讲述了人类崇高精神的高度表现——伟大的卫国战争英雄们的丰功伟绩，他们为了祖国的自由和独立而献出了生命，对敌人表现出了愤怒的蔑视，他们饱受痛苦，仍然保留了公民的自豪，并感到自己在道德和精神方面凌驾于敌人之上。少年在认识公民功勋的美丽和伟大时，会联想到自己并思考自己能做什么。

纳尔奇克城的13岁少先队员萨沙·科瓦列夫的壮举使少年们激动万分。他用炸药包炸毁了纳粹分子撤退时要通过的那座桥，自己也在爆炸中受了伤。他被押到了法西斯警备司令部。警卫长说："是谁教你这样做的，说出来就放你回家。"萨沙回答："没有人教我。"警卫长扔给他一块巧克力。"去你的，法西斯恶棍！"少年大喊一声，踩碎了巧克力。警卫长揪住男孩的头往墙上撞。他被敌人押到橡树林枪杀了。党卫军分子不敢看男孩的眼睛，朝他的后背开了枪。

我还讲了一位无名英雄的故事，他是一名苏维埃士兵，是布痕瓦尔德集中营的一名囚犯。他拒绝解下腰带，因为腰带扣上闪耀着我们的苏维埃红星。当党卫军士兵向他走来时，他把这些匪徒打死了一个，打伤了一个。

我永远不会忘记我的学生是多么聚精会神地倾听我们的同乡——女共青团员维拉·珀芙莎的英勇壮举。她和她的女友们一起写了反法西斯传单，把

第七章　情感与审美教育

从俘虏营逃出来的苏维埃战士藏起来。维拉被法西斯分子逮捕并遭受了酷刑。法西斯分子挖出了她的一只眼睛。盖世太保说:"如果你说出同伙的名字,我们就让你活。如果不说,就把另一只眼睛也挖掉。你快祈祷自己快点死去吧。"维拉轻蔑地朝法西斯分子的眼睛吐了一口唾沫,她忍受着非人的痛苦说道:"你会死在绞刑架上,无赖。"

每个少年在思考这些崇高的英雄事迹时,都在思想上升华到了英雄的境界。他们在想象中描绘了人民的骄傲、精神、力量和美感的壮丽画面。在这些时刻,崇高的情感促使他们用思想和心理解了这一观念:在人的一生中,有些东西是任何东西都不能与之比拟、与之相提并论的,它们是祖国的自由与独立、光荣、强盛和尊严。

情感情境的一般特征

情感情境作为一种教育手段,其本质在于,一个人用心感受到另一个人内心的微妙活动,并以自己内心的活动对其做出反应。情感情境的特征在于,它是在心灵的冲动中表现出的活动,这种活动似乎是自发的,并非出于任何有意图的动机。

一项活动,事先没有预见它,也没有为之做准备,而它在环境的影响下发生了,它同时也是一定的情感和道德素养的体现,是进一步发展和深化人高尚的人类激情的一种手段。

托利亚的母亲决定让他去和他的叔叔生活。男孩很舍不得离开集体,但是在他的内心深处还是暗存一丝希望,也许在不同的环境中他的生活会轻松些。大家感觉到了托利亚的这种心情,都很难过,舍不得他离开。在托利亚走之前的几天，孩子们给他送了礼物。他们买了相册，每个人在分配给自己的那一页上都画上和写上了些什么。

出发的日子到了。大家商定让五个人（三个男孩和两个女孩）去距学校两公里的火车站送行。发车时间是第三节课上课的时候。在第一节课上就已经很明显了：孩子们都没心思上课，我知道他们都想去为同学送行。我只担心一点：他们真的没有足够的决心请求下课吗？他们都走了，派了一位代表说："难道可以在这样的日子撇下同学不管吗？课可以在放学后补。"对于我而言这是一种真正的幸福，因为孩子们所做的正是高尚的情感提示他们做的事。好就好在这种情感没有让他们经受折磨人的思量的考验："该怎么办？可以这样做吗？会有麻烦吗？"

通过这种行动可以获得巨大的精神财富：一个人确立了高尚的情感。内在世界的生动情感体现增强了人际关系的纯洁性：一个人对另一个人的责任感加深了，这使他内心的敏感性得以发展。集体的态度在托利亚的生活中发挥了重要作用。当教育工作中实现了情感和道德影响的统一时，儿童和少年用心生活的能力，以及向人们献出自己的心的能力就特别强。这种无私的能力使生活明朗而快乐。没有把自己的心灵献给人们，献给一切有生命的东西，献给体现我们的生活之美的一切事物，儿童和少年的精神生活就难以充实。

众所周知，孩子的精神需求是奉献自己的心灵，使他周围的一切充满崇高精神的活力。洋娃娃对于孩子来说是有生命的，孩子赋予了它智慧、情感和性格。这种精神上的需求并不是天生的，它是人们交给这个来到世上并努力长大成人的小生命的第一个具有人性的东西。希望与人亲近、表现得高尚、献出自己的心灵——这是人的一种高尚的需求，这种需求给老师指出了一条道路，在培养对情感、道德真理、观念和原则的敏感性时，必须走这条道路。

孩子的心灵应该献给某个人、某件事。如果一个小孩没有把自己的心灵的一小部分留给洋娃娃、小马、毛绒熊、小鸟、娇艳的花朵、小树或一本喜

第七章　情感与审美教育

爱的书，那么他就无法理解诸如人的友谊、忠实、忠诚和依恋等这些深厚的情感。

我认为我的教育任务在于，要使奉献自己的心灵这件事在童年时期和少年时期之间没有界限，使童年时期获得的心灵财富不会随着时间的流逝而消失。正是由于失去了童年的情感和道德收获，并且往往是由于童年的情感和审美世界的有限和贫乏，少年的教育才会困难重重。形式主义对教育的极大危害就在于：儿童和少年所做的许多事情都没有触及他们的内心，只是附着在意识的表面（例如，有时甚至帮助残障和患病的人也成了"走过场"，成为用打分去评价的对象。很难找到比这更能严重扭曲孩子心灵的做法了）。

我关心的是，要让少年在友谊和美的世界中过着情感丰富的生活，使每个人都能感到某一种东西是无比珍贵和亲切的，从而使在童年时期进入孩子们的精神生活世界中的鲜活的人和事，能够尽可能多地在整个少年时期的情感世界中保留迷人的吸引力。

实际上，无论是童年时期的劳动，还是少年时期的劳动都要服从于事物、植物和动物的崇高精神。具有决定性意义的并不是每个孩子种了多少棵树，而是哪怕只有一棵小树在他心目中有怎样的地位，是否进入他的内心了。体现了崇高精神的劳动将儿童的情感素养与少年时期的情感素养结合起来。在儿童时期建立的美丽角落作为喜爱的地方永远保留在了我的学生们的精神生活中。与朋友和老师分别多年后，成熟的成年人渴望来到这些地方走一走。

情感记忆在培养少年的心灵对周围世界的敏感性方面起着重要作用。因此，我力求在童年和少年时期通过鲜明的印象和体验来丰富一个人的情感世界，以使他对周围世界的情感态度不是一闪而过的，而是在其心灵中留下烙印，激发纯洁的思想和动机。情感记忆的发展与丰富是情感与审美教育的统一。学生们的童年时期为他们展示了好几个令人惊叹的美丽的角落——低垂在池塘上的柳树、橡树林的幽静暮色、山沟里的老樱桃树和丁香园。这些角落的美使孩子们感到惊讶，他们睁大眼睛观察着世界，体验了享受美的幸福。与大自然的景象有关的童年记忆，增强了他们对周围世界的敏感性和感受力。少年之所以能看到大自然的美，是因为这些美是在童年时期就发现的，并在他们的情感记忆中留下了印迹。

音乐是丰富情感记忆的源泉。我力争使童年时期的音乐旋律与纯洁、崇高、高尚的情感以及最重要的因素——动机联系起来。在大自然中倾听柴可夫斯基、格里格、贝多芬和巴赫的作品时，孩子们在想象中创造了善与恶之间的斗争。在他们的思想和内心中，他们站在了善良、美和正义的一边。正是在这些时刻，孩子们渴望做点好事的愿望被唤醒。音乐的这种能使人变得高尚的力量一直延续到少年时期。我们不时举行音乐晚会和音乐晨会，以听音乐为主要形式。

最重要的情感情境

1.教会学生用心灵去感受别人的内心世界

我们应该在一个活生生的、会思考和感受的、还不能称其为名副其实的"人"的孩子身上培养个性的精神上的美，这种美取决于老师如何教他的学生用心去感受另一个人的内心世界。通过最高尚的情感和体验使儿童和少年变得高尚的艺术是一种感同身受的艺术。我力求让一个人在童年时期已经能够用心去理解和感受别人的最微妙的精神活动。

在给学生们讲残疾的学龄前儿童彼特里克得了严重的疾病，卧床不起，被剥夺了童年的快乐的故事时，我希望每个孩子都设身处地地把自己想象成一个病人。共情能力就始于这里。

第七章　情感与审美教育

　　我们常去彼特里克那里，给他带去了书和玩具。彼特里克是个敏感的孩子，他对周围世界的感知很敏锐。起初他戒备心很强，对我们有些不信任，但少年们的诚意和他们善意的动机融化了这个男孩心里的冰。他等待着少年们的到来，告诉他们自己童年的快乐和秘密：他讲了在他的窗户上筑巢的燕子，那本给他带来很多快乐的带图画的小人书，还有清晨照在头上的阳光。

　　孩子幻想和创造的世界使我的学生们感到亲密而亲切，他们的心很快完全感受到了小男孩的担心和忧虑。孩子们之间建立了真挚的友谊。我们给彼特里克带来了一本大画册；每个人都为男孩画了一幅画。我们与他一起为这些画创作了童话故事。与这个生病的男孩进行精神交流已经成为一种独特的情感教育课程。与彼特里克的最初几次见面激发了少年深切的同情心：少年们感觉小男孩对每个健康人都理解的东西却没有概念。当塔尼亚说起森林的黄昏时，彼特里克连珠炮似的问了很多问题："啄木鸟是什么样的？森林是怎么发出声音的？阳光是怎样在草地上闪烁的？森林的凉爽是什么样的？猫头鹰白天在哪？潺潺的小溪是怎样的？"孩子们听了很激动。他们都感到非常难过，因为小男孩无法到森林去领略它的美丽，倾听森林的宁静和音乐。"我们带你到森林去。"托利亚说。彼特里克急切地等待着去森林旅行的那一天。少年们找来一辆小推车，把小男孩放到小推车上，然后带他去了森林。

　　此时此刻，全体少年的心中充满了想做好事的渴望。每个人都想在无限神奇而美丽的世界中向彼特里克展示些什么。他们把他带到一片洒满阳光的林中草地上。小男孩看见了啄木鸟，第一次听到了森林的喧闹声，感受到了森林凉爽的气息。

　　彼特里克是在家里学习了一、二年级的课程。我们都成了他的老师。夏天，少年们帮小男孩治病。快乐的日子终于来到了，孩子身体的年轻力量战胜了疾病，彼特里克站起来了。他的每一步都在我的学生心中回响。现在每次去森林，彼特里克都同行。他自己走一段路，我们推他走一段路。当我们要走男孩力不能及的较远的路程时，就会有一名少年留下来和他待在一起。

情感的敏感性似乎打开了孩子们的眼界。同理心教会他们从他人眼神中流露出的不易觉察的一丝悲伤、沉思和焦虑中感受到他的痛苦。由于我的学生在童年、少年时期和青年早期都经历过了情感敏感性的训练，他们能发现成人和儿童的孤独感，少年们心中产生了深切的同情，和他们成为朋友。就这样，他们看出了退休医生彼得·帕纳索维奇的孤独。他的妻子去世了，他把她安葬了，并搬到了我们村，每周他都捧着花去邻村他妻子的墓地。在森林旅行中少年知道了这件事，看到了老人忧郁的眼神。

老人与妻子深厚的感情震撼了少年们：为了把玫瑰或花环放在亲人的墓地上，老人每次要走三十公里。少年们与彼得·帕纳索维奇交了朋友。他们帮助老人种花，为了让老人高兴，偷偷把花带到他妻子的墓地。

与老人多年的友谊在少年们的思想和情感中留下了印迹。他们对人与人之间的真诚关系的敏感性和感受力更强了。他们了解到一名三年级学生家庭的不幸。这个女孩的父母离婚了。她和祖母一起生活，而刚满两岁的弟弟与外祖母一起生活。女孩很痛苦，她很想和弟弟在一起。有一次她去找弟弟，发现弟弟已经不再像以往见到姐姐时那样快乐，而是恐惧和警惕地看着她。她对女友说："尤尔科已经不记得我了。"这句话令女孩子们感到震惊。

"为什么人们要互相伤害，给彼此带来委屈和怨恨？"当我们在森林里远足，坐下来休息时，瓦莉娅问道。"他们为什么要把拉雅和尤尔科分开？为什么会有这么坏的父母？"

如果少年感受不到别人的痛苦，不把别人的痛苦放在心上，他就不会问这样的问题。同理心的范围正在逐渐扩大——从少年周围的事物到生活在很远地方的人们。如果在我们的日常生活中没有经过同理心的训练，少年会对世界上正在发生的事情漠不关心。

老师语言的力量，语言对学生的精神世界的影响，"用动词点燃心灵"的能力取决于同理心培养出了什么样的情感素养。向学生揭示的科学真理和规律越多,他的智力财富的意义越重大,对人的精神世界的认知、对人的高尚情感的肯定就越重要。

少年对艺术作品的理解取决于他生活中的情感训练,以及他对别人欢乐和悲伤的深深的同理心。只有通过细腻的情感和道德关系将这种素养的种子播种到少年的灵魂中,艺术作品才能培养情感和道德素养,这是对少年进行正确教育的极为重要的条件。

2. 善良情感的物质体现

每个少年都应该长期将自己善良的情感投入到劳动中去,以高尚的动机使劳动富有人性。按照我的预想,完成劳动时应该达到这样一种情况,这种情况能使人更细致地感受他人的精神世界。

每年一月份的第一周我们都要庆祝姑娘节,节日前几个月,有个男孩在森林里挖了铃兰花的根,把它保存在很凉的土里,然后移到了温室中等待花开……对善良情感的体验本身就成了劳动的目标和动机。一个人为了片刻的幸福要工作几个月——这其中暗含着劳动的巨大教育力量。这片刻的时间似乎将一个人的情感和道德发展提升到了一个新的水平,它在少年的灵魂中留下了深刻的印迹。每个少年都体验到这一瞬间的美好,并由此进入了另一个人的内在精神世界。

姑娘节的前夕,这个男孩久久不能入睡。他梦见了女孩因为高兴而闪闪发光的眼睛。在男孩把花送给女孩那难忘的一瞬间,他们的心灵对彼此敞开了。形象地说,就是人的灵魂站直了,充满自豪感,准备着去创造美好。当少年的视野开阔,关注着"世界大事"而忽略身边的事时,使人性(即为了人们的快乐而劳动)成为少年时期人格的基础,是多么重要啊!

我关心的是,要让每个少年都能在劳动中找到丰富而快乐的个人情感和审美生活世界。早在童年时期,每个孩子都在其父母的自留地里建造了自己的玫瑰园。形象地讲，这个角落是打开人的情感和审美世界的另一个窗口。如果没有几十个这样的小窗口，学生们就会生活在黑暗中，并且当他们进入生活时，他们在情感、审美和道德方面将是粗鲁、冷漠和无知的。

没有花，我就无法想象全面的道德教育。玫瑰园中每个男孩和女孩的劳动对我来说都是教育的重要的最小单位。种一丛玫瑰，体验看到第一朵花的喜悦；把花送给别人，体验这一刻激动人心的幸福，对于培养新人来说是非常重要的，耕地、种庄稼，体会劳动的紧张、汗水、茧子并享受劳动的乐趣也是这样。

一个人情感的微妙之处、情感的敏感性、感受力和同理心渗透到另一个人的精神世界中——所有这些首先是在家庭中，在与亲人的关系中被理解的。在这里，必须寻找对人的高尚的精神需求的情感和审美根源。人性的培养始于母亲成为孩子在世界上最亲爱、最宝贵和最美的人。但是，获得善良的情感是以付出大量的精神力量为代价的。少年必须通过劳动获得善良的情感，并将其体现在物质财富中。

读二、三年级（有时是一年级）的时候，每个孩子都在自留地里种上了"母亲的苹果树""父亲的苹果树""祖母的苹果树"和"祖父的苹果树"。激发孩子们做这项工作需要很大的智慧和敏感性——毕竟，并不是每个人的父母都能陪伴孩子……当然，如果不提醒，孩子可能会忘记种下的那棵树。一年年过去，孩子们长大了，小树也长大了，结出果实的时候临近了。孩子们为之劳动了许多年的那个幸福的时刻到来了。春天，当树上开始结果的时候，孩子们就开始兴奋地告诉我"母亲的苹果树"会结多少苹果。大概再没有另一项劳动能让孩子们这样激动地等待结果了，因为他们在劳动中看到了自己的力量。

七月的一个黎明，斯拉夫卡来找我。他说："我们去看看苹果熟了没有。"我们去了他的小果园。"母亲的苹果树"上苹果已经泛红了，可能还没熟透。

但是这个男孩已经等不及了。他走进农舍去拿了一个盆儿,小心翼翼地摘了几个苹果。他把苹果拿给了母亲。我从没见他这么高兴过。那一瞬间我想:"如果你的学生体验到为别人做好事的幸福,那么你就是幸福的创造者。"

3. 世界上发生的一切事都与我有关

在孩子的生活中,这种不易觉察的情感情境有很多,即周围的事物和现象可能撼动他的灵魂,或者完全不会引起他的注意,这都取决于孩子用怎样的眼光看世界。要教会他们用敏锐的眼光看世界,教他们体验观察的快乐和烦恼——这是情感、审美和道德教育中的一项最细致的工作。我力求让每个人都能够珍惜些什么、爱护些什么以及关心些什么。培养崇高的精神和人格,与美、与美好而高尚的情感是密不可分的。但是,如果孩子不用自己的双手为自己和他人的快乐创造任何东西,那么你为了他的愉悦和享受而给予他的现成的东西越多,他们见识到的东西就越少,对生动而美好的事物就越冷漠。

当我的学生们第一次走在校园里时,我让他们注意一棵小橡树,它不知怎么长在了小路旁。我们停下了脚步,我说:"孩子们,看路边那棵枝繁叶茂的橡树,它本来可以长成一棵强壮的大树,但是它运气不好。你们看,有人用脚踩过它娇嫩的枝条,但是它依然挺立,它还有救。"以前,孩子们看到这棵树的时候都漠然地走过,而现在,对崇高精神和渴望亲近的需求被激发起来了。拉丽萨轻轻地抚摸着落了尘土的橡树叶说道:"小橡树,你疼不疼?""怎么救它呢?"孩子们问我,用焦虑和恳求的眼神看着我。对他们来说,这棵橡树不再是可能会出现在阳光下成千上万棵橡树中的一棵,而是世界上唯一的一棵橡树。我们拿来铁锹,挖了一大块泥土,连根带土把小橡树移了出来,在一个安静、合适的角落挖了一个坑,把土填进坑里——现在我们的橡树脱离了危险。第二天他们一到学校就立即跑去看这棵橡树。

人类对世界的看法不是自然产生的,而是通过劳动和人与人之间的关系获得的。这是心灵参与其中的劳动，没有投入心灵的劳动是没有教育作用的。我的每个学生都能找到某个在世界上唯一、珍贵而独特的东西。每个人都关心着生动而美好的事物。而且，对事物和生物越亲近、它们越高尚，男孩和女孩们就能够越敏锐地感知周围世界的现象。我们每年都在小块土地上种小麦。收割小麦也作为一个劳动的节日进入我们的精神生活。孩子们小心翼翼地割下麦穗，他们担心哪怕是一粒麦子掉到地上。在这种担心中暂时还不存在公民情感。对于孩子来说麦粒还不是一种社会财富，而是一种生物。当人的视野范围不断扩大时，随着时间的推移，他的公民情感和公民世界观也将随之牢固地确立。但是，如果一个人在他的童年时期没有珍爱过任何的东西，他就不会成为真正的公民。

我力图避免少年对那些本应该令人激动的事物冷眼旁观，要发展他们对邪恶毫不屈服的情感和对肯定善的渴望。如果一个人在少年时期对看似与他无关的事物不闻不问，那么培养高尚的情感和成为公民是无法想象的。当少年看到冷漠无情、疏忽大意和侮辱人格的现象时，如果他的内心没有因痛苦而颤抖，被邪恶所激发的充满崇高精神的愤怒没有鼓舞他做出诚实而高尚的行为，那么进行全面的道德教育是无法想象的。

要引导每个少年为真理和善良的胜利而斗争，这是道德、情感和审美教育的重要原则。我们的少年成立了一个自然保护者小组。他们认真观察着：有没有人在破坏绿化？是否出现了森林和园林的破坏分子？偷猎者是否在禁渔期偷偷捕鱼了？是不是有枪声？草地上是否流淌着野鸭和鹌鹑的血？这些行动不时地以成功告终——少先队员们去找他们的高年级同学时气愤而又非常激动：因为他们成功阻止了某些不好的事，或者在坏事发生后了解了真相。这时就形成了非常有价值的情感情境。

4. 高尚的情感冲动

在一个宁静的秋天的傍晚，少年自然保护者科利亚、维佳、谢尔盖和瓦尼亚来到了老师的休息室。"他们是坐车来的……已经锯断了一棵橡树。"瓦尼亚气喘吁吁地说。从他条理不清的讲述中我已经明白了后面的意思。

几天前，少年自然保护者注意到了森林中的一棵橡树，树的下部被撕去一条树皮，窄窄的，几乎看不出来，它已经枯死了。后来又有两棵橡树被以同样的方式杀死了（这是科利亚的话）。这件事让全体少先队员都很震惊。事情很清楚：有人在毁坏树木，是为了让树木枯死，然后就容易砍伐和运走了。

少先队员要寻找犯罪嫌疑人。今天，在光天化日之下，一辆汽车驶入了森林。两个人开始砍伐橡树，第三个人不知去哪里了。男孩子们惊呆了：他们在那几个毁坏树木的人中认出了畜牧养殖场的场长，他们不止一次地听他说过关于爱国主义和公民义务的漂亮言辞。怎么会这样？现在还怎么能相信这个人？偷伐者没有把第一棵树完全砍倒，他们放下了锯子和斧头，走到林间空地坐下来吃晚饭。第三个人——司机来了，就是那个不知去了哪的人。这三个人开始喝水、吃饭。然后他们躺在草地上，大概睡着了。男孩们悄悄走出他们的秘密藏所，拿走了锯子和斧头，在车厢里找到了一根绳子。他们把所有这些东西捆起来扔进了沟里，还在上面撒了土。又在车厢上写了"盗窃犯"三个字。

男孩们以自己的方式惩罚了罪犯，现在他们担心自己会被指控搞恶作剧甚至流氓行为。在他们的眼中，我看到被邪恶激起的愤怒之火但信心不足。男孩们似乎在问："我们做对了吗？"我勉强抑制喜悦的感觉说："好样的，孩子们！任何时候，只要你们看到犯罪、欺骗和虚伪，就要遵照良心的指示去做。良心永远不会背叛人。要做一名真正的为真理而战的战士。犯罪分子必将受到惩罚。此外，他们还要用自己的双手，为每一棵被他们毁掉的树种上十棵树，还要照料它们好几年。"

在我的称赞下，振奋精神的孩子们交出了车钥匙：犯罪嫌疑人很快就被抓住了。男孩们按照良心的嘱咐去做了，而良心使正义感倍增。

毫无疑问，这一行为将在孩子们的心中留下一生的印迹。再有几次这样的行动，少年将在道德上更加成熟而坚定，与邪恶更加势不两立。我一直有些害怕给少年的激情泼冷水，生怕在他们心里种下冷漠的种子，熄灭他们心中愤怒的火花。永远不要瞧不起少年心灵的真诚冲动，不要动摇他们对世上最宝贵事物的信念，这种信念像指路的明星一样照亮了他们的人生道路，是对共产主义理想的信念，对最公正的真理必胜（丽达的话）的信念。

一个人的道德面貌取决于他如何面对邪恶，在此之前，生活的地平线已经展现在他面前。有一次，面对邪恶时，"无敌"队的男孩们表现得更加果敢。在禁止猎杀候鸟的早春，他们遇到了两个猎人，他们打了很多野禽。疲倦的偷猎者找了个休息的地方睡着了。男孩们拿走了他们的猎枪、子弹，还有一袋很重的什么东西（后来知道了这是炸鱼用的炸药），把这些东西全都藏了起来。可以对少年的恶作剧表示气愤，也可以要求他们："不要那样做，到村委会去，或者万不得已时去学校举报违法者。"但是在这种要求中存在着伪善。它会误导少年："看到坏事了，要好好看看，要记住，也可以写下来去告诉大人，让他们去处理……"如果青少年这样做十次、二十次，长大后他们会冷酷、麻木地对待人类的一切。他的一切都会听命于冷漠、不偏不倚和谨小慎微的安排。他会想："如果违法行为发生在我眼前，我应不应该愤怒？"他也许能学会从个人利益和舒适的角度去控制自己的感情。这样的人是可怕又危险的，因为他们能干出背信弃义的事，在复杂的情况下是不能依靠他们的，对于他们来说不存在任何宝贵的、神圣的东西。

在生活中常有这样的情况，有良心之声、有最崇高、最理智的情感，也有在愤怒时被激起的正义感。我认为教育的一个重要的任务是要发展和磨炼学生对一些现象的细腻的感知，从本质上说，这些现象首先能够对情感产生特殊的影响。这些现象包括悲伤、一个人给另一个人带来的痛苦、违反道德规范（学生认为它是神圣而不可侵犯的）。从成年人的角度来看，学生遇到的

第七章　　情感与审美教育

邪恶很小，微不足道。但是儿童和少年都有自己衡量善恶的尺度。我们不仅需要关注儿童的兴趣世界，而且必须深入渗透到儿童和少年的思想中，体验他们的情感，为他们的烦恼而担忧。在您的学生眼中，同理心是道德面貌的情感基础。少年会从您对他的因邪恶而愤怒的情感中推断出您是什么样的人。形象地说，如果您将一桶冷水倒在熊熊的烈火上，那么一个冷漠而胆怯的声音就会掩盖住您内心炽热的声音："这件事值得关注吗？反正我掺和进去也无济于事，我一个人能干什么？"解除了情感上的武装就会产生道德上的危险恶行，会觉得自己无用。在一个人的情感世界中可以想象到的最可怕的事情，在我看来正是这样一种感觉：一个人认为自己是一粒渺小的尘埃。这种沮丧的根源在于缺乏道德这一概念的广泛意义上的情感素养。

审美情感的源泉

审美情感素养要求学校生活具有很高的综合素养，特别是道德素养，即把人看作最高的价值。

在粗鲁、冷漠和行为不端占据主导地位的环境中，审美价值将在日常关系的"小事"中显得软弱无力。美育始于集体成员之间丰富的情感内涵：敏感、真挚和亲切。在他人的美与本人的美的和谐的结合中，占主导地位的是人与人之间相互关系的美。儿童还不能通过思想和意识来理解这种美的本质，但是他会用心感受到它：对他而言，美存在于公平之中。公平使儿童的心灵变得高尚，而不公平则使他变得粗鲁和残忍。一个人的内心世界与周围世界之间的和谐，始于他体验到公平带来的快乐。公平有一种神奇的特性，它能让孩子睁开眼睛、敞开心灵去看到美。而不公平就好像是用冰包裹住了少年的心，使他对美充耳不闻。孩子的精神状态、他的内心世界与生活在他周围并进入他的生活的人们之间的相互作用，取决于在家庭和学校中占主导地位的是什么——是公平还是不公平。精神状态是对行为深刻的个人情感评价，这些行为在某种程度上涉及儿童的性格。

公平孕育了一个人内在的精神世界。可以用这些语言来形容它：一个人拥有一颗开放、敏感的心，能够对另一个人的精神生活的微妙活动做出反应。周围世界的美对于这样的一颗心来说，是善念的有力来源。不公平会引起情感上和审美上的迟钝。不公平对于少年的精神生活尤其危险。他们已经能够通过初步的逻辑分析来揭示人与人之间关系的美。概括能力常常使少年得出一个错误的结论，即人道与人格并不是在个别情况下才会受到侮辱，而是随时随地都会受到侮辱。审美知觉素养的源泉是审美情感。对不公平的体验削弱了高度的审美素养中所固有的敏感性。不公平使少年的神经系统受到震荡，从而导致兴奋，然后这种状态又被抑郁和消沉所替代。在这种状态下，人无法正常感知事物和现象，感知其细微的差别和特质，无法进行正常思考。他无法感受到周围人的美，也不会去追求自身的美，更不会去追求人道主义的理想和自己的善行。

人与人之间的关系的真正的美是诚实，它并不总是令人愉快。真理常常是令人痛苦和震惊的；它包含着对邪恶的谴责和毫不容忍。但是最痛苦的真理在灵魂上确立了做一个好人的渴望，因为从本质上说，真理永远不会损害人的尊严。学校的公平精神首先存在于对儿童和少年努力劳动的评价中。这种努力是微妙而难以控制的，微妙的努力通常是没有结果的，即没有深厚的知识和扎实的实践技能。付出了脑力劳动，付出了努力，但没有结果，而老师只评价结果，即知识。

孩子认为这种片面的评价是一种极大的不公平。要让脑力劳动总能取得积极的成果——这是我们的学校体现人道与公正的艺术所在。对劳动努力的

第七章　情感与审美教育

评价的公平性使学生相信他们和他们的导师是在共同的劳动中的同志，是志同道合的人。体验到这种情感，老师和学生才会在彼此面前敞开心扉：他们心灵相通，人性最好的特质不会隐藏在偶然的、伪装的、次要的特质下。在受到高尚的动机鼓舞的同志关系和友谊的气氛中，儿童或少年的内心对一切美好的事物变得敏感。一个人在心中感觉到他人身上蕴含的美，这种美就在他心中确立起对善的信念。孩子就像接受好朋友、同志、志同道合的人的建议一样接受老师的建议，而如果少年也以这种方式理解老师的意愿，这对于学校而言真是一件大好事。我坚信，这是培养自律的一块基石。学生沉浸在同志式的共同劳动中，充分展现他的道德力量和意志力。他的个人意志不会削弱，相反，他会发挥自己的精神力量来实现目标。在实践中，这种重要的、真正的教育规律体现在：老师很少禁止学生做什么，他几乎总是用自己的榜样来鼓励和吸引学生。以上就是培养坚强意志的全部"秘密"技能。

一位好的老师之所以很少禁止学生做什么，不是因为他对邪恶视而不见，而是因为热衷于做好事的学生会努力成为一个好人。如果每个人都努力成为一个好人，那么每个人的个性都会在集体中鲜明地展现出来。每个人都表现出自己的长处和能力，在这里，每个人都展现了知觉的特性，以及对教师行为举止评价的内在情感反应的特性。这种反应是人与人之间的关系之美的重要因素。由于渴望成为好人，因此老师的愤怒、热情、痛苦、悲伤的情感也不会被学生认为是不公平的。相反，教师心中的这些活动激发了学生想变得更好的渴望，使他们体验到了老师的公平。

如果您想成为一名真正的老师，就首先要在少年的心中展现作为一个人应具有的美，首先是您自身的美——这一点是非常重要的。这里说的不仅是教师作为一种教育力量巨大的个人榜样作用，儿童和少年应该在他们老师的日常工作中理解、感受到作为一个人应具有的美：情感的细腻和情感素养。真正的老师，他的情感范围是广泛的，他能够深刻地体验到喜悦、悲伤、焦虑和愤怒。他很少提高嗓门大喊大叫。孩子们能在他们导师平常的话语中捕捉到焦虑、悲伤、惊讶、痛苦和愤怒（像任何有情感素养、受过良好教育的人一样，老师也有权发脾气）等所有这些情感以及几十种类似的情感色彩。为了让孩子们感受到这些情感，一名真正的人道主义老师无须进行任何修辞上的练习。

我认识一位很优秀的老师：即使在很生气的时候，他也几乎是轻声细语的，而全班同学都会屏息聆听他说的每一句话。这不是对嗓音的某种专门的"调节"，这些语言是发自灵魂的，来自强大的内在情感素养。如果老师希望他的学生感受到他身上所体现的作为一个人应具有的美，他就应该努力使学生在日常生活中感受到老师对他们的行为举止做出的细腻的审美情感反应。这种反应就是本着人道主义精神，用人类之美的公正性进行教育的强大力量，没有这种力量，学校是不可想象的。在老师的这种反应中，在老师丰富的心灵活动中，学生们感受到了他的个性。在一些学校中，孩子们不理解老师，也感受不到老师的个性，他们既不同情，也不理解老师工作中的困难。

孩子经常用他们的恶作剧和鬼点子让疲惫不堪、神经紧张的老师感到烦躁。老师"发火了"，大声呵斥——这无疑是情感素养低下的表现。哪里有呵斥，哪里就有粗鲁和情感上的迟钝。哭和大吼大叫表达的是一种原始的、本能的反应，每一位老师心灵中情感素养的种子都在这种反应中失去了。在呵斥中长大的孩子失去了感受别人最微妙的情感色彩的能力，失去了对善的敏感性，这尤其令人担忧。在呵斥中长大的孩子，在家里还被施以拳脚，敲后脑勺，被粗鲁对待，孩子看不到，也感觉不到他周围的美，他冷漠无情，没有怜悯心，在他的举止中有时能发现一个人身上最可怕的东西——残忍。

人类情感素养的源泉是老师的内心能够感受到儿童、少年、男孩和女孩的精神世界。孩子有自己的忧虑、欢乐和悲伤。一位具有高度情感素养的老师能够通过孩子眼中流露出的思想、情感和体验去感受他的内心世界。了解

第七章　情感与审美教育

到学生的状况不太好，敏感的老师不会立刻去询问或者安慰他，他会让孩子感到自己猜到了他内心的焦虑、悲伤、担忧和痛苦。在确定了孩子需要帮助后，老师会与他单独谈话。能够进行这样的谈话是情感素养非常重要的特征。

　　培养用心去感觉的能力是提高老师教育技能的最重要的一个方面。要努力洞察别人话里的情感潜台词。言语和眼睛一样，是心灵的一面镜子。我学会了从学生的话语中捕捉最细微的情感色彩：沮丧、焦虑、悲伤、孤独、痛苦、懊恼、不满和困惑。

　　米沙的家里经常大吵大闹。这个男孩深深感觉到父亲的冷酷无情带给母亲的悲痛。通过米沙细微的语言色彩，我已经能猜出他家里正在发生的事情。这个男孩有时谈论一本令他激动的书，我就会据此发现他现在是高兴还是焦虑，也就是家里现在是和平与宁静呢，或者相反，母亲处于绝望之中。

　　老师对美的反应有助于他了解孩子的内心活动。学生的心因痛苦、怨恨、生气和愤怒而燃烧和颤抖时，他以自己的方式感知老师关于善和正义的话语，以自己的方式对艺术和大自然的美做出反应。慌张、痛苦、绝望和委屈——这些情感似乎封闭了美通往人心的道路。如果人的内心不接受美，如果不公平使他的心灵受到伤害或凌辱，那么美所培养的真理就变成了漂亮话。在将美用作一种手段之前，需要调整人的敏感的心弦，以使美的音乐引起内心的共鸣。

　　一个正处于慌张、抑郁和绝望的人只想说与他有关的事。学校集体中应该充满这样的氛围，即所有人都对其他人有同理心、同情心和真挚的关心。这种气氛不是一蹴而就的，也不是通过某种特殊手段创造的，它的萌芽在老师和学生共同的情感素养中，尤其在于老师理解并感受到孩子脑力劳动中所有的复杂性和困难，并正确评价他做出的每一分努力。老师根据学生的情绪"调音"，事事宽容大度、过分迁就、要求不严格和不讲纪律，这与同情心是不相容的。无所事事、懒惰和放纵是不公平的另一方面。在存在这些道德弊病的地方，不公平渗透到精神关系的最细微的毛孔中，从而引起欺骗、阿谀奉承和道德上的行为不端。

大自然和美

　　大自然的美在培养崇高的精神方面起着重要作用。它在少年的心灵中培养了感知事物、现象和内心活动的微妙性和细微差异的能力。大自然是善的源泉。当善良、真理、人性、同情心和对邪恶的毫不妥协，这些人类最崇高的美使少年的心灵更高尚时，大自然的美才会影响人的精神世界。

　　多年的经验表明，那些内心对善良感觉迟钝的儿童和少年，不会真诚地渴望变得更好，他们会对生命毫不怜悯、冷酷无情地"开膛破肚"，肆意挥霍大自然的美。钝化一个人的尊严感会导致他看不到大自然的美。大自然的美作为一种情感、审美和道德教育的手段，只有在对个性的精神影响的各种手段的普遍和谐中才能起作用。我认为教育任务就在于，要使在童年时期与大自然的交流过程中获得的情感和审美财富，在少年时期作为一种最深刻的对人的需求进入精神生活，以使少年比在童年时期更深刻地认识大自然的美，促使他认识自身美好而高尚的东西，以及肯定人格尊严。

　　孩子们在认知大自然的美时，感受到了精神力量的愉悦充实，渴望更多地认识审美财富的新源泉。在少年时期，一个人比他的道德、智力、情感和审美发展的其他任何时期都更需要对周围世界进行细致、深刻和清晰的情感和审美感知。对科学真理和规律的逻辑认识要求思想在情感的感染下变得更高尚。大自然的美是这种高尚的源泉之一，因为大自然也是青少年思考、认知和发现真理的源泉。少年时期，对世界的审美品质的感知是与更深刻的逻辑认知以及对事物和现象的本质的思考融合在一起的。逻辑认知越深刻、越细致，与之相关的智力情感就越鲜明，对大自然的审美品质对少年的精神世界的影响就越大。逻辑和美学认知的统一，智力和审美情感源泉的融合，是少年更专注、更仔细地观察人并感受其内在世界的源泉。

在少年时期，诸如物质的永恒、宇宙的无限性、能量从一种类型转换成另一种类型、有生命与无生命事物的统一性等科学真理向一个人揭示出来，对这些真理的本质进行深入了解对于少年来说是一种如此鲜明而意想不到的发现，以至于少年不仅需要对大量的知识和感想进行深刻思考，而且必须要去体验。如果不这样做，那么逻辑认知的过程就失去了灵魂，即对理智的力量感到惊讶，而这种感觉正是对知识的渴望之源。

少年需要体验和感受这些真理，以使他不会因为真理的伟大而大吃一惊，也不会引起他的慌张。大自然的美是体验这些最重要的具有世界观意义的真理的环境和背景。当少年的意识中了解到真理和规律的逻辑方面时，我带他们去了森林、花园、池塘边和田野——按照普希金的说法："冷漠的大自然闪耀着永恒的美。"在认知过程中产生的激动人心的思想的影响下，少年在情感和审美方面对世界的观察更敏锐了。在大自然开始从冬眠中醒来的那些日子里，我特意第一次向少年揭示了物质永恒和物质不灭的思想。这一思想的伟大令我们激动和惊讶，我们来到了草地上。少年们以一种新的方式看到了春天的大自然。生活的美在他们的智力和情感世界中与物质永恒和物质不灭思想结合起来。

我看到了普通的、熟知的事物如何给孩子们带来新的意想不到的影响。我永远都不会忘记托利亚、丹科和科利亚是如何睁大眼睛惊讶地看着夕阳照射下的柳树的。红柳丛披上了春天的第一抹色彩，在阳光下闪闪发光。丹科说："生活在沸腾。"我在这句话中感觉到了与童年时期完全不同的对美的一种新的惊叹。这是思想的情感和审美方面的一种新的色彩。

在生命的苏醒时期（早春），在鲜花盛开、生命过程的繁盛时期（盛夏）和衰落时期（秋季），与大自然的会面已成为少年的一种审美需求。生活的无限多样性这一思想加深了少年的审美感知。孩子们用一种新的眼光看到了森林的秋装的不同色阶，发现了秋日阳光中的新色彩。他们第一次感觉到并体验到光秃秃的森林的独特的美，发现了生命中几十种极细微的现象。少年似乎通过关于物质永恒和物质不灭、关于生命是无限的和丰富多彩的这一观念的棱镜，在寒冷、结冰的池塘中（这是女孩们在惊叹于秋天的色彩变幻之美时说的话），在覆盖着雾凇的田野中，在蔫巴巴的柳树和杨树中，看到了生命。

与大自然进行审美交流的需求即使在冬天，当生命似乎完全停息的时候，也能把孩子们召唤到草地、田野。即使在一月的严寒中，他们也能在森林中感受到生命。我刻意在晴朗的秋日引领孩子们接受宇宙无限这一观念，这个时候的星空特别生机勃勃：八月和九月，我们的星球在它的轨道上与许多陨石相遇，而在此期间"流星"会照亮夜空。没有什么比"宇宙是无限的"这一观念更能使孩子们感到震撼了。九月底，漆黑的夜空繁星闪烁，我们坐在散发着香味的干草上，男孩和女孩仰望着夜空深处，遐想着无限的宇宙。孩子们对朝霞和晚霞、对蓝色苍穹的色彩的美的感觉变得更加细腻和敏感。在阴沉的秋日，乌云笼罩着天空，男孩和女孩们满怀喜悦，入迷地遥望天空，希望看到能看到一小块蓝色。

现在，孩子们以一种新的方式感知了太阳的美。如果说在童年时期，太阳对于他们是童话中的一个生命，它躲在地平线后，去魔法花园里躺下睡觉，而神话中的巨人铁匠正在为明天的工作做准备，那么现在太阳的美丽就以一种完全不同的方式展现出来了。太阳就像一个强大而神秘的世界出现在孩子们惊讶而好奇的视线中，它是地球上所有生命的源泉。这一发现用鲜明的审美情感给周围世界赋予了新的思想。男孩和女孩们凝视着朝霞和晚霞的变幻、绚丽的彩虹、镜面一般平静的池塘水面上倒映出的天空的柔和色彩。美激发了孩子们的智力,增强了他们的求知欲。宁静的夏夜,男孩和女孩们欣赏着晚霞,聆听着大自然的音乐,他们提出了很多复杂且出人意料的问题。

在童年时期,大自然主要是通过鲜明而激动人心的童话故事反映在意识中:幻想的翅膀将孩子们的好奇心带到了遥远的世界。当孩子们看到娇嫩的雪莲从去年寒冷的落叶中钻出来时,花朵的诞生这一惊人的、壮丽的自然现象在他们的脑海中反映为一个美丽的童话:太阳融化了树上的雪花,滚烫的雪水滴落在地上,融化了冰壳,温暖了土地,雪水滴落的地方长出了一朵花,它看见了太阳和晴朗的天空,惊讶地环顾四周说:"多么美好的世界啊!"

童年时期就是这样的。现在童话的时代还没有过去,但是幻想的翅膀把我们带到了另一个世界,即创造关于美与丑,善与恶的童话故事的世界。男孩和女孩还幻想了遥远的恒星世界、太空飞行、人类未知的新的生命形式和能思维的生物。现在,对大自然和大自然的美的认识已不再通过童话故事,而是通过思想的智慧。以下是丽达的作文:

朝　霞

我喜欢迎接太阳。在太阳出来很久之前它就宣布醒来了。它用自己的光线渲染了夜空,让星星黯然失色。天空中的色彩变幻着、震颤着。大地上有一条窄窄的紫红色带子,接着带子变成了橙色,然后变成了粉色、浅蓝色、淡紫色和蓝色。这种美是在哪里,是在太阳深处的什么地方孕育的?那里发生了什么?地球上的生命之火是如何点燃的?太阳会永远发光吗?如果太阳熄灭了,等待地球的将会是什么?

看,太阳从森林后面冉冉升起。彩色的带子消失了,天空变成了粉红色,就像被雨水洗刷过的花儿一样。阳光已经把树梢染成了金色,却看不见太阳。看,从地平线上冒出的火花不断地扩大,已经变成了熊熊燃烧的大火。东方的天空燃烧着，草地上的露珠中火花闪烁。万物都被唤醒了，它们全都迎接着太阳。强壮的百年橡树也是太阳创造的，它被雨水浇灌，被春风轻抚。雨也是太阳创造的，还有风，还有娇嫩的草茎，煤炭和热乎乎的牛奶，这一切都是太阳创造的。

在这里最重要的是求知欲。少年的审美知觉越深刻，思想的飞跃就越有力，少年就越渴望通过自己思想的目光看到更多的东西。少年时期多方面的精神生活，要求大自然不再单纯是智力兴趣的某种附属物和背景，而是生活环境的本质。少年必须与大自然不断地进行交流，因为他就生活在大自然中。智力世界、劳动和大自然有机的统一尤为重要。在审美认知和理解大自然方面，少年时期要比童年时期复杂得多。如果儿童只是欣赏周围的美，那么少年已经不会在没有思想、没有好奇地渗透到这种美的源泉的情况下去赞叹美。

我认为教育的任务在于，通过少年与大自然的交流来完成他的智力发展。对于少年的全面的精神生活，这种交流的创造性很重要。少年必须用自己的双手去创造一些什么，但问题并不仅在于此。大自然应该成为投入精神力量的领域。每年夏天都有那么几天，我们从早到晚住在"快乐橡树林"营地，这是一个神奇的角落，形象地说，在那里，少年的心灵每一次对美的触摸都激发了他们对大自然了解、认识和思考的渴望。

在少年时期，与大自然的日常交流需要越来越多的新发现。我力争使学生与大自然之间进行这种交流，以便使他们不时发现的神秘的生命来源能够增强审美敏感性，引起他们对智力、科学和思想的自豪感。

在审美教育和情感教育中，不允许教训人或假装被大自然的美感动。老师只有真诚地喜爱大自然的美，才能够点燃少年心灵中的审美情感的火花。但是，只有当学生知道如何独自面对大自然的美时，与大自然的交流才能展现全部、完整的审美可能性。我力求使每个孩子在大自然中拥有自己的精神生活世界。为了使少年热爱与自然的交流，必须付出巨大的努力。

每个少年都在家中创建了自己的"美之角"。我教男孩和女孩们在这个角落里读书和思考。逐渐地，每个少年都在大自然中找到了他所钟爱的某些东西。加利亚喜爱井边那棵枝繁叶茂的柳树，萨沙喜爱的是一个长满了野葡萄的亭子，季娜喜欢一片环绕着樱桃树的绿色草地，柳达喜欢梨树下有两个蜂箱的养蜂场，柳达和丽达都喜欢葡萄园。

艺术

艺术是人类精神之美存在的时间和空间。就像体操能使人的身体挺拔一样，艺术能舒展人的心灵。一个人在认识艺术价值的同时也认识了人性，将自己提升到美好的境界，并体验到快乐。人的心灵生活是我们的共产主义教育学的最高教育目标。知识、技能、劳动、创造力——这一切仅仅是达到这一最高目标的手段。斯坦尼拉夫斯基说："现在你们问我，人间的幸福是什么？幸福是认识、是艺术和劳动、是对艺术的理解。在认识艺术时，就会认识大自然、认识人间的生活、认识人生的意义、认识心灵（即天赋）。没有比这更高的幸福了。"[1]如果我们将学校和教育视为共产主义建设的一部分，那么在创造新世界的精神价值领域中，最重要的任务就是确立人类的幸福。人类社会学，即教育学的基础，实际上就是创造幸福。艺术在这一创造中扮演着重要的角色。艺术对于少年时期人的成长至关重要。在进行认识时，少年应该感到自己是一个幸福的人，体验到自己充满着创造力。如果少年的认识范

---

[1] 阿塔拉诺夫：《克斯坦尼斯拉夫斯基》，莫斯科儿童文学出版社，1965年，第172页。

围中包括所有美好的东西，那么前述的这种感觉是有可能的。对艺术的认识是一个广泛的、多方面的概念。不能为了回答老师的问题并得到评分而将其归结为获得和积累知识。

当一个人领悟到美好的东西是为了自己、为了充实自己的精神生活时，他便生活在艺术世界中，渴望吸收美好的东西，对艺术的真正认识就开始了。我认为艰巨而细致的教育任务，就是使艺术价值成为少年的精神需求，要让他们努力用心灵中最幸福、最快乐的劳动（即理解美）来填满自己的空闲时间。

艺术进入少年精神世界始于他们对语言的美的认识。最通俗易懂，同时最强大的艺术是文学作品。认识语言的美是进入美的世界的第一步，也是最重要的一步。语言是磨炼、培养细腻情感的强有力的方法。最重要的一项教育任务就是，要在童年时期，就使语言连同它的具有多面性的、愉快的、能使人变得高尚的美，成为认识美、认识内在精神财富的取之不尽、用之不竭的源泉，成为认识美的内在精神财富的一种手段，同时成为表达这种财富的手段。

如果我相信教育的强大力量，那么这种信念的最主要的源泉之一就是诗歌之美，诗歌的语言反映着经过数百年的锤炼才达到的人类语言智慧的深度。我们和孩子一起旅行到了本族语言的源头。我们去看朝霞，聆听云雀的歌声和蜜蜂的嗡嗡声，以来到人类可以到达的最丰富的世界——语言的世界。在少年时期，这些旅行具有更深刻的意义。如果不去本族语言的源头旅行，就无法对少年进行全面的审美、情感和道德教育。

对语言的美的认识在少年的心灵中孕育了一种高尚的自豪感和尊严感。理解了语言的美，少年就开始对所有丑恶的事物感到极其厌恶。语言的美也培养了对邪恶的毫不妥协。引导少年了解本族语言之美的源泉，向他们揭示这种神秘的美是审美和情感教育中最细致、最崇高的任务之一。在天气好的

第七章　情感与审美教育

日子，当我和少年们坐在荞麦田旁倾听竖琴般的蜂鸣声时，当我把看到的景象告诉男孩和女孩们时，在这样的时刻，语言的美首先就是我的精神需求。语言活在我的心中，在我的心中跳动，大概正因如此，语言也进入了学生们的精神世界。我们的旅行给少年们带来了极大的满足感。在一个漆黑的夏夜，天亮之前很早我们就走进了田野。我们走进了麦田，我们就这样走着，只是为了欣赏朝霞的美。本族语言的源泉似乎顺带就被揭示了，但孩子们对它的研究却是全心全意的。

　　四次旅行的情况永远留在了我的记忆中，也留在了我的学生的记忆中。田野独特的美和无边无际的蓝天使我们着迷。丽达在我们的第一次旅行中说："如果我们今天没有来到田野，我们就不会知道世界上存在着这样的美。"激动的少年们被周围世界的美吸引，他们希望看到这种美的细腻，以及它的各种色彩和变化。在这样的时刻，一个人想要表达自己的情感，找到与他人交流的词语，而这种交流正是为了传达他的惊讶和钦佩之情。只有当我看到这种渴望已经在少年的心灵中成熟时，我才向他们揭示语言的美。少年听着激动人心的、富有诗意的叙述，想象着我们所见、所闻、所感受、所体验过的情感饱满的形象。

　　难道还有比太阳升起时，晴朗的天空上那些色彩的变幻更美的景象吗？蒙着露水的田野也在变幻着色彩。麦穗静静地低垂，散发出阵阵麦香，没有什么东西能散发出像成熟的小麦麦粒那样的独特芳香了。太阳把自己的能量献给了生活的储藏室、温暖和欢乐的储藏室。麦粒成熟的气味使人想起夏日的酷热和森林的凉爽，想起联合收割机的轰鸣，想起黄昏时分少女的歌声，还有刚出炉的美味的大圆面包……这就是麦田。

　　我们细听着草原的寂静。起初，它像田野一样无边无际。一切仿佛都在沉睡中。但草原已经醒来了，它在等待着太阳。你听到蚱蜢在歌唱吗？阳光很快就会在露珠上闪耀，它坐在麦穗下的某个地方，拉着小小的小提琴。在它看来，田野就像星际空间对于我们一样，是一个无边无际的世界。也许他正在歌颂着无边的宇宙。你听到了轻微的颤动吗？这是云雀醒来了，它抬起翅膀，抖了抖身子，细听着我们的声音。它警觉地沉默着，你听到了沙沙声吗？那是它在麦秆间穿梭，它从窝边飞向了天空。快看，它已经在天上了。看，一个灰色的小点越飞越高。看，它变成了浅红色，这是它在迎接太阳。金色的光芒已经在那里，照耀着高空。云雀已经看到了太阳，它在歌唱着太阳。

我们愉快地欣赏着美。我的话语能够帮助孩子们理解、感受和体验他们想要理解、感受和体验的东西。于是发生了教育中的一个极细微的现象——对语言的情感色彩的理解。我知道，语言将会活在少年的心中。当科利亚听到或读到"早晨的大草原""朝霞"和"日出"等词语时，他就会想起这个早晨。语言将唤醒他心中最敏感、最隐秘的情感——语言带给人的生机勃勃的快乐和享受。

森林暮色之旅令人永远难忘。在酷热的七月的一天，我们走进森林，发现了一个似乎没有人涉足过的角落。一棵不知何时被暴风雨吹倒的树，树干上长满了青苔；一道被树冠遮盖的神秘山沟，从沟底的某个地方隐隐约约传出静静的淙淙溪流声；密林深处传出野鸽子的歌声和布谷鸟的咕咕声；树木的沙沙声；白天躲在阴暗处的夜鸟被我们惊得飞起来的簌簌声——少年们屏住呼吸静听着这一切，他们希望观察、感受和体验这一切。我给他们讲述森林中的泉眼和泉水，还讲了在森林中的神秘生活，于是人民的宝贵精神财富——语言进入了少年的心中，进入了他们的情感记忆中。它不仅有助于少年更好地了解、理解和认识我们周围的世界，它还能够鼓舞人，激发他的愉悦感和自豪感：我是一个人，一个正在感受、体验和思考的人。

理解语言的情感色彩，这不仅是艺术的入门，也是少年丰富而全面的智力生活的开始。我赋予"语言使……充满崇高精神"这个概念的含义就是：

第七章　情感与审美教育

当一个人感知和体验语言的最细腻的色彩、味道和情感上的内涵时，他似乎就把休眠中的理智的力量唤醒了。我多次发现，当彼特接触到词语的某个他以前不知道的含义而感到惊讶和感动时，他那迟钝而消极的、似乎懒惰的思维会立刻改变：这个男孩变得细心好学，发现了以前从未注意过的东西，思考着以前从没有想过的东西。

对语言的认知能给思维带来能量。理解语言是为阅读艺术作品做准备。只有当语言铭刻在逻辑和情感记忆中时，阅读才能成为一种精神需求。在把一本书，例如聂楚依·列维斯基的《米科拉·杰里亚》、果戈理的《塔拉斯·布尔巴》或者拉罗连科的《盲人音乐家》交给少年并说"读吧"之前，必须先把他引入艺术的大门。

除了本族语言的源泉之旅之外，我认为艺术叙述也具有非常重要的意义，如果不能这样把少年引入艺术的大门，阅读和倾听语言的音乐就不能成为少年的精神需求。艺术叙述要求老师具有很高的情感素养和审美素养。在进行艺术叙述时通常暗藏着一种威胁，即陷入矫揉造作的情感和华丽的辞藻中。

有时我们会聚集在"美之角"、童话室或其他很棒的地方，我在那里讲文艺作品。我讲的都是中篇小说和短篇小说：果戈理的《圣诞节前夕》、米尔内的《牛槽满时难道牛还会叫吗？》、屠格涅夫的《阿霞》、契诃夫的《草原》、科秋宾斯基的《昂贵的代价》、列夫·托尔斯泰的《哥萨克》、伏尼契的《牛虻》、赫克特·马洛的《无家的人》、马克·吐温的《汤姆·索耶历险记》、尤利·凡尔纳的《神秘岛》、维克多·雨果的《被遗弃的人》、波列伏依的《真正的人》、高尔基的《伊席吉尔婆婆》和冈察洛夫的《大地轰鸣》。少年从这些文艺故事中了解了这些人的生活和斗争经历，他们是乔尔丹诺·布鲁诺、托马斯·蒙泽、谢尔盖·拉佐、伊万·瓦佐夫、伊万·博恩、雅努什·科恰克、费利克斯·捷泽任斯基、亚历山大·马特罗索夫、卓娅·科斯莫德米扬斯卡娅、尤里乌斯·伏契克和霍斯拉夫·鲁兹别赫。孩子们都迫不及待地期待着文艺讲座的到来。

如果我必须向少年内心最深处的角落传达一些思想，如果必须揭示功勋、英雄主义、自我牺牲，真正的人道主义的伟大和崇高，我就给他们讲文艺作品。我认为在这些时间，老师的力量和语言的力量比以往任何时候都得到更多的展现。进行文艺作品讲述的环境使我们互相亲近，带来了一种精神上的亲切感，给我们的会谈打上了诗情画意的烙印。我们不希望在讲文艺作品的时候，在我们当中出现"外人"，即来自其他集体的人。我们希望在冬天的暮色中讲文艺作品。我们也喜欢宁静的夏天和秋天的夜晚讲述文艺作品。我们所讲述的文艺作品中都渗透着这样的思想：人道主义、正义、纯洁的道德与英勇精神以及人类的高尚情操必胜的信念。通过这些作品，我力图传达一个人要忠于劳动人民的崇高目标和理想的思想。我渴望使道德的美成为每个人宝贵的、不可动摇的理想。对道德美的体验将少年的思想境界提升到更高尚的水平。

在听我讲述艺术作品的那些时刻，每个少年都比以往任何时候都感觉自己是一个真正的人。难忘十二月初的那些黄昏，男孩和女孩们第一次听我讲高尔基的《伊席吉尔婆婆》的故事。丹科这一形象引起了少年们深深的惊讶。我在他们的眼中读到了最细微的思想色彩、焦虑和忧虑。我看到了托利亚的脸上充满了骄傲的、充满崇高精神的表情。我知道这些天他在家里很痛苦，他的母亲被一个想法折磨得很痛苦：她被抛弃了。对于这个年龄的男孩来说，他知道得太多、了解得太多了，给母亲造成痛苦的那个人的无能激怒了他。"邪恶将会得胜"对于对少年的心灵来说是一个危险的思想。现在，丹科心中熊熊燃烧的火焰驱除了托利亚心中这些沉重的思想和感受。丹科对人民的无限忠诚鼓舞了托利亚，这个男孩激动地体验到了为他人而高兴的情感。的确，人道主义向他揭示了一个真理，即邪恶不可能得胜而善要取得胜利，就必须对邪恶毫不妥协、对崇高理想无限忠诚。

第七章　情感与审美教育

我看到妮娜的眼睛被她内心的火焰照亮，闪闪发光。母亲所遭受的苦难让她非常难过。不久前，当我和这个女孩聊天时，我很吃惊地感觉到，她的心灵正经历着这样一种想法所引起的困惑：她觉得似乎每个人都在期待着她母亲死去。我找不到任何话来安慰妮娜，消除她的慌乱。我无时无刻不在担忧：如果女孩肯定了她的想法，不仅如此，如果这个想法还有了某些依据，那么她可能会因为失去对善的信心而变得凶狠。凶狠是与非正义和孤独，与无能为力和绝望融合起来的，这对于少年的心灵，更何况是对于一个深爱着自己最亲的人的女孩来说，是一种危险的状态。现在，在崇高道德的影响下，这个女孩以新的眼光去看世界了。从她的眼中能看出受到快乐启示的心情：善是存在的，它定能获胜。

讲述文艺作品磨炼了少年的心灵，使他们的心灵对邪恶、虚伪和生活的阴暗面更加敏感，激发起少年对一切有悖于理想的事物和现象的激烈对抗和势不两立的精神。我深信，被道德美所感染的崇高的情感，在人的内心取得了胜利，从而增强了人的内心对周围世界的现象做出反应的能力。正是在那些日子里，孩子们对高尔基的童话故事中的各种形象产生了深刻的印象，他们对人所表现出的冷漠和自私感到愤怒。他们带着激动和蔑视谈起那个四十岁的男子，那个正在钓鱼的男子在男孩溺水时，甚至都没有起身，也没有试图去救人。一名拖拉机司机驶过池塘时跳进水里救出了男孩。我的学生很久以前就知道这件事，但当时那个男子的冷酷无情并没有令他们激动，现在他们以新的眼光看待这一行为，并愤慨地说："一个没有心的人怎么能心安理得地走在这片土地上，心安理得地睡觉，心安理得地呼吸着诚实的人呼吸的空气呢？"

讲述文艺作品可以向孩子们揭示作品的潜台词及其哲学性的一面——这些东西几乎从不用语言表达，但却应该激动人心。作品的整个思想深度及情感影响力通常蕴含在其潜台词中。当孩子们听完关于屠格涅夫的作品《别任草地》的艺术叙述后，他们希望身处大自然中，身处这位伟大的文学家所描述的神奇角落中。他们的心情欢乐而兴奋：因为在这部巨著中只字未提的东西反而更加打动他们。这就是对看似平常的、不易觉察的美愉悦地着迷，这种美随处可见，人们对它已经习惯性地视而不见。

我给十四岁的少年们讲述了契诃夫的《第六号病房》。在剥削制度下残酷的精神奴役，人的无力防御——这一切震惊了我的学生。当我讲完故事，孩子们就想到田野去走走。在艺术讲述中，我把杰出人物的生活和斗争事迹放在了特殊的位置。这些关于道德美和英勇精神的故事直接诉诸每个孩子的精神世界。我对瓦洛佳的意志薄弱只字不提，但我首先就是为了他而讲了菲利克斯·捷尔任斯基的故事，男孩对主人公思想上的坚定性和勇敢精神感到钦佩，而这是认识自我的必需条件。我认为这是解决教育的难点方面取得的一些成绩。我并不指望借助于某一种方法就能轻易取得成功，所以我认为通过文艺作品揭示道德美具有特殊的意义。

经验使我深信，从某种意义上说，抒情诗和散文诗不是培养情感的唯一手段。在情感教育和审美教育手段的范围内，抒情诗（狭义上的）处于叙事诗和音乐之间。抒情作品情感饱满、细腻，语言色彩丰富，作品中的形象具有深刻的潜在内涵——所有这些使抒情诗与音乐类似。如果没有对抒情作品和散文诗的理解和感受，一个人将仍然对音乐充耳不闻和漠不关心。我非常重视让学生学会在诗歌中感受语言的音乐意义，对人的心灵的最细微活动产生共鸣，这是人类的精神财富和成就。没有这种共鸣，少年的情感的丰富和高尚是难以想象的。我们所说的是世界诗歌的杰出作品中所体现的情感和体验。必须培养少年对诗歌中所蕴含的丰富情感产生共鸣。在大自然中、在"美之角"、在故事室，我给孩子们读了托尔斯泰、果戈理、屠格涅夫、契诃夫、帕纳斯·米尔尼、纳楚伊·列维茨基、高尔基和邵洛霍夫等文学家的作品的节选。

第七章　情感与审美教育

在阅读时，我选择了那些从儿时起就进入我的意识的散文诗片段，我认为它们与荷马和但丁、普希金和舍甫琴科、勒蒙托夫和涅克拉索夫、莱萨·乌克兰卡和弗兰科的不朽诗作一样，这些片段也是不朽的诗篇。诗歌的语言与它细腻的色彩激发了少年参与到人类最光明、最美好、最无价的财富中的愉悦感。他们渴望阅读和反复阅读这些艺术散文片段，这些片段虽然情节不分明，但是蕴含着作家的思想和情感，他正全神贯注地凝视着周围的世界。这就是在书的世界中生活的开始。

只有当语言像活在老师的灵魂中时，教师才能培养少年对诗歌的热爱、对阅读的精神需求和体会诗歌语言的意境。我通常会把抒情诗背诵下来，因为这是直接诉诸儿童的精神世界的手段之一。对个别学生必须这样说："对待母亲要细心，要爱惜她们的劳动，爱护她们的生命。"只有通过情感的语言才能教会学生如何去感觉，而这种语言始于诗歌的语言。我读过舍甫琴科的《女工》，涅克拉索夫的《听到战争的恐怖》，诗人以其灵感的巨大力量在诗中表达了对生命的创造者——母亲的热爱。我还朗读了高尔基关于母爱的伟大和美的英明诗句。

在森林里、在河流和池塘边、在花园里、在草原上，我朗读了一些歌颂祖国的大自然的美和热爱祖国的高尚情感的抒情作品。这些诗歌引起了孩子们对我们国家遥远的角落、对祖国大地广袤空间的向往。于是出现了一种极其细微的现象，这种现象——用富有诗意的、艺术的情怀认识祖国是进行爱国主义教育所必需的最细致的一种做法。家乡小小的、不起眼的角落——垂落在池塘边的柳树，山下的樱桃园，穿着艳丽秋装的粗壮橡树，灌木丛生的沟壑——这些都被视为祖国的一小部分。

我非常重视阅读歌颂人的精神世界的抒情诗。对情感世界的认识是一种细腻而富有灵感的认识，这种认识使人升华、变得高尚。普希金、莱蒙托夫、涅克拉索夫、舍甫琴科、莱斯娅·乌兰卡、叶塞宁、布留索夫的诗歌反映了乐观的世界观，为少年揭示了心灵的那些角落，那种无法对其做出任何解释的难以捉摸的心灵状态。

  我永远不会忘记第聂伯河两岸的橡树林中庄严而雄伟的宁静。我们坐在洒满秋日阳光的林中空地上，头顶着被雨水洗刷过的深邃而蔚蓝的天空（柳芭的话），傍晚温暖的空气中传来蟋蟀的歌声和仙鹤的鸣叫声。那些时刻，我朗读了普希金的诗《我在喧闹的街道上徘徊》。我的学生被这首诗深深地震撼，他们感觉和体验到了人的情感的伟大和美，他的喜悦和悲伤，以及他对认识世界和认识自己的渴望。孩子们立刻就记住了这首诗。伟大诗人最富有思想和情感的一部作品，就像情感语言中的一个个词语一样进入了少年们的精神世界，如果没有这种情感语言，要具有情感和审美素养是不可想象的。

  我很高兴地发现，通过将这样的词语一个接一个地灌输到学生的心灵中，他们变得温柔、优雅和富有同情心。诗歌中关于爱、忠诚和奉献的语言是一种强大的力量，它能够使少年的心灵变得高尚。当我的学生身上正在进行着成长为男人和女人这一神秘过程时，我给他们读了普涅金的《我记得这个美好的瞬间》、涅克拉索夫的《夜里我奔跑在漆黑的大街上》、舍甫琴科的叙事诗《坏女人》，以及其他作家的诗歌和散文作品的片段。

  任何教导和解释，无论它们多么细腻，都无法像诗歌的语言那样把热爱人类之美的全部情感的美传达给少年。只有当一个人把马克思所描述的世界上最纯洁、最隐秘的现象——女人、母亲、生儿育女——奉若神明时，他才可能认识到爱情的美。没有这种认识，一个人就无法理解并具备人的素养。而且，如果我们当老师的想让所有走出学校的人都是有文化有教养的，就必须在少年时期，即一个人正在成长为男人和女人的时期，把这些知识传授给学生。我深信，由于对情感的认识，每个少年都有了自己喜爱的抒情诗、书籍和作家，孩子们最喜欢阅读和反复阅读的是诗人们的作品——这让我感到非常高兴。对诗歌的语言的热爱反映了我的学生的个人特征。

第七章　情感与审美教育

瓦莉娅的心灵非常脆弱、敏感、多愁善感，莱斯娅·乌兰卡和叶塞宁成了她最喜欢的诗人。妮娜阅读并重读了舍甫琴科和密茨凯维奇的诗。瓦尼亚爱上了弗兰克。萨沙最喜欢的书是屠格涅夫的《猎人笔记》和奥列夏·贡恰尔的故事。塔尼亚爱上了帕乌斯托夫斯基的诗意盎然的中篇小说。家庭图书馆中的藏书已成为一种精神财富，就像喜欢倾听美妙的音乐一样，孩子们很喜欢阅读这些书。

音乐

音乐与抒情诗密切相关。实际上，它是人的精神发展的下一阶段。音乐将一个人的道德、情感和审美领域结合在一起。音乐是情感的语言。旋律能够传达语言无法表达的感觉中最细腻的色彩。音乐始于语言结束之处。如果语言限制了老师进入少年心灵中最隐秘的角落，那么在语言之后如果没有开始进行更细腻、更深入的音乐渗透，教育就不可能是合格的。在学校，音乐和唱歌不仅是一门学科，还是一种强大的教育手段，它应该在情感和审美方面使人的整个精神生活富有情调。没有对音乐的理解和体验，没有对倾听音乐并从中获得乐趣的深刻的精神需求，就不可能认识情感世界。没有音乐，很难使一个正在步入世界的人相信人是美的，而这种信念实际上是情感素养、审美素养和道德素养的基础。

我认为一项重要的教育任务，就是一个要让少年的心灵能够接受情感的语言，教会他掌握这种语言，聆听它并将其用作自我表达的手段。如果说，音乐是一本用情感语言去阅读的课本，那么这个学科的初级课本便是从聆听大自然的音乐、从认识我们周围发出的各种声音的美开始的。

在童年时期，我的学生们喜欢倾听花园里的鲜花怒放和荞麦田里的荞麦开花奏出的音乐，喜欢听春天的草地和秋雨奏出的音乐。他们感觉和体验到了周围世界的美，这使他们的心灵变得高尚。但是，无论大自然的音乐多么优美，严格地说，它还不是音乐。它是一些字母，人学会了这些字母就能开始用感情的语言阅读书籍。

用芦笛吹奏的最简单的旋律跟夜莺或百灵鸟最优美的歌唱相比，要千百倍地接近音乐素养。从童年时期开始，我们就从倾听大自然的音乐逐渐转向音乐创作——吹芦笛。在少年时期，这种创作仅受到某些少年的喜爱，有些人还为自己的这一爱好而觉得不好意思。而我对此并不感到惊讶。音乐教育的主要目的不是培养音乐家，而是培养人。在学年开始之前，我们仔细研究了教学大纲，并注明了哪些音乐作品少年要在课上听，哪些要在课外时间听。这并不是什么"加班"的教育手段。音乐教育的价值和必要性，除了在于它是对情感语言的理解之外，还在于听音乐成了一种精神上的需求。

和童年时期一样，孩子们在故事室和梦想角听音乐作品。现在，环境具有非常重要的意义：在秋天的傍晚或室外天寒地冻的时候他们能更好地认识情感的语言。在这样的日子和时刻，人对情感语言特别敏感，原因可能是这时候大自然安静下来了，小鸟的多声部合唱和树叶的"喧哗"都停止了，色彩的变化减弱了，人的内在精神世界变得更加敏感了。每次音乐晚会通常都会听一首或好几首作品。在了解情感语言方面最难的一点就是对音乐的讨论。语言永远无法完全解释音乐的全部深度，但是如果没有语言，就不可能接近情感认知的这一最细腻的领域。我力求使语言、使对音乐的解释，成为一种独特的情感刺激，它能激发人们对作为灵魂的直接语言的音乐的敏感性。为了认识情感语言，必须用语言调整敏感的心弦。我找到了一种语言，这种语言可以表达反映在我们的情感记忆中的周围世界的一些鲜明特征。要知道，对音乐的解释必须含有某种富有诗意的东西，它能使语言更接近音乐。

第七章 情感与审美教育

我试图在学生的情感记忆中找到它:我借助语言建立了一个画面,它激发了我对往事的回忆,还激发出来自情感记忆深处的感觉和语言,调整了感知音乐的心弦。

用情感语言阅读的最初的,也是最鲜明的篇章就是民歌。我们在漫长的秋冬之夜倾听了乌克兰民歌。果戈理这样描写道:"歌唱得最多的那个民族。"在优美的乌克兰民歌《巍巍耸立的高山》中蕴含着巨大的情感财富,孩子们对这首歌曲百听不厌。这首歌的含义和精神给少年们留下了深刻的印象,使他们从哲学的角度认识世界。这首歌的全部财富都蕴含在它含义深刻的潜台词中,只有音乐才能把潜台词的细腻情感传达到人的心灵和意识深处。世界是美好而永恒的,大自然是美好的,但是除了欢乐,还有悲伤……池塘边低垂的柳树也有忧伤:柳叶会凋落,水会把它带走……春天将会回到柳树身旁,而青春永远不会再回到一个人身上。而一个人之所以美丽,是因为他的美丽像流星般耀眼的光芒绽放。如何从情感上推动少年去理解用情感语言——音乐表达的细腻的潜台词呢?我告诉少年们:"回忆一下初秋的阳光灿烂的日子,当我们沿着河岸旅行时,发现了一个迷人的角落:镜面般的静静的河湾,河边有两棵柳树,一棵已经衰老,满身窟窿,奄奄一息,而另一棵挺拔、年轻、正在欢唱——就像柳达当时说的。我们体验了复杂的情感——悲伤和喜悦。树木和花朵不能永生,而生命是永恒的。永生的花冠是人。我们当时体验到的正是歌曲《巍巍耸立的高山》所表达的那种情感,但这首歌把这种情感阐释得更细腻、更深刻。"情感记忆的源泉打开了,情感沸腾起来。少年的眼睛闪闪发亮,心跳加快。这首歌曲激发了少年心中对更深入地认识情感世界的渴望。

平稳、宽广(这个词是某个女孩说的)、伤感的旋律仿佛托起了强壮的翅膀;人飞过大地,看到迷人的美景;对美的体验引发了对永恒与逝去的事物的哲学思考。我的眼前发生着理解、认识音乐的细腻的、富有审美情感含义和哲学含义的潜台词的神秘过程。这首歌用其特殊的、只有心灵才能理解的语言告诉每个少年："人是美好的，要珍惜'人'这个崇高的称号。你被美的世界包围着，这种美是永恒的，而这种永恒和美的基础是你——人。"

在一个安静的冬夜里，我们聆听了由里亚托夫根据俄罗斯民歌《摇篮曲》的旋律创作的歌曲《摇篮曲》，还有由作曲家科米塔斯记录和整理的亚美尼亚民歌《鹧鸪》。少年们在里亚托夫的《摇篮曲》中不仅听到了摇篮有节奏的摇晃，而且听到了孩子安静而平稳的呼吸，母亲的手温柔、小心、慈爱地抚摸着孩子的身体。没有其他任何语言可以传达这首歌的优美旋律所表达的母亲的情感了。情感在少年的心中激荡，令他们心潮澎湃。

孩子们借助音乐认识了一个人对他人深厚、细腻、真诚的态度。当《摇篮曲》的尾声轻轻响起时，我在学生的眼中看到了人的最纯洁的情感——温柔、亲昵、亲切、知心，这正是我努力通过音乐去激发的情感，它"神奇地触动了心灵的深处"（高尔基），揭示了一个人身上最珍贵的东西——热爱他人，准备着去创造美和肯定美。音乐在少年心中激发的真挚而细腻的柔情，揭示了大自然、爱情、钦佩、惊讶和对女性的崇敬等细腻的美。每当通过音乐的旋律表达这种无法用言语来形容的神奇而迷人的美时，我都能够感觉到我的孩子们的心灵坦率地敞开了，对言语、观点、号召和要求——这些一个人对另一个人的微妙的接触极为敏感，这种接触反映了敏感和亲切的关系。

赞美大自然的雄伟的音乐具有一种神奇的力量。当我的学生们在倾听科米塔斯的《鹧鸪》或柴可夫斯基的《第四交响曲》的最后乐章的片段时，这种赞美之情感染了我的学生，孩子们对世界的感知变得乐观起来。这就是人性的温柔、亲切和真诚这类情感的最重要源泉。我努力使少年的心灵能够理解人类情感的最细腻的色彩——爱。音乐对少年精神生活这一领域的教育影响是巨大的。音乐表达了一颗爱心的呼唤，这颗爱心赞叹和向往着女性的美。在未来的妻子和丈夫、母亲和父亲身上培养了浪漫、纯洁和高尚的柔情。

第七章　情感与审美教育

那些歌颂爱情的音乐作品是直接的心灵语言，我把理解这些作品称作对未来的丈夫和妻子进行审美情感的培养。在推荐学生听一首关于爱情的音乐作品之前，我久久思考着，应该说些什么来帮他们理解人与人的相互关系这一神秘领域中的情感语言。我关心的是，要让关于爱情的音乐对少年的心灵诉说一些用语言无法表达的东西。我要给少年的老师们提个建议：要少举办关于爱情的谈话、讲座、辩论和问答晚会，而要让少年静静地、默不作声地聆听关于爱情的音乐。

绘画

造型艺术作品能够在少年的心灵中确立人的伟大和美，提高人在自己心目中的地位。

与孩子们一起观画与听音乐一样，是施加审美情感影响的一种复杂方法。童年时期思维的具体性和形象性增加了向学生展示美术的概括性内容的困难。

在观赏西什金的画《黑麦》时，孩子们只看到了黑麦，为了让他们看到更有意义的东西——人的情感世界，需要做很多准备工作。理解绘画的基础是直接观察大自然。要理解、体验和热爱绘画，人必须在自然界中经历长期的情感教育。每个人在童年时期就应该学习发现大自然的美，以使孩子的精神生活与大自然之间能够被一条条智力的、情感的、审美的、创造性的纽带联系在一起。重要的是，要使认识自然现象和它的美成为思想和情感的源泉。我不得不等了好几个月，直到孩子在一个看似不起眼的草地或森林中的一片空地前惊喜地停下来，在被琥珀色浆果装饰的一丛野蔷薇或笼罩着淡淡雾霭的草原陵墓前突然停下脚步，并受到美的鼓舞而停下来。这种美的发现告诉了我很多,首先是,孩子在大自然中有了自己的某种东西。孩子越早进入审美和情感发展的这一阶段,他为观赏绘画作品所做的准备就越充分。

观画是对事物的深入了解,尤其重要的是对情感世界的了解。有些画儿童看不懂,这些画应该在少年时期和青年时期看。儿童时期"一眼闪过",而一生再也没看到过的画是不存在的。

真正的艺术是不需要任何基础的。每一件作品都代表着无限的情感世界。像西什金的《黑麦》,萨弗拉索夫的《白嘴鸦飞来了》,列维坦的《金秋》和《白桦林》,尤恩的《俄罗斯的冬天》,普拉斯托夫的《第一场雪》,这类画要在儿童时期、少年时期或青年早期看,因为,每一次,人都能在画中看出某些新的东西。反复观看绘画可以使情感记忆得到丰富和发展,并且能够唤起对美的敏锐感知。正是由于反复的感知,造型艺术才得以进入少年的精神生活。因此,随着智力、情感和审美发展的每个新时期的到来,在教育中要越来越多地采用新的绘画作品,同时还要反复观赏已经观赏过的画作。

我的每个学生都已经在少年时期发现并爱上了自己在大自然中独特的、唯一的角落。平平常常、极为普通的池塘、树木、灌木丛和庄稼地在少年的意识中被增添了一种情感色彩。正是在与大自然进行交流的过程中所获得的情感财富基础上,他们反复观赏童年时期就已熟悉的画。在初冬的暮色时分,当雪花悄然飘落在大地上时,少年们观赏了奥斯特洛乌霍夫的画作《金秋》和列维坦的画作《金秋》。此时正在观赏的画作与大自然中正在发生的事物之间的对比是一种额外的刺激因素,它打开了情感记忆的源泉。少年渴望不是在画中,而是在现实的大自然中再次看到金色的秋天,而正是由于现在不可能看到秋天,少年对艺术作品的兴趣更浓厚了。

我力求使我们每一次到大自然的远足、每一次与周围世界的美的相遇都能在儿童和少年的心中留下点滴的快乐。这是使反复观赏造型艺术作品成为情感发展的新台阶的重要条件。快乐的体验是艺术的巨大吸引力。在三年级

第七章　情感与审美教育

的时候，特别是在四年级，男孩和女孩们开始创建自己的小型画廊：他们收藏了画作的复制品。他们很想观赏绘画，这让我很高兴。与创建所谓的"学校的特列季亚科夫画廊"等相比，这种艺术世界中的个人生活要无可比拟和宝贵得多。如果这些画在墙上挂了几个月后，学生就不再关注它们，那么艺术作品的情感影响和审美影响将失去很大一部分。

在少年时期，男孩和女孩们按照历史顺序熟悉了一些绘画作品。但是不能严格按照时间先后顺序安排讲座和观画。在同一时期，我们研究了诸如约翰逊的《审问共产党员》、普拉斯托夫的《割草》、列宾的《伏尔加河上的纤夫》、罗丹的群雕《加来义民》、拉斐尔的《西斯廷圣母》、莱奥纳多·达·芬奇的《蒙娜·丽莎》等画作。年龄的特殊性要求老师高度重视那些描绘了人的复杂而多样的精神世界的艺术作品。我首先展示了一些描绘人的道德美和道德壮举的画作。艺术应该成为认识情感世界的源泉。总之，审美教育的这一法则在了解绘画和美术方面尤其重要。

当然，与少年谈论绘画要比与儿童谈论的多得多，也深入得多。我们多次观赏谢罗夫的画作《列宁会见农民代表》。我讲解了画中人物的性格和人物关系的微妙之处。少年们理解并感受到了农民在讲述自己的生活时所表现出的信任、深思和恳切。然后，少年们谈到了劳动人民的理想，谈到了画中所体现的历史事件的伟大之处，还谈到了祖国的命运。这种哲学背景不仅对于深入理解艺术是必要的，而且对于认识作为人的情感生活的最高阶段的公民情感也是必不可少的。

在讲解了约翰逊的画作《审问共产党员》所表达的内容之后，我转入了对这幅画的心理上和思想上的概括：在蔑视死亡的英雄形象中，画家展现了人民的英勇气概，以及共产主义理想的伟大和胜利。我对于武切季奇的雕塑《解放战士》（柏林，特雷普托夫公园）的讲述，激发了孩子们深深的自豪感，他们为拯救世界挣脱法西斯主义的人们的伟大功勋而感到自豪。

讨论苏联人民的英雄主义和英勇气概，这似乎是少年了解其他一系列艺术作品中的人物的起点，这些人物分别是英雄、爱国者和为祖国的自由和独立而斗争的战士。瓦斯涅佐夫的《英雄》、格列科夫的《加入布琼尼的部队》、谢罗夫的《西伯利亚游击队》、普罗罗科夫的《在悬崖峭壁旁》，这些作品引起了少年们对祖国命运的激动人心的思考。库克雷尼克赛的画作《末日》、德国反法西斯艺术家克雷默的群雕作品《布亨瓦尔德的蒙难者》、普罗洛科夫的画作《母亲》等作品，引起了少年对法西斯主义、对黑暗势力的深切仇恨。我阐释了忠于祖国和与敌人坚决做斗争所蕴含的公民思想。这种伟大的精神和对敌人毫不妥协的气概深深打动了孩子们。

克雷默的群雕作品我们是在五年级的时候观赏的，以后每年都会反复观赏。每次观赏这部作品时，男孩和女孩们都能在倍受饥饿和严刑拷打折磨而毫不屈服的人们的精神面貌中发现新的细节。观赏这组雕塑作品是一种情感和审美上的准备，以便对其他优秀作品进行感知和审美情感评价，如：费维伊斯基的《不可征服的人们》和约库博尼斯的《母亲》。

我认为，揭示人类精神的所有伟大和美是一项非常重要的教育任务。一个受到为人民服务、为祖国服务、为人类最崇高的理想服务的思想所鼓舞的人是不可战胜的。这一思想就像一根红线一样贯穿着对艺术家体现爱国主义思想的那些艺术作品的讨论。

罗丹的不朽作品《加来义民》在学生们心中留下了深刻的烙印。在对查尔斯·德·科斯特的长篇小说《蒂尔·奥伊伦斯皮格尔》进行了艺术讲述的几天后，我们观赏了《加来义民》这部作品。少年们屏息聆听了关于加来市大事记的艺术性的复述。早已过去的英法之间的百年战事在他们的想象中得以重现。英国国王的军队包围了加来城，国王向加来市民发出了严厉的最后通牒：只要满足一个条件，加来城就不会从地球上消失、这个条件就是：让六名有名望的、最受尊敬的市民脱下衣服，只穿着衬衫，脖子绑上绳索，把

第七章　情感与审美教育

城市的钥匙献给胜利者。国王早就决定要处死这六位市民。为了拯救这座城市，六名爱国志士决定赴死。看，他们走着，满怀着英雄主义的坚定决心，心中充满了对死亡的忧郁和恐惧。他们踌躇了一下，满怀着痛苦和悲伤与人生告别。这部作品体现了受到热爱祖国的崇高精神所鼓舞的人的伟大，我把它体现出来的悲剧成分和英雄主义，看作是情感和审美上的准备，以便孩子们理解反映伟大的卫国战争时期，我们的人民的壮举的苏联造型艺术作品。

对人民的爱国主义壮举的理解和深刻感受是个人自我肯定的顶峰。艺术是一种强大的力量，它能在少年心中激发起人的自豪感。这种自豪感必须在爱国主义思想中得到激发和巩固，而爱国主义思想的实质则在艺术形象中得以揭示。我的学生们观赏的绘画作品体现了我们的人民在不久前的反法西斯斗争和遥远的过去，为争取祖国的自由和独立而进行的英勇斗争。观赏布勃诺夫的《库利科沃战场的早晨》、阿维洛夫的《佩列斯维特与切鲁别的决斗》、苏里科夫的《苏沃洛夫穿越阿尔卑斯山》等绘画作品激发了我们对先辈壮举的自豪感。

造型艺术是渗透到人民的精神生活中的一种强有力的方法。如果少年不用心去感受和体验我们的人民在过去不得不忍受的那些可怕的灾难和痛苦，那么对年轻公民的心灵教育就是片面的。我们举办了专场晚会，观赏列宾的《伏尔加河上的纤夫》、佩罗夫的《出殡》和《三套车》、米亚索耶多夫的《地方自治局在午餐》、伊万诺夫的《移民之死》、阿尔西波夫的《洗衣女工》、萨维茨基的《送别上战场》和《铁路维修工作》、韦列夏金的《受了致命伤者》和《战争的结局》等绘画作品。只有了解并体验到了劳动人民在过去所遭受的所有苦难，年轻一代才会珍惜社会主义社会的物质财富和精神财富。

肖像画是对少年进行智力教育、情感教育和审美教育的一种特别有力的手段。在我们教学人员的教育工作体系中，这项工作占有重要地位，即培养对人的感觉能力——用心感觉人的最细微的内心活动，善于看出人眼中的悲伤、怨恨、痛苦、慌张和孤独。最重要的是，必须善于在与自己亲近的人的眼中看到并感受到他需要别人的同情和帮助。我认为教育工作中最细致和最棘手的问题之一，是培养学生在情感上对他人的思想和情感的敏感性和同情心。

眼睛是思想和情感的镜子。无论观赏什么绘画作品，我总是要求学生注意画家在他的作品中所体现的人物形象的眼睛。从这一观点上看来，绘画和雕塑作品构成了整个审美情感教育体系。眼睛是思想、情感和体验的最复杂的领域。与观赏绘画作品有关的整个讨论系统都涉及这一领域。我力争使不同时代和不同民族的艺术家所描绘的人类的崇高精神都能够传承给我的学生，而首先从人物的眼中明显表达出来的精神缺陷，能够引起少年的鄙视感。我们的学校有幸获得了莱昂纳多·达·芬奇的名画《最后的晚餐》的复制品。我们进行了几次以这幅画为主题的谈论。在介绍了该作品的宗教基础之后，我把男孩和女孩们引入了人类复杂的情感世界，使他们相信宗教世界只是一个外壳，它是揭示具有深刻个人特征的人类欲望的一种托词。男孩和女孩们沉醉在情感认知的领域中，自然忘记了他们面前是一幅以圣经为主题的画。他们看到了人类复杂的欲望世界、还看到了善与恶、高尚与道德沦丧——背叛之间的冲突。

我们举办了几次专题晚会，赏析莱奥纳多·达·芬奇的《蒙娜·丽莎》《拈花圣母》和拉斐尔的《西斯廷圣母》等名画。这些晚会充满了独特的诗意，让少年们如痴如醉。我希望我的学生能够体验到一种被人的情感之美赋予了高尚精神的情感，以使这种美在世界观形成的那个时期，在人的心灵中孕育体验内在的美。在这个时期，人的思想充满求知欲，对他人的道德面貌、精神财富和才智都很敏感。

十年的学校工作使我深信，对人的认识应该因受到活跃的情感刺激的鼓舞而变得高尚。如果只告诉少年"高尚的情操使人变得更美好"，这是不够的。

第七章　情感与审美教育

如果少年没有体验和感受到情感的美,那么这些话可能并不会打动他们的心灵。

在欣赏达·芬奇和拉斐尔的绘画作品时,我强烈感到必须将感知的审美素养和语言结合起来。在这里,老师的每句话都应该是一种情感上和审美上的刺激因素,它能够激发富有诗意的思维。哪里有富有诗意的思维,哪里才会有对人的深刻审美感知。在讲解世界艺术杰作的创作史时,我不仅仅谈作品所描绘的内容。有血有肉的语言作为情感和审美的刺激因素,是一种潜台词,是艺术家在周围世界中所体验到的、看到的一切。我讲了画家在蒙娜·丽莎的嘴唇和眼中留下的永远的微笑是什么引起的。人的眼睛会说话,它具有特别深刻的富有诗意的表现力。天才的画家在这个年轻妇女的眼中所反映的这一瞬间,就是整个情感世界。很难找到语言能在男孩和女孩的想象中创造出一种对模糊的、不确定的、转瞬即逝的体验形成的那种富有诗意的概念,没有这种体验,他们的心灵就会对充满诗意的情感漠然处之。

赏析拉斐尔的绘画作品对我来说是困难的,同时也是充满欢乐并富有魅力的。我思考着:拉斐尔的艺术作品把基督教和古希腊、古罗马的社会及其文化融合在一起,也把让人心醉神迷的天真的信仰(为拯救人类就必然要牺牲)与人类的母性崇高的美融合在一起,如何揭示出这种真正的人类的美,这种美能使与文艺复兴时代相距几个世纪,而且具有完全不同世界观的人们的情感得到升华。在揭示那个世俗而永恒的、人高于上帝的真理时,我使用的词语越是贴切,艺术的美和人类的美就越能感动和打动少年。

我努力找到一些词语,它们能够在男孩和女孩们的心中形成一种生动而鲜明的概念,这个概念是关于一些人类情感的,而这些情感表达了人们对最亲爱的儿子、女儿和人类幸福的态度。为了拯救人类,圣母把自己身上的一部分,即自己的儿子献给了世界。我的学生们看到了世界上最崇高的美——母爱的力量。在母亲的眼中流露出的不仅是担忧和对苦难的预感;她颤抖的嘴唇中表现出来的不仅是不可避免的顺从，还有坚定的决心。世界上没有其他任何艺术作品能够在人的眼中表现出如此强大的母爱的力量。克拉姆斯科伊把《西斯廷圣母》称作"人民心目中的肖像"。他说："即使人类不再相信……这幅画也不会失去价值。"克拉姆斯科伊的这些话表达了全人类对拉斐尔的创作的观点。

在男孩和女孩们正在成长为男人和女人的那个时期，我们反复观赏了拉斐尔的《西斯廷圣母》、波提切利的《维纳斯的诞生》、维尔梅·德尔弗茨斯基《读信的女孩》、德拉克卢瓦的《街垒中的自由》、安格尔的《泉》、鲁本斯的《叶莲娜·弗尔曼与孩子们》和《侍女》、谢罗夫的《拿桃子的女孩》、鲍罗维科夫斯基的《罗普基娜像》和雅罗申科的《高等女校学生》。我坚信，当不合理的欲望和冲动开始叩击年轻的心灵时，向他们揭示人类美的最高体现——女性的美的全部深刻含义，是非常重要的。我努力使男孩和女孩们都能崇拜女性的美，将它视为某种理想化的、不可侵犯的东西，而在女孩心中要确立起隐秘感和贞洁感。在任何道德说教中，如果艺术不能同语言相呼应，无论这种说教被多么明智的生活经验和对人类的美的崇敬之情所证实，都无法在少年的心中确立这些高尚的情操。我花了很长时间才找到使学生理解肖像画的深刻含义和美的"钥匙"。在他们读五年级时，在读托尔斯泰的《三次死亡》时，我给他们看了由克拉姆斯科伊创作的这位伟大作家的肖像。在聆听和感受托尔斯泰优美的作品时，少年们越来越注意观察肖像画中他的脸部特征，尤其是眼睛。"对人的生活中内心最深处的活动的深刻认识"（车尔尼雪夫斯基评述年轻的托尔斯泰的话）逐渐展示在他们面前，刚毅的、因受到思想鼓舞而充满热情的面孔，能够注意到并不是每个人都能看到的专注、求知的精神和对于找到真理的孜孜不倦的渴望——在阅读的影响下，所有这些都被看作是一种活生生的现实，同时又是富有诗意的、复杂而不可理解的心灵财富，一种必须用一生去认识，但仍无法彻底认识的心灵财富。

我永远不会忘记，当我给八年级学生读《安娜·卡列尼娜》时，我给他们展示了一幅巨大的复制品。我知道这幅托尔斯泰的肖像是在作家创作这部长篇小说时画的，但我没有把我知道的告诉少年。在听小说中的主人公们的陈述和对白时，拉丽萨兴奋地说道："这就是托尔斯泰的思想，他本人就是这样想的。"

我不记得任何其他事实，能像在这个小插曲中一样，具有这样的表现力，体现出艺术的强大力量。一年后，在我们阅读《战争与和平》的时候，我们面前摆放着由列宾创作的托尔斯泰的大型肖像，这是在科拉姆斯基创作托尔斯泰的肖像后十五年。在同一位思想家的眼中，现在我的学生看到了一些不同的东西：用他们的话来说，托尔斯泰的脸"焕发着智慧和安详的光彩"。

在聆听穆索尔戈斯基的作品的节选时，孩子们凝视着列宾创作的这位作曲家的肖像。正是绘画帮助人们理解、感受到了作曲家的灵感和他的创造力的顶峰，画家站在这个顶峰上看到了作曲家并画下了他的肖像——根据斯塔索夫热情洋溢的评述：画家如火如荼地创作着。

创造力——精神生活的强大激励因素

创造力这个问题是教育中的一个尚未开发的领域，而为了着手去开发它，需要编写一本关于创造力的教学方面的书。在这里，我将只谈谈与少年的精神生活的审美情感领域相关的创造力。

少年对学习常常漠不关心，或者干脆讨厌学习。为什么把少年的这种态度称作"心灵的牙痛"（海涅）？造成这种现象的最主要的一个原因是少年的精神生活中的创造力基础的缺失或匮乏。那些对于低年级学生来说足够的激励因素，比如完成亲人的意愿和愿望，表扬和鼓励等，对于少年来说已经远远不够了。少年寻求表达自己，并且不仅要在学习成果中表达自己，还要在内部精神世界中表达自己。他不再希望成为精神财富和精神价值的消极需求者，而是希望成为一个创造者。通过劳动创造出某种精神价值的创造灵感是他精神生活充实的最重要条件。创造的灵感是人的一种需求，人能够在其中找到快乐。从自己的创造中获得精神上的满足，一个人就能够真正地感觉到他是在生活。如果没有创造力，少年的生活是不可想象的。创造力就像向我的男孩和女孩们注入了新鲜力量的"有生命的水"，它帮助少年克服了困难。没有创造力的基础，他们根本就无法应付自己所做的事。创造力始于过去所掌握和获得的智力财富和审美财富成为认识、开发和改造世界的一种手段，此时，人的个性似乎与他的精神财富融为一体。

　　作为个人的自我表达和自我肯定的创造力，其最重要的起源是语言。在童年时期就已经体验过的创作灵感，始于作为个人的精神财富的语言，成为孩子用来创造事物的建筑材料。写作文、编故事是创作的最初领域，在这个领域中，孩子肯定了自己的能力，逐渐认识了自己，并体验到自己在创造某种东西时产生的最初的自豪感。我深信，在大自然中编写的儿童故事是一个完整的精神世界，它决定着思想、情感和体验的内容和方向。我的每个学生在童年时期都编写了二十至五十篇童话。到了少年时期，孩子们还不愿意与自己心爱的童话世界分别。但少年观察世界的视野已经不再像孩子那样了，他们编写的故事也与童年时期的不同。对深入了解、概括事物和现象的追求给创作打下了烙印。我的学生们在少年时期也编写了很多童话故事，这些童话故事鲜明地表现出他们在努力地进行思考和概括。以下是卡佳编写的一个童话故事：

第七章　　　情感与审美教育

美和丑

在一片洒满阳光的林中空地上住着一个美女,她叫克拉萨。

她种了很多很多花。世界上所有的花,在她的花坛里都有。当寂静的暮光洒落大地,所有的生物都入睡时,克拉萨走向了人们。她走进一间屋子,走到一个熟睡的人跟前,在他的头顶上放一朵花。如果这个人睡得很轻,他就能听到克拉萨来了,他醒来,拿起花朵欣赏着它。这个人就是个幸福的人。

但是,如果这个人睡得死,他既听不到狂风的嘶吼,也听不到屋外的轰鸣,他就永远也看不到克拉萨的礼物。因为丑八怪跟着克卡萨走进一间又一间屋子,走近一个又一个人。它是一个令人极其厌恶的生物。在它邪恶的眼睛里充满了对人们的仇恨和鄙视。它生活在一片臭气熏天的沼泽中。谁没有感觉到克拉萨,没有醒来,没有拿起花,没有欣赏花,丑八怪就去他的屋子。它拿起花一口吞掉,就像老鹰吞掉从鸟巢里掉下来的雏鸟一样。而丑八怪走近的那个人的睡眠就会变得沉重而焦虑。他就会梦到光秃秃的树枝和一片干燥的田野。

有求知欲的概括性思想,即将思想转化为生动的艺术形象的愿望在这里得到了很好的体现。戏剧创作在儿童和少年的精神生活中占有重要地位。我的学生在童年时期就有一个童话剧院和一个木偶剧院。孩子们把童话故事改编成了剧本。对木偶剧院的兴趣在少年时期也没有消失。

瓦莉娅成了"十月儿童"木偶剧院的负责人。科斯加出人意料地对这种戏剧创造产生了兴趣:他组织了一个木偶剧院,剧团中的角色全部是花卉和植物。科斯加亲自为自己的剧院创作了一些小剧本,柳芭还给他帮了忙。现在,男孩和女孩们更加感兴趣的是童话中人与人之间的道德关系。艺术性地讲故事是少年们的一种独创。卡佳、拉丽萨和米沙成了各个艺术语言兴趣小组的负责人。

第八章

劳动在少年精神生活中的作用

第八章　劳动在少年精神生活中的作用

劳动在个人全面发展中的作用

　　劳动被称为强大的"教育者"。但是，当少年的双手正忙于某些事情时，劳动的教育能力便不能得到体现。脱离了思想教育、智力教育、道德教育、审美教育、情感教育、体育、创造力、兴趣和需求、学生之间的多方面关系的劳动，成了他们希望尽快"脱身"的差事，以便有更多的时间去做更多有趣的事情。

　　许多学校的最大弊端是没有使劳动成为一种精神上的需求。当一个人正处于思想和信念的形成时期，这种情况使他的精神生活变得贫乏。懒惰这种沉重的灾祸和和恶习的形成不是因为一个人什么都不做，而是因为他没有受到工作的鼓舞和感染，工作也没有在他的情感记忆中留下积极的痕迹。没有在劳动中的自我肯定，就不可能加深对世界、对自我和自我教育的认识，这些认识是少年时期精神生活的决定性特征。如果一个人没有体验到、没有为自己所创造的东西而感到自豪，那么发展和谐而全面的人格是完全不可想象的。幸福和充实生活的源泉就在于此。

　　在少年时期，一个人的意识中应该产生这样一个想法："我是谁？我在生活中的位置在哪里？我的人生道路在哪里？我能做什么？"只有在一个人对某件事表现出关心、在某件事中表现了自己，对某件事着迷、在某件事上取得了对于他的年龄来说很大的成绩时，他的意识中才会产生上述思想。

　　我首先是把每个学生当作一个人来记住，他对某件事着迷，被关于创造性劳动的目标的梦想所鼓舞，并且痴迷于理解劳动技能的秘密。劳动是全面和谐发展的基础，这一观点意味着什么？在与儿童和少年的实际工作中，这意味着在劳动与智力发展、道德发展、审美发展、情感发展和身体的发展，再到个人的思想基础和公民基础的形成之间，始终贯穿着牢固的纽带。教学和劳动不能以简化的方式呈现，即不能作为实践性的巩固，对在课堂上获得的知识进行实践检验。这是一个更深刻和更细致的问题，在少年的教育工作中，巧妙地解决这一问题非常重要。要找到一种劳动，它能够发展一个人的精神力量和能力，将人引入创造领域——这是智力教育和劳动教育的主要任务之一，当统一进行智力教育和劳动教育时，这项工作就能够达到成果。

劳动成为个人和谐发展的基础，这还因为一个人在劳动活动中把自己作为一个公民进行了肯定，体验到了公民的尊严。他感到自己不仅能够得到必不可少的面包，而且能够将他的思想和创造力物质化。公民的尊严不应该体现在空洞的漂亮话里，而是应该放在心中。这是劳动教育的一条最重要的法则。感到公民劳动非常重要，连同对认识、掌握世界的喜悦，是一种非常强烈的情感刺激，激励人去做艰苦的工作，只有在艰苦劳动的情况下，它才能起到教育作用。

教育的一个最细微的秘密就是善于看到、找到、发现劳动的公民基础和思想基础。一个人在通过劳动认识世界的同时创造了美，从而确立了对劳动、创造力和认识的美感，这时劳动与审美情感教育才达到了统一。创造劳动的美——这是一个完整的教育领域，遗憾的是，这也属于教育学上的一块未开垦的处女地。

第八章　劳动在少年精神生活中的作用

劳动习惯

　　劳动是重要的精神需求，在少年时期劳动习惯是与对劳动的作用的认识结合在一起的。少年对自己处于生活中的什么位置上这个问题进行着思考。他有意识地寻求表达自己的个性。在此期间，重要的不仅是一个人的工作量问题和工作方式，还有他对工作的看法。当少年的脑海中正在想象共产主义社会的景象时，不要向他们灌输这样的思想：到了共产主义，生活会很轻松，工作日将缩减到最少，人类主要的幸福就在于此。

　　为充分利用空闲时间这一共产主义生活的最大福利，人必须做好内心的准备。精神生活的充实取决于一个人如何充实自己的空闲时间。只有当劳动的目的是认识、掌握世界，在创造中进行个性的自我表达和自我肯定时，只有用丰富精神生活的劳动去充实空闲时间时，多种多样的劳动才能给人带来幸福。人不劳动必定要遭受坦塔洛斯那样的苦难：即使物质丰富，他仍将一贫如洗——就像舍甫琴科说的"精神上的赤贫"。少年时期的劳动纪律具有特殊的意义。每个少年都应当把执行作息时间规定、克服困难看作强有力的自我教育手段。我坚信，智力教育和劳动教育，首先需要空闲时间。只有在这个条件下，少年才能在那种能够在最大程度上体现他的能力和天赋的劳动中表现自己。少年越是按照自己的意愿去工作，他所喜爱的工作就能够越深地进入他的精神生活，他就会越珍惜空闲时间，并且善于利用空闲时间来获得幸福和快乐。

劳动和智力发展

学校生活的智力财富多数取决于智力生活和体力劳动的紧密联系程度。我的学生在童年时期就已经看到了小的劳工集体（技术兴趣小组和农业兴趣小组）的精神生活有多么丰富。这些兴趣小组是对少年进行教育的一种重要形式。兴趣小组的价值在于每个人都可以长期检测自己的禀赋和能力，在具体的事情中表现自己的爱好，找到自己喜爱的工作。

根据教学计划，少年每周在校办工厂工作一次：学习加工木材和金属，制作机器和机械模型。实际上，这些就是教学计划里规定的全部劳动。这些劳动能够满足青少年的多种多样的兴趣和需求吗？当然不能。为了劳动和智力生活的统一，这些兴趣小组用具有重要意义的活动充实空余时间，如少年农艺师小组、育种家小组、园艺师小组、养蜂人小组、机械师小组、电气机械师小组、无线电技师小组、钳工设计师小组、车工小组、畜牧家小组和花卉栽培家小组。如果没有能够激发求知欲的兴趣小组，无论是智力教育还是审美情感教育，都是不可想象的。如果双手不能成为智慧的英明的老师，少年就不会对知识产生兴趣，一个最有力的情感刺激因素便会在教学过程中消退。

男孩和女孩们在三、四年级就已经开始投入兴趣小组的工作了。最初自然没有，也不可能有有意识的选择，必须经过很长一段时间的自我寻找。学生从一项活动转到另一项活动，一个爱好转变为另一个爱好，这对于有意识地选择自己喜欢的工作是有必要的。有时候，少年会发现更符合他的喜好的东西。老师不可在这件事上心急。不可把少年"固定"在这个小组或那个小组。但是，也不能放弃工作中自我肯定这一复杂过程的要素。必须点燃每个人心中的劳动热情。这意味着要帮助少年把双手运用到能使其成为智慧的老师的事情或方法上。

尤尔科非常热爱学校的养蜂场、养兔场和少年育种家小组的工作。他学会了把果树嫁接到野生树上，学会了育种和播种，还学会了整理土壤和照料牛犊。但真正吸引他的是少年机械师小组的工作。他目不转睛地盯着他的五年级同龄人学习驾驶微型汽车。但是，为了有资格学习驾驶汽车，就必须研究内燃机发动机。尤尔科观摩了一次由十年级学生领导的少年机械师小组的课程。这个男孩兴致勃勃地研究了发动机，学会了启动发动机、拆卸和组装各个部件。研究了发动机，尤尔科就开始学习驾驶微型汽车了。同时，兴趣小组中出现了一件有趣的事情：少年们正在劳动老师和高年级学生的指导下安装新汽车。尤尔科也被这项工作吸引住了。这项工作里有许多单调的、没有任何吸引力的工序——需要磨光金属板，清洁车架以防铁生锈。但是，一个有趣的设想支配了这一切，这个设想使这项工作充满崇高精神。有趣的创造与动手工作是相关联的。思想与双手之间的联系越紧密，劳动就越深地进入精神生活，并成为少年喜爱的劳动。劳动中的创造力是发展少年智力的最有力刺激因素之一。制造出美观、舒适、易操作的汽车，这一设想越深刻地鼓舞尤尔科，他对书籍和阅读的兴趣就越浓厚。

六年级的时候尤尔科就已经拥有一个小型技术图书馆了，并且一直在不断充实着藏书。阅读在这个男孩的精神生活中占有重要地位，这种阅读无关死记硬背。这是一种受到对创造性劳动的兴趣激励的阅读，受到希望手部工作取得成功的愿望所激励的阅读，它在培养智力、拓宽视野（这一点尤为重要），在学习过程中形成脑力劳动的风格和特点方面发挥了重要作用。这样的阅读能够培养学生深刻理解、思考阅读内容的本质的能力，这种阅读方式也适用于教科书。

那些热爱创造性工作的人永远不会死记硬背。当劳动中没有精神生活时，就会出现死记硬背，而死记硬背会消耗智力，使心灵空虚。每个兴趣小组都是创造性劳动和丰富多彩的智力生活的中心。我们力争让每个少年都成为劳动者、思想家和探索者，以使他们在有趣的、充满灵感的创造力中认识世界、认识自己。少年时期的自我肯定和自我教育在于，要使认识真理和发现真理与个人的创造力融为一体，即一个人感觉到，由于有了思想和求知欲，于是大自然就袒露了它的奥秘。

兴趣小组的工作具有研究性质。当我的学生进入少年时期时，学校里有好几个少年植物育种家和土壤科学家小组，男孩和女孩们选种过筛，收集并储存了农家肥料，进行施肥、翻地的工作。

如果孩子们没有受到研究预想的鼓舞，这些兴趣小组中的劳动将成为单调而烦人的义务，必须让少年理解这些设想，以点燃他们的求知欲。两位老师与一位生物学老师和一位集体农庄的农艺师一起，向年轻的研究人员讲述了如何培育出比普通的麦粒大一倍的麦粒。收获颗粒饱满、沉甸甸的麦粒这个预想鼓舞了孩子们。在收割小麦之前，我们和兴趣小组的成员们出发去麦地寻找大的麦穗，用来在教学实验场地的小畦进行实验。我们给土壤施肥，在这些小畦上辛勤耕作。每一块小畦都成了一个小型研究实验室。孩子们用铁锹在小畦里工作，然后到土壤学资料角去查阅读文献，研究构成土壤肥力的微生物的生活，观察小麦的发育和成熟情况。收割小麦时，他们仔细称重，确定一颗麦粒的重量——所有这些都是非常细致而有趣的工作。

柳达、萨沙、瓦尼亚、丽达、彼特里克和妮娜对他们开垦出来的二十块小畦的土壤寿命进行了好几年的研究。这些都是真正的研究：这些小畦里的土壤是由各种能促进微生物活跃生长的混合物构成的，这些微生物能提高土壤中氮和磷的含量。第二年，年轻的研究人员种植的小麦的籽粒重量比往常在最高产年份种植的小麦籽粒的平均重量增加了70%。第三年，每块小畦的

第八章　劳动在少年精神生活中的作用

小麦籽粒的重量比平均重量重一倍。

一个新的目标引起了男孩和女孩们的极大兴趣：培育富含蛋白质的小麦籽粒。对这一课题的研究成了一项创造性的工作，它不仅在少年时期，而且在青年早期都鼓舞着孩子们。

在我的学生升入五年级之前，学校出现了少年农机设计师小组。我们与劳动课老师沃罗西洛一起，通过设计和制造用于耕作、播种、收割和脱粒的机械和机器吸引了少年们。电被越来越多地应用在生产和日常生活中，我们为自己设定了一个目标——在农业的各个劳动过程中使用电力。

在这个小组里，少年受到了设计思想的启发：如何利用电流的能量来代替手的工作？如何使电动机适用于能耕地、收割和脱粒的机械？少年设计师们在教学实验场地的小畦里制作了一个小型割草机，用于收割谷物。他们渐渐萌生了制作小型脱粒机的愿望。尤尔科、托利亚、妮娜、舒里克、谢廖沙、季娜、费佳、瓦洛佳为这台机械整整忙碌了一年。他们根据劳动课老师绘制的图纸，进行了切割、锯制、磨锐和抛光的工作。越接近工作完成的时候，少年们的情绪越振奋，越珍爱自己所做的工作，越在意评价他们的工作质量的意见。

这是智力生活的真正财富，是体力劳动和思想的融合。体力劳动和压力从来都不是最终目标，而只是实施设想的一种手段，而思想是主要的手段。但双手不是消极的执行者，而是头脑的指导者。理解这种教学方式的细致性和极其强大的教育力量，有助于加深我们老师与少年设计师之间的劳动友谊，他们的双手似乎可以检验假设和猜测，在这种检验的影响下，思想活跃起来，而一个个发现被作为人的尊严而体验。

我认为学习和劳动之间的结合，就是要让少年在工作时思考，在思考时工作。每个少年都经历了几年这种创造性工作的训练。我担心这个问题：这种训练如何反映在智力发展中？生活给了我一个富有启发意义的回答：通过思想和体力劳动的融合，在精细的手部活动实现同样细致的设想时，少年变成了明智的思想家、研究人员和真理的发现者，而不是对现成知识的需求者。我观察了少年设计师、育种家、电气机械师和无线电技师是如何对待理论知识的。他们主要是努力理解每个真理中所包含的事实、事物、物体、现象和依存关系的实质。他们似乎看明白了结论，思考着结论中的各个部分之间的逻辑联系。

兴趣小组的创造性工作教会了一些少年如何思考。随着时间的流逝，在彼特里克的思维中显示出一个越来越明显的宝贵特征：这个男孩努力在他已获得的知识中找到可以与新事物联系起来的东西，通过已经理解的，在思想和记忆中已掌握的知识，去确定新事物的正确性。

经历过长期创造性劳动训练的人，能自觉地不去记忆还没有理解的东西。妮娜和彼得里克在代数、几何和物理课上抄下了一个新公式后，觉得必须想一想这个公式，思考一下这个公式里概括了什么。对于他们来说，这种思考与尝试用手或手指触摸机械部件的零部件一样，也是必不可少的。

在培育饱满的麦粒时，孩子们研究了植物的生命活力与许多条件之间的依存关系：土壤的微生物群落、土壤深层水分保持、播前整地、种子的发芽能量长势，等等。劳动是对这些因素之间的依存关系进行多方面的研究和概括，研究和了解它们在时间和空间上的相互关系。生活使我们相信，如果劳动能与理解重要依存关系和因果关系长期融合在一起（例如，在小麦的整个生长期内研究微量元素对禾本科植物的生长和成熟的影响），如果同一种思想深深地占据了孩子们的头脑，使他们激动，那么就在少年身上培养出了一种非常宝贵的体验思想的能力。智力情感的第一个源泉就是劳动与智慧的融合。

我的那些思维迟缓，理解数学、物理、化学、历史的概括性真理和定律很吃力的学生，他们通常经历过这样的时期，即似乎内在的精神力量和动力现在即将耗尽，对知识麻木不解，头脑不再理解知识。这种情况也不可避免地出现在彼特里克、妮娜和斯拉夫卡身上。

如果不通过劳动使精神变得高尚，如果不体验劳动与想法的融合所产生的新思想，那么这种精神上的疲劳就会抓住那些能力低的学生。每当出现这种精神空虚的威胁时，我都会努力使男孩和女孩们参与到一项工作中，这种工作能让他们体验到他们是在研究和发现真理。

我的学生读五年级时，学校创建了无线电技术、电子技术、生物化学和土壤学小组。在这些小组中，操作显微镜和复杂的仪器这样的精细工作，与平常的、单调的体力工作交替进行。这些体力工作所需要的最重要的工具是凿子、锤子、虎钳、铁锹、耙子、桶和干草叉。在这种交替中，大脑与手和谐融合的"秘密"之一就是：不是把紧张的体力劳动当作最终目的去体验，而是当作达到目的的手段去体验。这也是工作的动力之一。

学校为学生的无线电技术、电子技术、生物化学、土壤学、杂交等兴趣小组建立了进行创造性工作的场地。如果一个孩子没有在复杂的电路或仪器前久坐，除了他们有趣的工作之外，忘了世界上的一切，那么少年时期的全面教育是不可想象的。在这里，少年成了一名思想家和研究人员，他们对科学思想的伟大以及科学家的功勋感到深深的惊叹和敬畏。在这些工作场地上闪耀着对未来的憧憬的火花。

创造性思维具有特殊的特点和风格，其对象是在许多情况下无法直接看到或观察到的现象。对这些现象进行思考并加以管理——这是学校劳动与智力统一的最高阶段。我的每一个学生都对有趣的工作入迷。兴趣爱好千差万别，似乎彼此相去甚远。那些最喜欢文学的人，在语言的世界里过着丰富的精神生活，但又突然对抗生素着了迷。少年机械师沉醉于无线电技术和电子技术。在许多男孩和女孩的精神生活中，长期以来都有两个甚至三个爱好。

我的学生读六年级和七年级时，学校里开设了"难题室"。男孩子们在门上写下了马克思的话："在科学的入口处，正像在地狱的入口处一样，必须提出这样的要求：这里必须根绝一切犹豫；这里任何怯懦都无济于事。""难题室"里展出了所有最难的、少年们必须通过紧张的智力劳动才可能理解的东西：用于制造仪器和模型的无线电技术和电子技术线路图；物理、化学、数学中的难题，生物化学和土壤学研究问题的概述。迈过这个"难题室"的门槛，孩子们似乎跨入了科学的大门。在这里，品格受到了考验，意志得到了磨炼；在这里，少年从自己的经验中认识了什么是自我教育。

劳动的公民基础

"照亮别人，燃烧自己。"这是医生的古老誓言。我努力使男孩和女孩们受到这个真理的鼓舞，用这个真理使他们心灵高尚，激发他们的自尊感。

真正的幸福是为人民服务。我努力在我的学生所思、所做的一切中贯穿这一思想。为了人民的利益和幸福而建立丰功伟绩的故事令少年们心潮澎湃。但这只是公民教育的第一阶段。照亮别人的直接动因，就是对一个人正在做的事情有什么样的体验。乍一看这似乎是件容易的事：年轻的公民用自己的双手做着事情，这意味着他们已经在感受对人的爱和对他们的责任。但是在现实生活中，这并非易事。如果孩子在工作时对生活漠不关心或将工作视为无聊的义务，那么无论他们做了多少工作，都不会给他们的心灵留下好的印迹。

年轻的公民应该怀着一颗纯洁的心，秉持着光明正大、乐观向上的思想为人们工作。这种工作应该给他们带来快乐，并通过崇高的思想鼓舞他们。这种工作带来的最大的疲惫感（没有汗水、疲劳和老茧，就不可能有真正的工作）应该被生活的充实感和幸福感所感染。那么，如何向学生揭示这一崇高的劳动的公民基础呢？在这里，必须注意一系列教育技术法则。去为人们工作，不仅要体力充沛，还要满怀着精神力量。要根据老师的意图为学生去劳动做精神上的准备，这种劳动带着响亮的公民声音。必须把少年心灵中一切偶然的、一时的东西清除出去。集体的不良情绪（如果集体中发生了什么不大好的事情）会毒害公民情感的源泉。在孩子们去为人们工作之前，我力争做到使孩子，尤其是使少年的意识中充满崇高思想。这种思想首先是一种鲜明而乐观的认识，认识到我们将用自己的双手为人们创造什么，我们的劳动将带给他们什么样的快乐。只有这样，少年劳动者才会把自己的一部分心灵留给他们所做的事情。

在一年后将建起一座集体农庄的农舍的一块空地上，长着一棵橡树。这棵树已经长了十年了，如果施工的时候把它砍倒是很可惜的。也许我们能挽救它，比如把它移到另一个可以为后代带来快乐的地方？但这也不容易做到——必须连根掘起一立方米的土。这个工作虽然不容易，但它能给人们以后带来多大的快乐啊！橡树可以生长两百甚至三百年。许许多多的人将在它的枝叶下体验生活的快乐。一个关于劳动的鲜明的认识——创造快乐，激发了男孩和女孩们的崇高思想，没有这种思想就不可能有劳动的热情和灵感。于是我们就去做这件事了，工作了好几天，越接近完工，我们的愉悦感就越深切。

要让孩子们在少年时期看到他们在童年时期亲手创造的物质财富，这一点非常重要。我的学生每年都为他们在一年级或二年级就开始做的工作增加些什么。因此，为人们服务成了集体的精神生活。劳动的公民原则与自尊是有机地融合在一起的。为共同利益而劳动并不意味着克己和孤立他人。为人们劳动的乐趣是建立在深深的个人自豪感和自尊感的基础上的。共产主义教育的一项重要任务是使社会上没有任何一个平平庸庸的人。

根据卢纳恰尔斯基的定义，强烈表达的个性是社会的根。少年对劳动产生自豪感，在自己喜爱的工作中体验到自己是最好的高手，要使这种情感和体验建立在公民自豪感的基础上，这是很重要的。在一个人身上找到、发现和肯定他的劳动才能，以使每个人都成为某种工作中真正的能手，从而使劳动创造力永远进入精神生活，并成为进行劳动的最有力的情感动因——思想教育和劳动教育的统一就在于此。

必须帮助每个人找到自我，在自己喜爱的工作中表现自己，掌握必要的知识和技能并成为能手。这就是个人教育及集体教育的基本内容。集体的劳动者不是按照某个指令或命令行事的、没有鲜明形象的群体。没有明确表现的个性，就没有集体。我认为，集体教育首先在于要让每个少年都展现出他生气勃勃的精神，激发他的才能。

在少年时期，少年在某一件事上应该取得重大成功，某一件事应该使他着迷，使他变得高尚，某一项工作应该成为他的真正的创造性的工作。我忐忑不安地等待着少年如此深入地研究一件事，以至于忘记了其他的一切。这里谈的是在智力上、在创造力上、在情感上深入工作的细节和技巧的秘诀中，而这一刻是少年在一定时间内所从事的创造性劳动的自然结果。为了更深入地开展工作，必须有一项特别的活动，在这项活动中，可以明显地看到和感觉到体力是服从于创造性思想的。

创造性劳动能激发起高尚的精神。想到自己是这种工作的能手，自己有一双巧手，人们因为"我"是劳动的主宰者而尊重"我"。体验到由这些思想而产生的自豪感——这一切意味着一个公民的真正的诞生。

科利亚有许多劳动方面的爱好：他兴致勃勃地在教学实验场地和少年模型设计师小组工作。他还爱好写生——他喜欢绘画，收集了成套的造型艺术作品的复制品。但在六年级时，他开始在少年机械师小组工作。他离不开小小的发动机，把它拆了然后清洗、上油，装配起来。那时校办工厂里安装了一台锯板机，锯板机连接了电动机。但在维修电网期间必须将锯板机连接到

第八章　劳动在少年精神生活中的作用

内燃发动机。对于科利亚来说，这项工作成了推动他深入研究机器设备的动力。应他的要求，学校在教学用发电站（供高年级学生使用）的场地划出了一个角落，科利亚在那里安装了一台小型内燃机，把一台交流发电机连接到这台小型内燃机上，再把一些灯泡连接到电网。

所有设备都是小型的，发电站看起来就像个玩具，但它却成了低年级学生兴趣小组的中心。在科利亚的领导下，新的兴趣火花在这里迸发。这位少年技师把一些小机械如电锯、通风机和电熔炉连接到电动机上。七、八年级的时候，科利亚成了真正的电器安装能手，他对内燃机了如指掌。一个满怀自尊感的公民在我的眼前诞生了。自豪而自觉地尊重自己和他人——这就是教育的结果，教育使人找到自我，严肃地思考自己的未来。荣誉感、自尊、体验由此而产生的充实的生活——这些是公民自我意识的基础，而这种基础则根植于劳动技能中。

大概没有一个男孩像托利亚那样体验过如此多的劳动方面的爱好。他喜欢养花，也很喜欢牧场和栽培谷物的工作。长期以来，没有任何工作能够激发这个男孩心中真正的灵感。但是现在他最喜欢的是在车床上加工金属、设计和制作模型。六年级结束时，这个男孩对金属如此着迷，以至于他放下了所有其他各类工作。用手动工具在车床上加工机械、仪器、模型的零件成了他最喜爱的工作。在劳动课老师的指导下，这位少年开始着手制作电动曲线锯。他亲自制图、制作零件、安装机械装置。把自己的曲线锯与一台小型电动机连接起来的那天成了托利亚的节日，喜悦在他的眼中闪耀。

从学校毕业几年后，托利亚说："那天我感觉自己是一个真正的人。而在那之前，有时候我感觉自己好像跟别人不一样，我比别人差……而从那天起，世界好像以另一种方式为我敞开了，人们似乎变得更友善了……"在少年时期找到自己喜爱的工作的同时，每个少年都朝着道德成熟的方向迈出了一大步。

劳动和美

我力争使我的学生在少年时期通过劳动培养高尚的情操,劳动向他们揭示了周围世界和人的美。劳动中审美情感的首要来源是创造美。在"美之角"、在劳动的节日、在校办工厂、在实验园地,到处都在创造人的美。

当每个少年从教学实验园地、果园、温室、校办工厂、工作室,走到了集体农场的田野里,那一刻是他的生活中意义重大的、庄严的时刻。他们感到这一步表明他们迈入了成年人的劳动大家庭,参与到了社会事业中。这件大事被当作劳动的节日(第一道垄沟节)来庆祝。我的学生升入六年级时,首先为这件事举行了隆重的庆典。

孩子们开始耕种自己的土地。他们走进田间,把肥料运到地里给土壤施肥。在这片土地上的长期的、需要细心和耐心的工作开始了。少年们每年在这里种小麦,他们争取尽可能多地满足土壤对肥料和水分的需要,认真地培育种子。

土壤肥力恢复节是个令人难忘的日子。少年在整个少年时期庆祝过一次这个节日。在这一天所体验到的劳动的愉悦感获得了特别宝贵的价值,并在少年的心中留下了不可磨灭的印迹。

男孩和女孩们在一块不大也不肥沃的,甚至是不适合耕种的土地上劳作了好几年。这项工作的目的是恢复土壤的肥力。在那个庄严的日子,当他们在这片几年前还是一片荒芜,而如今已变成了肥沃的黑土地上播下种子时,村里最受尊敬的劳动者来到了这里。他们祝贺少年们取得了胜利。庆祝收获第一捆庄稼、第一串葡萄和第一次割草的节日也印证了劳动的美。放暑假的时候，男孩和女孩们干了两三个星期割草的活，那真是幸福的日子。孩子们以传统的割草节庆祝了这项激动人心的工作的开始。少年们在宁静的阳光明媚的早晨出发去田野，每个人都用镰刀割了几十平方米的草。此后，日常的劳动就开始了：用人工或使用马拉式割草机割草，把草晾干，整齐地放在一起。他们吃、住都在地里，晚上读书，听经验丰富的人们讲故事。

劳动和意志的培养

劳动的乐趣是独一无二的。这种乐趣能与一个人爬到高山的山顶时所体验到的感觉相比拟。艰难的、布满石头的山路，迈出每一步都要付出巨大的努力，但是他的面前是一个崇高的目标——到达山顶。人登上了山顶后，他得到了升华，实现了自我肯定。他感到自己无比强大和勇敢，随时准备克服新的困难。我认为，要让每个少年都在少年时期登上这个顶峰，这是一项非常重要的教育任务。

劳动应该是一种独特的意志的锻炼，劳动教育的这一规则表达了体力和精神的统一。每个人都完成了需要集中大量的体力和精神力量的劳动。在寒冷的冬天，寒风刮过脸颊让人喘不上气来，少年们来到田野：必须给畜牧养殖场送去干草。他们懂得任何困难都不能使一个人摆脱劳动：如果停止劳动，就没有食物。生活的每一步都使他们相信：永远都要劳动。孩子们迎来了暴风雪和一月的霜冻。他们把干草装上车运到了牧场。结束劳动返回时，虽然他们很疲惫，但是心情激动而愉悦，体验到了人的极大的自豪感。只有通过劳动才能认识到这种自豪感，在学校生活中的其他任何情况下都不可能有这种体验。体验到这种感觉的人就懂得了生活智慧的基本知识：生活的快乐是用劳动换来的，这种快乐需要通过劳动来获得。这一思想成了每个少年的个人信念。

临近青年时期

六月的一天，我们来到了森林里，在我们最喜欢的一片洒满阳光的林中空地上安顿下来。明天我的全体学生都将获得八年制学校的毕业证书。我很高兴看到他们获得了扎实的知识，爱上了科学和书籍，学会了思考并理解周围的世界和他们自己。

他们每个人都找到了自己——爱上了劳动，在自己喜欢的事情中体验了成功的喜悦，成了一名能手和创造者，一个真正的人。在每一个少年的心中，都确立了对他人的快乐和不幸的敏感。周围世界发生的所有的事就像少年个人的事一样，令他深深地激动和不安。我的学生的心灵绝不向邪恶妥协。善良、真理、人道主义带给他们快乐，并以高尚的情操鼓舞着他们，而邪恶、谎言、虚伪则激发和唤起了他们战斗的意志。我的学生对美，尤其是对人身上的美是很敏感的。我坚信，他们中的任何一个人都不会去欺负人或侮辱他人的尊严。但是爱人类比真正地爱一个人要容易些，帮助身边的人，要比说"我爱人们"难一些。对我来说，对我的劳动、对我度过的心惊胆战的日子和不眠之夜的最高奖励就是，我的学生已经成为祖国真正的儿女：他们懂得他们这代人要以多么昂贵的代价才能获得劳动的幸福和社会主义的物质和精神财富。他们珍惜祖国大地上的一草一木，并准备着为祖国献出生命。